MARK DEVER

Apresentações de Franklin Ferreira e H. B. Charles Jr

NOVE MARCAS *de uma* IGREJA SAUDÁVEL

"Não posso dizer o suficiente a respeito de como *Nove Marcas de uma Igreja Saudável* foi usado para moldar meu entendimento pessoal da igreja bíblica e da igreja local que eu plantava quando li pela primeira vez a segunda edição do livro. Em meio a tantas ideias controversas e métodos apresentados por plantadores de igreja best-sellers, *Nove Marcas de uma Igreja Saudável* me trouxe de volta à Escritura, centralizou meu coração no que uma igreja bíblica tem de ser e fazer e, além disso, me libertou do pensamento de que eu tinha de moldar a congregação que eu tinha diante de mim domingo após domingo. Não me entendam errado; eu conhecia todas essas marcas antes, mas não eram conectadas e aplicadas apropriadamente. Na prática, o uso dessas nove marcas estava maculado com ideias estranhas e uma falta de intencionalidade que as impedia de produzir os frutos corretos. Alegro-me por Mark Dever haver remodelado o conteúdo a fim de considerar duas outras marcas que também são negligenciadas na igreja contemporânea: oração e missões. Ainda há nove marcas. Se você está se perguntando como, terá de ler o livro! Não hesite!"

— MAURO MEISTER
Professor, Centro Presbiteriano de Pós-Graduação Andrew Jumper; pastor principal, Igreja Presbiteriana da Barra Funda; autor, *Lei e Graça* e *A Origem da Idolatria*

"Não lembro quem colocou *Nove Marcas de uma Igreja Saudável* em minhas mãos há quase 20 anos, mas é uma fonte que me moldou profundamente. Retorno a ele muitas vezes à medida que tento pastorear fielmente na Village Church e plantar igrejas saudáveis por meio do ministério Atos 29. A igreja precisa de uma eclesiologia forte, se quer cumprir fielmente sua missão dada por Deus; e este livro é uma leitura fundamental para pastores de diferentes denominações e filosofias de ministério."

— MATT CHANDLER
Pastor principal, The Village Church

"Desde os meus primeiros dias como técnico de futebol, meu mentor instilou em mim um senso de urgência em ser claro no que almejávamos quando pretendíamos formar times de campeonatos. Todos os times de campeonatos possuem suas próprias marcas distintivas para as quais olhamos a fim de reproduzir anos após anos. Em meus dias de formação como pastor, Mark Dever me ajudou a adquirir clareza bíblia sobre o que deve ser uma igreja local saudável, por meio de *Nove Marcas de uma Igreja Saudável*. Como líderes de nossas igrejas, é crucial que sejamos claros sobre como Cristo está edificando sua igreja, para que sirvamos fielmente ao seu lado em sua obra."

— ROCKY SETO
Pastor principal, Evergreen Baptist Church, San Gabriel Valley

"Aqui estão verdades bíblicas atemporais que ensinam o que a igreja é, como Deus cria e nutre a igreja e como seus pastores e seus membros participam dessa obra. *Nove Marcas de uma Igreja Saudável* tem me ensinado a olhar além da névoa dos modelos de crescimento de igreja e ver a arquitetura de uma eclesiologia essencial. Dentre os livros com os quais já me deparei, este é, sem dúvida alguma, a explicação mais clara e mais bíblica de como a igreja deve ser. Sobretudo, a visão da igreja exposta aqui é tão teocêntrica, que coloca de volta a magnificente responsabilidade de sustentar e liderar nos ombros corretos, ou seja, os do Senhor."

— SAMUEL D. FERGUSON
Pároco, The Falls Church Anglican

"Eu era uma ambiciosa funcionária de Capitol Hill quando, pela primeira vez, recebi este livro há 20 anos. Olhando para trás, foi esse momento que subverteu completamente a minha estimativa da igreja local e mudou a trajetória de minha vida em relação ao ministério desenvolvido nela. As ambições pessoais que eram meu alvo começaram a parecer insignificantes em comparação com o desejo crescente de que a glória de Deus fosse manifestada por meio da igreja local. Agora, depois de uma década de ministério intercultural no mundo árabe, meu entendimento de uma igreja saudável é moldado e aprimorado continuamente pelos princípios deste livro. Leitor, cuidado: este livro pode transformar totalmente a maneira como você vê a aparentemente comum igreja local."

— Jenny Manley
Esposa de pastor, Emirados Árabes Unidos; autora, *The Good Portion: Christ*

"Minha primeira conversa com Mark Dever foi memorável. Perguntei por que devia considerar fazer o programa de estágio pastoral em sua igreja. A resposta de Mark: 'Por que muitos pastores não têm conhecimento a respeito da igreja'. A afirmação me impressionou na época e têm me impressionado desde então — pastores de igrejas não sabem o suficiente sobre as igrejas que pastoreiam. Mas, longe de falar reiteradamente sobre o problema, Mark tem dedicado sua vida em ajudar na solução. Como? Escrevendo livros como este, que leva pastores e membros de igreja de volta à Bíblia, a fim de resgatarem um entendimento e prática corretos de algumas das mais básicas, porém vivificadoras, marcas de uma igreja. *Nove Marcas de uma Igreja Saudável* não é meramente um manual a respeito de como fazer igreja, e sim uma metodologia de como pensar sobre a igreja. Nas páginas deste livro, a Bíblia é usada realmente, mostrando sua autoridade e sua suficiência, e não apenas referida. O evangelho é comunicado e celebrado de maneira clara e não meramente pressuposto. Diferentes vozes do passado são consultadas — como o pastor afro-americano Francis Grimké, sobre pregação, e o pastor afro-jamaicano Moses Hall, sobre oração — para instruir nossas práticas no presente. E um coração pastoral é exposto, mostrando um amor a Deus e à sua glória, bem como um amor ao povo de Deus e seu crescimento. Ler este livro pode não mudar imediatamente sua igreja, mas pode mudar você mesmo, levando-o a considerar de forma mais atenta, profunda e bíblica como o Senhor pode usar sua fidelidade como pastor ou membro de igreja a fim de contribuir para a maior saúde de sua igreja local."

— Omar Johnson
Pastor, Temple Hills Baptist Church, Maryland

"As nove marcas são tão relevantes e importantes para a igreja hoje como sempre foram. Enquanto uma conjunção de pragmatismo, tradição e influências culturais molda grande parte do cristianismo moderno, Dever nos mostra outra vez, de modo estimulante, as verdades fundamentais da Bíblia que devem nortear todas as nossas práticas na igreja. Embora as nove marcas sejam tão francamente bíblicas que nenhum leitor fiel da Bíblia pode negar sua importância, implementá-las realmente em nossas igrejas é nadar contra a correnteza cultural. Contribuindo para essa finalidade, este livro é uma fonte inestimável para qualquer pastor ou membro de igreja que deseja ver a glória de Deus manifestada mais claramente por meio de igrejas cristocêntricas que pregam o evangelho e são saudáveis."

— HARRY FUJIWARA
Pastor, Primeira Igreja Batista na cidade de Nova Iorque

"É surpreendente que o apóstolo Paulo tenha descrito o ajuntamento local de cristãos como 'a igreja de Deus, a qual ele comprou com o seu próprio sangue" (At 20.28). Isso eleva a importância da vida, saúde e missões da igreja tão grandemente quanto possa ser. Estamos lidando com um corpo de pessoas compradas com sangue. Não quero ideias humanas. Quero a Palavra de Deus sobre a igreja. Volto-me com esperança e confiança ao compromisso radicalmente bíblico de Mark Dever. Poucas pessoas hoje têm pensado mais e melhor sobre o que torna uma igreja bíblica e saudável. Agradeço a Deus pelo livro e pelo ministério 9Marks."

— JOHN PIPER
Fundador e professor, desiringGod.org; chanceler, Bethlehem College & Seminary; autor, *Providência* e *Vem, Senhor Jesus!*

"O futuro do cristianismo bíblico no mundo ocidental está vinculado inseparavelmente ao futuro da igreja local. Mark Dever sabe disso, e *Nove Marcas de uma Igreja Saudável* é uma prescrição bíblica em favor da fidelidade."

— LIGON DUNCAN
Chanceler e diretor executivo, Reformed Theological Seminary

Dados Internacionais de Catalogação na Publicação (CIP) (Câmara Brasileira do Livro, SP, Brasil)

Dever, Mark
 Nove marcas de uma igreja saudável / Mark Dever ; [tradução Francisco Wellington Ferreira] ; apresentações de Franklin Ferreira, H. B. Charles Jr. -- 2. ed. -- São José dos Campos, SP : Editora Fiel, 2024.

 Título original: Nine marks of a healthy church
 ISBN 978-65-5723-375-7

 1. Cristianismo - Evangelismo 2. Eclesiologia 3. Igreja - Administração 4. Missão da Igreja I. Ferreira, Franklin. II. Jr, H. B. Charles. III. Título.

24-224989 CDD-262

Elaborado por Eliane de Freitas Leite - CRB-8/8415

Nove marcas de uma igreja saudável

Traduzido do original em inglês
Nine marks of a healthy church
Copyright © 2000, 2004, 2013, 2021 por Mark Dever. Todos os direitos reservados.

•

Originalmente publicado em inglês por Crossway, Wheaton, Illinois, EUA.

Copyright © 2023 Editora Fiel
Primeira edição em português: 2007
Segunda edição em português: 2024

Todos os direitos em língua portuguesa reservados por Editora Fiel da Missão Evangélica Literária.
PROIBIDA A REPRODUÇÃO DESTE LIVRO POR QUAISQUER MEIOS, SEM A PERMISSÃO ESCRITA DOS EDITORES, SALVO EM BREVES CITAÇÕES, COM INDICAÇÃO DA FONTE.

Os textos das referências bíblicas foram extraídos da versão Almeida Revista e Atualizada, 2ª ed. (Sociedade Bíblica do Brasil), salvo indicação específica.

•

Diretor: Tiago J. Santos Filho
Editor-Chefe: Vinicius Musselman
Editores: Vinicius Musselman Pimentel e André G. Soares
Coordenação Gráfica: Michelle Almeida
Tradução: Francisco Wellington Ferreira
Revisão: Franklin Ferreira e Tiago J. Santos Filho
Diagramação: Caio Duarte
Adaptação de Capa: Caio Duarte

ISBN brochura: 978-65-5723-375-7
ISBN eBook: 978-65-5723-374-0

Caixa Postal, 1601
CEP 12230-971
São José dos Campos-SP
PABX.: (12) 3919-9999
www.editorafiel.com.br

SUMÁRIO

Apresentação à edição em português 13

Apresentação à edição original 17

Prefácio 19

Introdução 21

Marca Um: Pregação expositiva 35

Marca Dois: Doutrina do evangelho 59

Marca Três: Um entendimento bíblico da conversão e da evangelização 83

Marca Quatro: Um entendimento bíblico da membresia na igreja 109

Marca Cinco: Disciplina eclesiástica bíblica 133

Marca Seis: Um interesse bíblico por discipulado e crescimento 159

Marca Sete: Liderança eclesiástica bíblica 183

Marca Oito: Um entendimento e uma prática bíblica da oração 209

Marca Nove: Um entendimento e uma prática bíblica de missões 233

Apêndice 1: Conselhos para liderar a igreja numa direção saudável 253

Apêndice 2: "Não façam isso!"
          Por que vocês não devem praticar disciplina eclesiástica 257

Apêndice 3: A carta original de 9Marcas 263

APRESENTAÇÃO À EDIÇÃO EM PORTUGUÊS

Nestas últimas décadas, uma característica marcante da história da igreja no Brasil é a impressionante proliferação de manuais de crescimento de igreja. Muitos e diferentes modelos possíveis são sugeridos, com um tipo de promessa de que, uma vez adquirido o material e posto em prática, a igreja crescerá. Parodiando um dito já famoso, se os pastores se dedicassem integralmente à leitura desses materiais, pouco tempo lhes restaria para edificar a igreja!

O que tem acontecido é, em alguma medida, uma aplicação da velha heresia pelagiana à doutrina da igreja. Absorvendo acriticamente a perspectiva antropológica fundamentada na suposição da bondade intrínseca do homem, age-se na confiança de que certo método de crescimento, uma vez posto em prática, pode fazer a igreja crescer e se tornar relevante. Ainda que se suplique pela vinda do Espírito, este, aparentemente, não desempenha um papel central. Isso parece não somente a capitulação a uma heresia mortal, mas também uma rendição à modernidade, à presunção de que devoção e igreja podem crescer ou ganhar forma por meio de processos mecânicos de aplicação supostamente universal.

É desnecessário dizer que, no processo de implementação desses modelos, não raro as igrejas deixam de ser igreja, e os pastores deixam de ser pastores. É difícil resistir à conclusão de que, enquanto os pastores começam a se portar como "burocratas eclesiásticos" — citando a perceptiva afirmação de Peter Berger —, os membros são vistos apenas como peças de uma engrenagem, parte de uma máquina maior. Esses deixam de ser vistos como pessoas (com nome, história e dilemas) que se reúnem para adorar e serem cuidadas e passam a ser vistos como indivíduos que só têm utilidade à medida que cooperam para o crescimento da igreja.

Devemos também destacar que a história recente da igreja evangélica no Brasil parece ensinar, tristemente, que a relevância cultural, social e política dos cristãos é inversa ao tamanho de algumas grandes igrejas que estão presentes neste país. Assim, em vez de termos igrejas marcadas por santidade ou pregação da pura Palavra de Deus — lembrando algumas das antigas marcas da igreja —, o que temos são ajuntamentos sem a relevância cultural, social e política que se espera dessas igrejas, como já ocorreu em outros tempos e lugares.

Nesse processo, o resultado tem sido pastores desiludidos — na medida em que os métodos se frustram, sem muita direção para o futuro — e igrejas desgastadas, cujos membros se sentem usados justamente por aqueles que deveriam cuidar deles, isto é, os pastores; ou, nas igrejas que supostamente alcançam sucesso, pastores que se portam como executivos e administradores e membros de igreja que não são pastoreados, tornando-se apenas rostos na multidão ou, pior, meras estatísticas.

O livro que você tem em mãos está na direção oposta da esmagadora maioria desses manuais. Aliás, "manual" é o que você não tem aqui. Você encontra aqui um autor genuinamente preocupado com o crescimento da igreja. Mas o verdadeiro interesse de Mark Dever está justamente na vitalidade e saúde da igreja. Como o leitor descobrirá logo, Dever não cai na armadilha de contrapor crescimento numérico ao crescimento qualitativo. Mark Dever pastoreia uma igreja batista em crescimento, em Washington, a capital dos Estados Unidos. Como você notará, ele não se opõe a igrejas grandes, até porque uma ênfase neste livro é a paixão pela evangelização. Ainda assim, ele não foi seduzido por crescimento ou tamanho. O que ele almeja é que a igreja apresente o evangelho com fidelidade, ao invés de ser um mero espelho da cultura. O que o autor mostrará, a partir do estudo das Escrituras e da história da igreja, é que a igreja contemporânea necessita não de descobrir outro método novo, e sim de redescobrir as marcas que caracterizam uma igreja saudável, que cresça para a glória de Deus.

APRESENTAÇÃO À EDIÇÃO EM PORTUGUÊS

Já que esse livro não é um manual, não espere encontrar nele uma resposta à recorrente pergunta: "Como posso praticar isso em minha igreja"? É isso que os manuais pretendem responder, como se houvesse uma resposta universal que envolvesse todas as igrejas, em todos os lugares — o que é mais uma capitulação à pressuposição da modernidade de que tudo funciona mecanicamente. O que você tem aqui não é um receituário metodológico, característico das engrenagens tecnicistas, e sim uma exposição histórica, bíblica e prática das marcas que caracterizam uma igreja genuinamente saudável.

O autor desenvolve nove marcas bíblicas que exigem compromisso. Por isso, leia este livro com atenção, gaste tempo meditando nessas marcas, torne-as parte de sua confissão de fé, pregue-as à igreja, inculque-as nos membros do conselho, de tal modo que elas sirvam como balizas para o ministério e vida da igreja. Assim, tenha essas nove marcas como fundamentos. Seja criativo, reforme sua igreja, de tal modo que, em meio ao processo diligente e na medida da graça divina, sua igreja experimente mais saúde e crescimento e que em tudo o Senhor nosso Deus seja glorificado.

FRANKLIN FERREIRA
Reitor e professor de Teologia Sistemática
Seminário Martin Bucer

APRESENTAÇÃO À EDIÇÃO ORIGINAL

Eu estava em minha peregrinação mensal à minha livraria cristã favorita. Era uma loja enorme, com múltiplas seções. A cada visita, eu seguia o meu caminho através de cada seção até chegar estrategicamente à última área que continha obras sobre cuidado pastoral e vida da igreja. Era uma das menores seções na loja. Mas eu gastava a maior parte do tempo lá, esperando achar materiais que me ajudariam a guiar a congregação que eu fora chamado a servir.

Um dia, quando eu pesquisava a seção, um livro se destacou: *Nove Marcas de uma Igreja Saudável*. Embora ainda fosse um homem jovem e um pastor iniciante, já estava fatigado de truques, teorias e técnicas de crescimento de igreja. Eu não somente li esses materiais; tentei aplicar as ideias românticas em minha paciente congregação — tornando-me rapidamente cínico. À medida que eu lia livro após livro, tentava ideia após ideia de forma infrutífera. Três passos para... cinco chaves para... sete maneiras para...

Agora alguém aparece com nove marcas!

"Aqui vamos nós de novo!", eu pensei, enquanto pegava o livro quase contra a minha vontade. Ao examinar o Sumário, fiquei mais chocado do que ao ver o título. A primeira marca de uma igreja saudável era pregação expositiva! A segunda marca era teologia bíblica! Isso não era nada semelhante a qualquer livro sobre crescimento de igreja que já havia lido.

Nove Marcas me proporcionou uma bússola bíblica para os anos críticos de meu ministério pastoral. Confrontou-me com a verdade radical, mas óbvia, de que o Senhor Jesus Cristo é o cabeça da igreja. A Palavra de Deus tem de ser a autoridade final no ministério da igreja local — não a visão do pastor, nem a tradição da congregação, nem alvos estatísticos, nem programas de ministério, nem as preferências dos frequentadores. A igreja não é uma empresa, os pastores não são executivos, e o ministério não é a administração de uma franquia.

À semelhança de muitos outros pastores, tenho me beneficiado imensamente de ler e reler este estudo da igreja prático, mas bíblico — e relê-lo com colegas de liderança da igreja. O livro se tornou um ministério, que tem servido à igreja muito bem, por prover generosamente recursos que ajudam pastores, equipe de colaboradores e líderes a pensarem de maneira bíblica sobre a igreja local.

Eu havia devorado os materiais do ministério 9Marcas por anos quando o Senhor me abençoou com uma amizade pessoal com Mark Dever. Chegar a conhecê-lo me fez apreciar ainda mais *Nove Marcas de uma Igreja Saudável*. As ideias aqui expostas não são conceitos aleatórios reunidos para vender um livro. São convicções norteadas pela Escritura de um pastor que ama a Cristo, o evangelho e a igreja. Dever tem liderado fielmente, durante várias décadas, a Capitol Hill Baptist Church, em Washington. Essa igreja local, que incorpora estas nove marcas, tem influenciado uma geração de pastores e congregações a glorificar o Senhor por seguir a saúde bíblica da igreja.

Estou empolgado com o fato de que Mark Dever labutou para nos apresentar esta versão atualizada e expandida de *Nove Marcas*. Parte do conteúdo foi rearranjada nesta edição. Novos capítulos foram acrescentados sobre missões e oração. Mas não se preocupe: este livro ainda é o amigo confiável que você chegou a amar no passar dos anos. Se esta é a sua primeira leitura deste material, prepare-se para conhecer um novo amigo que será um recurso proveitoso nos anos por vir. Leia-o. Pratique os princípios que levarão de volta aos fatos básicos do ministério cristão. Compartilhe-o com colegas e cooperadores de ministério. Ore para que o Senhor levante, nestes tempos críticos, igrejas que são dedicadas a Jesus Cristo, a convicções bíblicas, à proclamação do evangelho, à verdadeira comunidade e à saúde da igreja.

H. B. CHARLES JR.
Pastor docente
Shiloh Metropolitan Baptist Church (Jacksonville, Flórida, EUA)

PREFÁCIO

Tanta coisa mudou desde que preguei esta série de mensagens pela primeira vez na década de 1990, ao passo que muita coisa permaneceu da mesma forma. Talvez seja apenas minha predisposição pessoal, mas o que não muda me parece muito mais importante até do que as mudanças mais importantes que vimos. O que não muda é o que a Bíblia apresenta sobre uma igreja saudável.

Eu viajo por todo o país — e, às vezes, até para fora — falando com pastores e outros cristãos sobre o que caracteriza uma igreja local sólida e saudável. No entanto, percebi há algum tempo que, embora eu possa frequentemente ter uma ou duas aplicações sobre esse tópico em minhas exposições bíblicas normais, eu não havia abordado essa questão em minha pregação na Capitol Hill Baptist Church (CHBC) de nenhuma forma mais focada desde a década de 1990!

Enquanto eu falava a respeito de pregar sobre alguns desses mesmos tópicos novamente, amigos me pressionaram particularmente sobre os tópicos de oração e missões. Não é que eles achassem que eu tivesse alguma inovação teológica para compartilhar, mas eles achavam que algumas das práticas na vida da nossa própria igreja seriam úteis e encorajadoras para outras igrejas.

Com isso em mente, decidi combinar algumas mensagens. Décadas de workshops sobre *Nove Marcas de uma Igreja Saudável* me levaram a pensar que algumas poderiam ser mais bem tratadas dessa forma. Então, combinei as mensagens sobre teologia bíblica e o evangelho. Essa mensagem combinada agora é "Doutrina do evangelho" (cap. 2) nesta edição. E, como as perguntas que recebi sobre conversão e evangelismo sempre foram inter-relacionadas, combinei essas duas mensagens. Elas agora são um único capítulo, "Um entendimento bíblico da conversão e da evangelização" (cap. 3). Isso me deixou livre para pegar as duas mensagens adicionais da série de sermões dados em novembro de 2015 e torná-las dois novos capítulos: "Um entendimento e uma prática bíblica da oração" (cap. 8) e "Um entendimento e uma prática bíblica de missões" (cap. 9).

Por certo, eu nunca afirmei que essas são as únicas marcas de saúde que uma igreja deve ter; elas são simplesmente marcas de saúde que precisam de atenção em muitas igrejas hoje. Ao longo dos anos, você, caro leitor, pode ver outras marcas que precisam ser investigadas e defendidas. Talvez nossa teologia precise ser mais bíblica. Ou talvez nossa prática precise ser atualizada. Estou ansioso para ler suas futuras contribuições sobre esse tópico vital e que honra a Deus. Mas, nesta nova edição, eu lhe dou as minhas. Limpei cada capítulo, omitindo algumas coisas aqui e adicionando algumas coisas ali. Algumas seções foram encurtadas; outras, expandidas. E, claro, há as mudanças maiores mencionadas acima.

Entretanto, o quadro básico continua o mesmo. Desde que este livro apareceu pela primeira vez, muitos outros livros sobre temas relacionados se tornaram disponíveis. Três podem ser de particular interesse para você: o livro que escrevi chamado *The Church*; o livro que escrevi com Paul Alexander chamado *Como Edificar uma Igreja Saudável*; e o livro que escrevi com Jamie Dunlop chamado *A Comunidade Cativante*. Se você gostou deste livro, esses outros três títulos se encaixariam bem em sua leitura e reflexão.

Caleb Morell foi um assistente extraordinário na preparação dessas revisões. Ele tornou meu trabalho muito mais leve. H. B. Charles Jr. foi gentil em concordar em escrever um novo prefácio para esta edição. E os amigos da Crossway são sempre isto mesmo, amigos, além de colaboradores nesta empreitada. A capacidade deles de produzir e distribuir livros permite que meus esforços particulares sejam de algum bem público. No entanto, tendo em vista toda a ajuda que outros têm dado na leitura, escrita e sugestão de revisões e emendas neste livro, como sempre, quaisquer erros que você encontre são somente meus.

Novamente, a Deus seja a glória por tudo que consta neste volume.

MARK DEVER
Pastor, Igreja Batista Capitol Hill (Washington, EUA)
Presidente, 9Marks.org
Julho de 2020

INTRODUÇÃO

Algum tempo atrás, David Wells, autor e teólogo, reportou algumas descobertas interessantes de uma pesquisa feita em sete seminários. Uma de suas descobertas me deixou chocado: "Estes estudantes estão insatisfeitos com a situação atual da igreja. Eles creem que a igreja perdeu sua visão e querem mais do que a igreja lhes tem dado". O próprio Wells concordou: "Nem o desejo nem o discernimento deles neste aspecto é incorreto. De fato, enquanto não experimentamos uma insatisfação santa com o nosso atual contexto, não podemos plantar as sementes da reforma. Na verdade, a insatisfação sozinha não é o suficiente".[1]

De fato, a insatisfação não é o suficiente. Por todos os lados, há insatisfação com a igreja. As prateleiras das livrarias evangélicas estão abarrotadas de livros que contêm prescrições para o que a aflige. Os palestrantes de conferências subsistem das enfermidades das igrejas que parecem sobreviver aos remédios que lhes são ministrados. Pastores exultam erroneamente e se esgotam de modo trágico. Crentes confusos e inseguros são deixados a vaguear como ovelhas que não têm pastor. Mas a insatisfação não é o suficiente. Precisamos de algo mais. Precisamos resgatar de maneira positiva o que a igreja deve ser. O que é a igreja em sua natureza e essência? O que deve distinguir e caracterizar a igreja?

---

1 David Wells, *God in the Wasteland: The Reality of Truth in a World of Fading Dreams* (Grand Rapids: Eerdmans, 1994), p. 213.

PARA NOSSOS HISTORIADORES

Os crentes sempre falam em "marcas da igreja". John Stott, em *Homens com uma Mensagem*, seu primeiro livro publicado, resumiu assim o ensino de Cristo dado às igrejas no livro de Apocalipse: "Estas são as marcas de uma igreja ideal — amor, sofrimento, santidade, sã doutrina, autenticidade, evangelização e humildade. Estas marcas são o que Cristo deseja achar em suas igrejas, enquanto anda entre elas".[2]

Mas esta linguagem contém uma história mais formal, que tem de ser reconhecida antes de nos engajarmos na tarefa de considerar um livro sobre as "Nove Marcas de uma Igreja Saudável".

Há muito tempo os cristãos têm falado sobre "as marcas da igreja". Neste livro, assim como em grande parte do pensamento da igreja, a questão de como distinguir o verdadeiro do falso tem levado a uma definição mais clara do verdadeiro. O tema da igreja não se tornou um centro de debate teológico amplo e formal até à Reforma. Antes do século XVI, a igreja era mais aceita do que discutida. Era considerada o meio de graça sobre o qual o restante da teologia descansava. A teologia católica romana usa a expressão "o mistério da igreja" para se referir à profundidade da realidade da igreja, que jamais pode ser totalmente explorada. No aspecto prático, a Igreja de Roma vincula sua afirmação de ser a verdadeira igreja visível à sucessão de Pedro como o bispo de Roma.

Com o advento das críticas radicais de Martinho Lutero e outros no século XVI, a discussão sobre a natureza da igreja se tornou inevitável. Como explica um erudito: "A Reforma fez do evangelho, em vez da organização eclesiástica, o teste da verdadeira Igreja".[3] Calvino questionou as afirmações da Igreja de Roma de ser a verdadeira igreja com base na sucessão apostólica. "Especialmente, porém, no regime da Igreja, nada é mais leviano do que, posta de lado a doutrina, colocar a sucessão nas próprias pessoas."[4] Portanto, desde aquele tempo, as *"notae"*, *"signa"*, *"symbola"*, *"criteria"* ou "marcas" da igreja têm sido um foco imperativo de discussão.

Em 1530, Melanchthon elaborou a Confissão de Augsburgo que, no Artigo VII, afirmou: "Ensina-se também que sempre haverá e permanecerá uma única santa igreja

---

2 John Stott, *Men with a Message* (Londres: Longmans, 1954) p. 163-64 [edição em português: *Homens com uma Mensagem* (Campinas: Editora Cristã Unida, 1996)].
3 Edmund Clowney, *A Igreja* (São Paulo: Cultura Cristã, 2007), p. 97.
4 João Calvino, *As Institutas da Religião Cristã* (São Paulo: Cultura Cristã, 1977), IV.II.3, p. 55.

cristã, que é a congregação de todos os crentes, entre os quais o evangelho é pregado puramente, e os santos sacramentos são administrados de acordo com o evangelho".⁵ Em sua obra *Loci Communes* (1543), Melanchthon repetiu a ideia: "As marcas que distinguem a igreja são o puro evangelho e o uso correto dos sacramentos".⁶ Desde a Reforma, os protestantes têm visto estas duas marcas — a pregação do evangelho e a administração correta dos sacramentos — como delineadoras da verdadeira igreja, em contraste com os impostores.

Em 1553, Thomas Cranmer produziu os 42 artigos da Igreja Anglicana. Embora não tenham sido promulgados oficialmente até bem depois, naquele século, como parte do regime elisabetano, esses artigos mostram o que o grande reformador inglês pensava a respeito da igreja. O Artigo 19 (que permaneceu nos Trinta e Nove Artigos) diz: "A Igreja visível de Cristo é uma congregação de fiéis na qual é pregada a pura Palavra de Deus, e os sacramentos são devidamente administrados conforme a instituição de Cristo em tudo que necessariamente se exigem neles".⁷

Em suas *Institutas da Religião Cristã*, João Calvino abordou o assunto da distinção entre a falsa e a verdadeira igreja: "Onde quer que vejamos a Palavra de Deus ser sinceramente pregada e ouvida, onde vemos os sacramentos serem administrados segundo a instituição de Cristo, aí de modo nenhum se há de contestar estar presente uma igreja de Deus".⁸

Uma terceira marca da igreja, a disciplina correta, foi acrescentada já naquela época, embora seja amplamente reconhecido que isso está implícito na segunda marca — os sacramentos ministrados corretamente.⁹ A Confissão Belga (1561), Artigo 29, disse:

---

5 Pode-se comparar isto com os vários escritos de Lutero a respeito de aspectos que constituem uma igreja verdadeira. Ver, por exemplo, sua obra "Against Hanswurst", um tratado que defende a Reforma dos ataques de Henry, o Duque de Braunschweig/Wolfenbuttel. Nesse tratado, Lutero apresenta o que ele considera as dez características de igrejas que são "fiéis às verdadeiras igrejas antigas". Martin Luther, "Against Hanswurst", em *Church and Ministry III*, ed. Eric W. Gritsch, vol. 31 de *Luther's Works, American Edition*, eds. Jaroslav Pelikan e Helmut T. Lehmann (Filadélfia: Fortress, 1957), p. 194-98.
6 Philip Melanchthon, *Loci Communes*. Tradução para o inglês: J. A. O. Preus (St. Louis: Concordia, 1992), p. 137.
7 Gerald Bray (ed.), *Documents of the English Reformation* (Cambridge: James Clarke, 1994), p. 296.
8 Cf. Calvino, *Institutas*, IV.I.9, p. 34. Ver também 4.1.7.
9 Quanto a uma abordagem moderna e popular, ver D. Martin Lloyd-Jones, *A Igreja e as Últimas Coisas* (São Paulo: PES, 1999), p. 24-38.

A igreja verdadeira é reconhecida pelas seguintes marcas: ela pratica a pura pregação do evangelho; mantém a pura administração dos sacramentos segundo Cristo os instituiu; exercita a disciplina na igreja para correção e punição dos pecados. Em resumo, governa a si mesma segundo a pura Palavra de Deus, rejeita tudo o que lhe for contrário e tem Jesus Cristo como único Cabeça.[10]

Edmund Clowney resumiu estas marcas como "a verdadeira pregação da Palavra, a observação adequada dos sacramentos e o exercício fiel da disciplina eclesiástica".[11]

Podemos ver nestas duas marcas — a proclamação do evangelho e a observância dos sacramentos — tanto a criação como a preservação da igreja, a fonte da verdade de Deus e o vaso gracioso que contém e revela a verdade. A igreja é gerada pela pregação correta da Palavra; a igreja é restringida e distinguida pela administração correta do batismo e da Ceia do Senhor. (Pressuposto nesta última marca está o fato de que a disciplina eclesiástica está sendo praticada.)

A IGREJA CONTEMPORÂNEA REFLETE O MUNDO

Este livro não é apenas uma consideração destas marcas da igreja. Aceito o entendimento protestante tradicional de que a verdadeira igreja se distingue da falsa por ser caracterizada pela correta pregação da Palavra e pela administração apropriada dos sacramentos. Mas, no interior do conjunto de todas as verdadeiras igrejas locais, algumas são mais saudáveis e outras, menos saudáveis. Este livro descreve algumas marcas que distinguem as igrejas mais saudáveis das igrejas verdadeiras, porém enfermas. Portanto, este livro não é uma tentativa de dizer algo que deveria ser dito sobre a igreja. Usando linguagem teológica, este livro não é uma eclesiologia completa.

---

10 Ver A. C. Cochrane (ed.), *Reformed Confessions of the Sixteenth Century* (Filadélfia: Westminster, 1966). Ver também a Confissão Escocesa (1560), Artigo 18: "A verdadeira pregação da Palavra de Deus... a correta administração dos sacramentos de Cristo Jesus... Disciplina eclesiástica ministrada corretamente". Ver *The Scots Confession of 1560*; tradução para o inglês: James Bulloch (Edimburgo: St. Andrews College Press, 1993).

11 Edmund Clowney, *A Igreja* (São Paulo: Cultura Cristã, 2007). Nas páginas 95 a 103, Clowney apresenta um bom resumo das marcas da igreja consideradas do ponto de vista bíblico e histórico e tendo em vista as questões recentes de fazer distinção entre a igreja e as organizações paraeclesiásticas.

Usando uma figura, este livro é mais uma prescrição do que um curso de anatomia geral do corpo de Cristo.

Certamente, nenhuma igreja é perfeita. Mas, graças a Deus, muitas igrejas imperfeitas são saudáveis. Entretanto, receio que uma quantidade ainda maior de igrejas não o sejam — mesmo entre aquelas que afirmam a plena divindade de Cristo e a plena autoridade das Escrituras. Por que esta é a situação?

Alguns dizem que a saúde frágil de muitas igrejas está relacionada a várias condições culturais que infestam a igreja.

Alguns dos bodes expiatórios mais comuns têm sido as instituições que preparam pessoas para o ministério. Richard Muller descreveu algo do que ele viu sobre o fracasso dos seminários em cumprir sua mordomia:

> Os seminários são culpados de criar várias gerações de ministros e professores que são fundamentalmente ignorantes dos materiais da tarefa teológica e prontos para usar como argumento (em defesa de si mesmos) a irrelevância do estudo clássico para a realização prática do ministério. O triste resultado tem sido a perda, em muitos lugares, da função central e cultural da igreja no Ocidente e a substituição de ministros ricos cultural e intelectualmente por um grupo de profissionais e diretores de operação que podem fazer quase tudo, exceto tornar a mensagem teológica da igreja relevante no contexto contemporâneo.[12]

Este livro é um plano que visa recuperar a pregação bíblica e a liderança da igreja num tempo em que muitas igrejas estão definhando num cristianismo nominal e conceitual, com todo o pragmatismo e a insignificância resultantes. O propósito de muitas igrejas evangélicas mudou de glorificar a Deus para simplesmente crescer mais e mais, admitindo que crescimento numérico, quando atingido, deve glorificar a Deus.

No aspecto teológico e prático, um dos problemas do encurtamento de nossa visão é o pragmatismo contraproducente que resulta disso. Neopaganismo, secularização, pragmatismo e ignorância são problemas sérios da igreja contemporânea. Mas

---

12 Richard A. Muller, *The Study of Theology* (Grand Rapids: Zondervan, 1991), p. xiii.

estou convencido de que o problema mais fundamental é a maneira como os cristãos concebem suas igrejas. Muitas igrejas entendem de maneira errônea a prioridade que têm de dar à revelação de Deus e à natureza da regeneração que ele oferece. Reavaliar isso tem de ser parte de qualquer solução para os problemas das igrejas de nossos dias.

MODELOS POPULARES DE IGREJA

Quatro modelos de igrejas se acham hoje em minha própria associação de igrejas (Convenção Batista do Sul dos Estados Unidos), bem como em muitas outras associações. Podemos resumir esses modelos em liberal, evangelho da prosperidade, sensível aos interessados e tradicional.

Falando com clareza, podemos conceber as igrejas do modelo liberal como aquelas que têm F. D. E. Schleiermacher como seu patrono. Numa tentativa de ser bem-sucedido na evangelização, Schleiermacher tentou repensar o evangelho em termos contemporâneos.

O famoso pregador Benny Hinn pode ser um exemplo do segundo modelo, a igreja do evangelho da prosperidade. Numa tentativa de tornar as promessas de cura física equivalentes às promessas de perdão espiritual e de tornar presente o cumprimento futuro, pregadores como Hinn têm erigido igrejas ao redor do que reivindicam ser manifestações imediatas do poder de Deus. De acordo com este modelo, todos devem ser capazes de ver e se beneficiar agora de prosperidade e saúde prometidas.

Podemos encontrar algo do mesmo objetivo no modelo de igrejas sensíveis aos interessados. Vemos isso nos escritos e ministério de Bill Hybels e seus colegas em Willow Creek, bem como nas muitas igrejas a eles associadas. Eles têm tentado repensar a igreja, como os liberais, com o alvo de evangelização sempre em mente. Essa é, outra vez, uma tentativa de tornar a relevância do evangelho evidente a todos.

O patrono das igrejas tradicionais poderia ser Billy Graham (ou, talvez, algum dos grandes evangelistas desta ou da geração anterior). Uma vez mais, o motivo é ser bem-sucedido na evangelização, com a igreja local tratada como uma reunião evangelística permanente. De fato, a igreja evangélica "tradicional" nos Estados Unidos se parece mais com o modelo de igreja sensível aos interessados, diferenciando-se apenas no fato de que serve a uma cultura mais antiga — a cultura de cinquenta ou cem anos atrás. Assim, em vez das esquetes da Willow Creek, o trio de cantoras da Primeira Igreja Batista é considerado aquilo que atrairá incrédulos à igreja.

Embora haja distinções doutrinárias importantes entre esses vários tipos de igreja, todos os quatro têm características importantes em comum. Todas essas igrejas são, em grande parte, influenciadas pela suposição de que a reação do povo e a relevância evidente são os principais indicadores de sucesso. Os ministros sociais da igreja liberal, os milagres da igreja do evangelho da prosperidade, os músicos da igreja sensível aos interessados e as programações da igreja evangélica tradicional devem todos trabalhar bem e trabalhar *agora*, para que as igrejas sejam consideradas relevantes e bem-sucedidas. Dependendo do tipo de igreja, o sucesso pode significar muitas pessoas alimentadas, muitas pessoas envolvidas ou muitas pessoas salvas. Mas a suposição que todos esses tipos de igreja compartilham é que o fruto de uma igreja bem-sucedida é prontamente evidente.

À luz de um ponto de vista bíblico e histórico, essa suposição parece incalculavelmente perigosa. Examinando a Palavra de Deus, vemos que ela está repleta de figuras de bênçãos que demoram a ser concedidas. Para cumprir seus inescrutáveis propósitos, Deus prova e testa seus filhos, como o fez a Jó, José, Jeremias e o próprio Senhor Jesus. As aflições de Jó, o espancamento e a venda de José, a prisão e o escarnecimento de Jeremias, a rejeição e a crucificação de Jesus, tudo isso nos lembra que Deus age de maneiras misteriosas. Ele nos chama a um relacionamento de confiança nele, mais essencialmente do que a um pleno entendimento dele mesmo e de seus caminhos. As parábolas de Jesus estão cheias de histórias do reino de Deus que começa de maneiras surpreendentemente pequenas, mas cresce até, por fim, atingir proeminência gloriosa. Biblicamente, temos de compreender que o tamanho daquilo que nossos olhos veem raramente é uma boa maneira de avaliar a grandeza de algo aos olhos de Deus.

De um ponto de vista histórico, faríamos bem ao lembrar que a aparência pode ser enganosa. Numa cultura saturada de cristianismo e de conhecimento bíblico, na qual a benevolência geral de Deus e a sua graça especial são propagadas amplamente, pode haver muitas bênçãos óbvias. A moralidade bíblica pode ser afirmada por todos. A igreja pode ser amplamente estimada. A Bíblia pode ser ensinada até mesmo em escolas seculares. Num tempo como este, talvez seja difícil distinguir entre o aparente e o real.

Mas, num tempo em que o cristianismo está sendo descartado de forma rápida e abrangente, em que a evangelização é considerada intolerante ou até classificada como um crime detestável, descobrimos que os riscos mudaram. Por um lado, a cultura à qual nos conformaríamos a fim de sermos relevantes se torna tão intrinsecamente entremeada de antagonismo ao evangelho, que conformar-se a ela tem de resultar numa perda do próprio evangelho. Por outro lado, é mais difícil para o cristianismo nominal florescer. Num tempo como este, temos de ouvir novamente a Bíblia e reconsiderar o conceito de ministério bem-sucedido não como necessária e imediatamente frutífero, e sim como fiel à Palavra de Deus de forma demonstrativa.

Os grandes missionários que foram a culturas não cristãs tinham de saber isso. Quando eles foram a lugares onde não havia campos que branquejavam "para a ceifa", mas apenas anos e décadas de rejeição, precisaram ter outra motivação a preservá-los no ministério. Se William Carey foi fiel na Índia, e Adoniram Judson, na Birmânia, isso não aconteceu porque seu sucesso imediato lhes mostrou que estavam sendo relevantes. Eles foram fiéis porque o Espírito de Deus neles os encorajou à obediência e à confiança. Nós que vivemos no Ocidente secular, temos de recuperar o senso de satisfação nessa fidelidade bíblica. E temos de recuperá-lo especialmente em nossa vida em conjunto como cristãos, em nossas igrejas.

A NECESSIDADE DE UM MODELO DIFERENTE

Precisamos de um novo modelo para a igreja. Na verdade, o modelo que precisamos é um modelo antigo. Embora eu esteja escrevendo um livro sobre isso, não tenho muita certeza de como chamá-lo. Simples? Histórico? Bíblico?

Em poucas palavras, precisamos de igrejas que são conscientemente distintas da cultura. Precisamos de igrejas cujo principal indicador de sucesso não são resultados evidentes, mas fidelidade bíblica perseverante.[13] Precisamos de igrejas que nos ajudem a recuperar aqueles aspectos do cristianismo que são distintos do mundo e que nos unem.

---

13 Ver Mark Dever, "Endurance Needed: Strength for a Slow Reformation and the Dangerous Allure of Speed" (sermão, Together for the Gospel, Louisville, KY, 2016), http://t4g.org/resources/mark-dever/asl-endurance-needed-strength-slow-reformation-dangerous-allure-speed.

INTRODUÇÃO

O que apresentamos a seguir não é tanto um retrato completo desse novo (antigo) modelo de igreja, e sim uma prescrição oportuna. Concentra-se em duas necessidades básicas das igrejas: pregar a mensagem e liderar os discípulos.

PREGAR A MENSAGEM

As primeiras cinco marcas de uma igreja saudável que consideraremos refletem a preocupação com a pregação correta da Palavra de Deus. A *Marca 1* se refere à própria pregação. É uma defesa da primazia da pregação expositiva como reflexo da centralidade da Palavra de Deus.

Por que a Palavra de Deus é central? Por que ela é o instrumento de criar a fé? A resposta é que ela é tão central e instrumental porque a Palavra do Senhor nos expõe o objeto de nossa fé. Ela nos apresenta as promessas de Deus — desde todos os tipos de promessas individuais, em toda a Bíblia, até à grande promessa, a grande esperança, o grande objeto de nossa fé, o próprio Senhor Jesus. A Palavra nos apresenta aquilo em que devemos crer.

Em seguida, na *Marca 2*, consideramos a estrutura desta mensagem: a doutrina evangélica. Precisamos entender a verdade de Deus como um todo coerente, que vem até nós, primeira e primordialmente, como uma revelação dele mesmo. Perguntas a respeito de quem e como ele é nunca podem ser consideradas irrelevantes aos assuntos práticos da vida da igreja. Quão bem nós discernimos como entendemos o evangelho, como o ensinamos e como treinamos outros a conhecê-lo? A nossa mensagem, embora entremeada de piedade cristã, é basicamente uma mensagem de autossalvação ou contém algo mais? O nosso evangelho consiste apenas em verdades éticas universais para o nosso viver diário? Ou tem como seu fundamento os atos especiais de Deus salvadores e históricos realizados de uma vez por todas em Cristo?

Isso nos leva à recepção da mensagem, a *Marca 3*: um entendimento bíblico da conversão e da evangelização. Uma das tarefas mais dolorosas com as quais os pastores se deparam é tentar reverter o dano de falsos convertidos que foram assegurados de forma muito rápida e descuidada, por um evangelista, de que são realmente cristãos. Essa atividade aparentemente caridosa pode conduzir a explosões de entusiasmo, envolvimento e interesse passageiros. Mas, se uma conversão aparente não resulta em vida transformada, então, começamos a nos admirar da crueldade inconsciente de convencer tais pessoas de que, por haverem feito uma oração ou sido batizadas espontaneamente, já experimentaram toda a esperança que Deus tem para elas nesta vida. Podemos levá-las a pensar: "Se isso falhou, então, o cristianismo não tem mais nada a oferecer-me. Não há mais esperança. Não há mais vida. Eu tentei, mas não funcionou". Precisamos de igrejas que entendam e ensinem o que a Bíblia ensina sobre a conversão.

E isso significa que temos de considerar a nossa evangelização. Se em nossa evangelização comunicamos de modo implícito a ideia de que tornar-se um cristão é algo que nós mesmos fazemos, acabamos por transmitir desastrosamente nosso entendimento errôneo sobre o evangelho e a conversão. Em nossa evangelização, temos de ser cooperadores com o Espírito Santo, apresentando o evangelho, mas dependendo do Espírito de Deus para realizar a verdadeira persuasão, o verdadeiro convencimento e a verdadeira conversão. As nossas igrejas e as nossas práticas de evangelização estão em harmonia com essa grande verdade?

LIDERAR OS DISCÍPULOS

O outro grupo de problemas nas igrejas contemporâneas está relacionado à administração correta dos limites e características da identidade cristã. Em termos gerais, são problemas vinculados a liderar os discípulos.

Primeiramente, na *Marca 4*, abordamos a questão de toda a estrutura propícia ao discipulado: o entendimento bíblico da membresia de igreja. No século passado, os cristãos quase ignoraram o ensino bíblico referente à natureza coletiva de seguir a Cristo. As nossas igrejas estão inundadas em narcisismo egocêntrico, hiperindividualismo camuflado superficialmente em tudo, desde os "inventários dos dons espirituais" até às "igrejas que têm como alvo certo grupo de pessoas" e que "não são para todos". Quando lemos 1 João ou o evangelho de João, vemos que Jesus nunca tencionou que fôssemos cristãos sozinhos; vemos também que o nosso amor pelos outros que não são semelhantes a nós manifesta se amamos verdadeiramente a Deus.

Muitas igrejas contemporâneas têm problemas com a definição básica do que significa ser um discípulo de Cristo. Portanto, na *Marca 5* exploramos um entendimento bíblico da disciplina eclesiástica. Há comportamentos que as igrejas não devem tolerar? Em nossas igrejas, há ensinos inaceitáveis? As nossas igrejas revelam uma preocupação por algo mais além de sua própria sobrevivência e expansão institucional? Evidenciamos um entendimento de que portamos o nome de Deus e vivemos para sua honra ou para sua vergonha? Precisamos de igrejas que recuperem a prática regular, amorosa e sábia de disciplina eclesiástica.

Na *Marca 6*, examinamos o discipulado e o crescimento cristão. A evangelização que não resulta em discipulado é não somente incompleta, mas também completamente mal interpretada. A solução não é que precisamos fazer mais evangelização, e sim que precisamos fazê-la de maneira diferente. Não precisamos simplesmente lembrar-nos de dizer às pessoas que continuem vindo à igreja depois que fizemos a oração com elas; precisamos dizer-lhes que calculem o preço, antes de fazerem essa oração!

Na *Marca 7* focalizamos a necessidade de redescobrir um entendimento bíblico concernente à liderança eclesiástica. A liderança eclesiástica não deve ser outorgada como uma resposta aos dons ou posição seculares, aos relacionamentos familiares ou em reconhecimento da amplitude do serviço na igreja. A liderança da igreja deve ser confiada àqueles que parecem evidenciar em sua própria vida e são capazes de promover, na vida da igreja como um todo, a obra santificadora e edificadora do Espírito Santo.

A *Marca 8* examina a vida de oração da igreja. Como oramos revela o que entendemos sobre a oração. Reflete o que cremos sobre a soberania de Deus e a nossa responsabilidade. Toca em como lidamos com as provações e como nos importamos uns com os outros. Quando consideramos como oramos juntos, em nosso tempo, como uma igreja local, revelamos muito do que é mais importante sobre nós como uma comunidade.

Por fim, a *Marca 9* focaliza a necessidade de pensarmos sobre os propósitos de Deus no mundo e o papel que ele deseja que sua igreja desempenhe na realização desses propósitos. Em poucas atividades que realizamos juntos, a nossa teologia se manifesta mais do que em nossa prática de missões. O nosso Deus não é um deus de vilarejo. Ele não está interessado apenas em nós e nossas famílias, apenas em nossa cidade ou mesmo apenas em nosso país. Deus tem um propósito que é tão grande quanto este mundo (e até maior!). Ele quer envolver as nossas igrejas profundamente nesse propósito — desde a nossa oração até nossa contribuição financeira, desde o nosso envio até nossa permanência.

O objetivo e propósito de tudo isso é a glória de Deus, à medida que o tornamos conhecido. Durante toda a história, Deus desejou tornar-se conhecido. Essa foi a razão por que ele libertou a Israel do Egito, no êxodo, e por que os libertou novamente do exílio na Babilônia. Inúmeras passagens das Escrituras falam sobre o desejo de Deus de tornar-se conhecido (por exemplo, Êx 7.5; Dt 4.34-35; Jó 37.6-7; Sl 22.21-22; 106.8; Is 49.22-23; 64.4; Ez 20.34-38; 28.25-26; 36.11; 37.6; Jo 17.26). Ele criou o mundo e fez todas as suas obras para seu próprio louvor. É correto e bom que ele deva agir assim.

Calvino chamava este mundo de teatro do esplendor de Deus. Outros se referiram à história como um grande desfile que culmina na glória de Deus. Mark Ross, que, durante várias décadas, pastoreou a First Presbyterian Church, em Columbia, na Carolina do Sul, afirmou:

> Somos uma das principais peças da evidência de Deus... A grande preocupação de Paulo [em Efésios 4.1-6] quanto à igreja era que a igreja revelasse e demonstrasse a glória de Deus, vindicando, assim, o caráter de Deus contra toda a zombaria das esferas demoníacas, a zombaria de que Deus não é digno de vivermos para ele... Deus confiou à sua igreja a glória de seu próprio nome.[14]

Todos — aqueles que são líderes de igreja e aqueles que não o são — são feitos à imagem de Deus. Devemos ser retratos vivos da natureza moral e do caráter justo de Deus, refletindo isso no universo, para que todos vejam — especialmente em nossa união com Deus, por meio de Cristo. Isso é, portanto, o alvo e o motivo por que Deus nos chama. Deus nos chama a nos unirmos com ele e a vivermos juntos em nossas congregações, não para a nossa própria glória, mas para a glória dele.

ESTE LIVRO

Este livro resulta de uma série de sermões. De acordo com um consultor de igreja, sermões devem ser fáceis de entender, menos abstratos, mais espontâneos, curtos, cheios de histórias da experiência pessoal do pregador e devem permitir a participação dos ouvintes.[15] Mas permita-me sugerir que o monólogo na pregação

---

14 Mark Ross, anotações de sermão não publicado.
15 Meu resumo de comentários feitos numa conferência em Wheaton, no estado de Maryland, em 9 de outubro de 1997.

é não somente justificável, mas também realmente importante. Se em nossa pregação assumimos o lugar de Deus, entregando ao seu povo a sua Palavra, por meio do seu Espírito, certamente é apropriado que a pregação tenha uma só pessoa a falar. A pregação deve ser um monólogo não no sentido de que nunca deva ser questionada; mas, na pregação propriamente dita, a Palavra de Deus nos alcança em seu caráter de monólogo, não esperando despertar interesse ou participação, mas exigindo que respondamos. Algo desse caráter tem de ser mantido. Isso não significa que o sermão tem de ser deliberadamente enfadonho, obscuro ou abstrato. Espero que, nestes sermões disfarçados de capítulos, se manifeste um engajamento sério com as grandes verdades da Bíblia e com o contexto de nossos dias, para a bênção não somente do leitor, mas também de sua igreja. Que assim seja!

OUTROS RECURSOS

- • Para grupos de estudo: Bobby Jamieson, *Built upon the Rock: The Church* (2012), um estudo indutivo de seis semanas.
- • Para aplicação pastoral: Mark Dever e Paul Alexander, *Como Edificar uma Igreja Saudável: um Guia Prático para a Liderança Intencional* (2024).
- • Para distribuir aos membros da igreja: Mark Dever, *O que É uma Igreja Saudável?* (2015).

A SEGUIR...

Marca Um: Pregação expositiva

Pregação expositiva
O papel central da Palavra de Deus
    O papel da Palavra de Deus em dar vida
    O papel da Palavra de Deus na pregação
    O papel da Palavra de Deus em santificar
    O papel do pregador da Palavra de Deus

MARCA UM: PREGAÇÃO EXPOSITIVA

Foi assim que comecei meu sermão na manhã de um domingo em janeiro, alguns anos atrás:

> Tudo bem? Você dormiu bem ontem à noite? Teve muita dificuldade para encontrar uma vaga de estacionamento nesta manhã? As portas estavam bem identificadas? Alguém lhe deu boas-vindas? As instalações da igreja pareceram atraentes e asseadas? Pergunto: o nome da igreja tornou difícil para você a decisão de entrar? Ou talvez seja uma das razões por que você decidiu entrar.
>
> E, quando você entrou, as pessoas se mostraram amáveis e dispostas a cumprimentá-lo? Algum problema fez o número de crianças diminuir? E o que você achou do vitral? Sei que tenho a melhor visão dele, mas eles são realmente lindos, não é? Ou, de novo, talvez o vitral seja muito tradicional para você.
>
> Os bancos são confortáveis? De onde você está assentado, tem uma boa visão de todas as atividades? Pode ver com clareza? Pode ouvir bem? A temperatura ambiente agrada a todos? Você está se sentindo bastante confortável?

E o que acha do boletim? Atraente, sem erros, bem-feito, objetivo, você diria? Não tão complicado. Talvez um pouco sóbrio. Observou todos os avisos ali divulgados?

E o que você acha das pessoas que estão ao seu redor? São pessoas com as quais você gosta de ir à igreja? Sim, sei que você está nervoso, para olhar ao redor agora, mas sabe quem são elas. O que você acha? Elas são pessoas da idade certa? Da raça certa? Da classe social certa? São como você?

E o que acha do culto? Não houve muitos avisos no culto, houve? Acho que nesta manhã não houve muitos avisos. As orações foram envolventes? Envolveram o coração e a mente?

Nestes dias, é muito incomum ler grandes trechos das Escrituras nos cultos, não é? Você não vê isso com frequência.

É claro, também há a música. Você sabe, ainda estamos tentando fazer algo funcional, e você pode testemunhar — música contemporânea e tradicional, clássica e mais moderna, litúrgica e mais informal. Assim como ocorre em muitas outras igrejas dos Estados Unidos, há provavelmente algumas pessoas que vinham a esta igreja no passado, mas que estão em outras igrejas nesta manhã, porque desejavam uma experiência musical diferente. E, você sabe, talvez algumas pessoas estejam aqui porque gostam desta experiência musical.

O que você está fazendo aqui? Se já vêm a esta igreja há cinquenta anos ou se esta é a primeira vez, por que você veio?

Evidentemente, agora você sabe qual é o próximo assunto. Talvez ele já tenha começado: o sermão! Para alguns, esta é a razão por que têm de ficar até ao final, para chegar à boa parte — talvez um pouco mais de cânticos ou fazer amigos e conversar com pessoas depois do culto.

O pregador tem realmente um trabalho árduo, não tem? Ele precisa ser alguém com quem você possa se relacionar, conversar, ser informal e em quem possa confiar, em alguma medida. Mas ele também precisa parecer santo, porém não muito santo. Você sabe, o pregador precisa ser conhecido, mas não muito. Precisa ser confiante, mas não em excesso. Precisa ser compassivo, mas não exageradamente. E o sermão? Bem, o sermão precisa ser muito bom, relevante, divertido, envolvente e, com certeza, bem curto. Há tanto a se considerar, quando avaliamos uma igreja, não há? Já pararam para pensar nisso? Há tanto a se pensar; e, com tantas mudanças de um lugar para outro, nestes dias, temos de avaliar as igrejas. Essas mudanças acontecem o tempo todo. Temos de perguntar a nós mesmos o que constitui uma boa igreja.

Em meu escritório, tenho diversas prateleiras e pilhas de livros que abordam exatamente esta pergunta: o que realmente constitui uma boa igreja? E você ficaria admirado ao saber quão amplamente as respostas variam. As respostas incluem: conforto, planejamento financeiro, banheiros limpos, boa localização, música vibrante, ser sensível aos visitantes, estacionamento com vagas abundantes, programas que estimulam as crianças, opções bem elaboradas de Escola Dominical, programas de computador adequados, placas indicativas bem nítidas, congregações homogêneas.

Então, o que você acha? O que produz uma igreja saudável? Se você fosse um visitante hoje, à procura de uma igreja que você pudesse frequentar regularmente e com a qual poderia se comprometer, você precisaria considerar esta pergunta. Talvez você venha a mudar de casa. E, ainda que nunca venha a se mudar, precisa saber o que constitui uma igreja saudável. Se você se integrará à igreja, contribuirá para sua edificação e transformação, você não precisa saber o que, de fato, tentará edificar? O que você deseja que a igreja se torne? Qual é o seu alvo? O que é fundamental?

Seja bem cuidadoso em como você responderá a estas perguntas. Como já disse, você achará homens experientes os quais lhe dirão que a resposta é tudo — desde quão isento de linguagem religiosa você seja até quão ocultas são as exigências para que alguém seja membro da igreja.

O que você acha? Berçários seguros, banheiros cintilantes, música estimulante etc. são realmente o caminho para o crescimento e a saúde da igreja? É isso que constitui uma boa igreja?

Foi assim que comecei a série de sermões que resultou neste livro — *Nove Marcas de uma Igreja Saudável*. O propósito deste livro é perguntar e responder esta questão: o que marca de maneira distintiva uma igreja realmente boa?

Eu proponho nove marcas distintivas de uma igreja saudável. Você pode achá-las no sumário. Estas nove marcas não são, de modo algum, as únicas características de uma igreja saudável. Não estou sugerindo isso, nem por um momento. Tampouco são, necessariamente, as palavras mais importantes que poderiam ser ditas a respeito de uma igreja. Por exemplo, referi-me apenas de passagem aos assuntos do batismo e da Ceia do Senhor, embora estes sejam aspectos essenciais de uma igreja bíblica, ordenados pelo próprio Senhor Jesus. Este livro não é uma eclesiologia completa. Estou apenas tentando focar em certos aspectos cruciais da vida de uma igreja saudável que se tornaram raros nas igrejas contemporâneas. Embora sejam frequentemente mal compreendidos, o batismo e a Ceia do Senhor não desapareceram da maioria das igrejas. No entanto, várias das características que consideraremos nestas páginas *desapareceram* de muitas igrejas.

De fato, não existe uma igreja perfeita, e, com certeza, não pretendo sugerir que toda igreja que eu pastorear será perfeita. Mas isso não significa que não possam ser mais saudáveis. Meu objetivo é encorajar isso.

PREGAÇÃO EXPOSITIVA

A primeira marca de uma igreja saudável é a pregação expositiva. Não é somente a primeira marca; é a mais importante de todas as marcas, porque, se você desenvolvê-la corretamente, todas as outras a seguirão. Esta é a marca essencial. Se você quer ler apenas um capítulo deste livro, escolheu o capítulo certo. Este é o capítulo que você deve ler primeiro, antes de todos os demais. Isto o ajudará a entender aquilo ao que os pastores devem se dedicar e o que as igrejas devem exigir deles. Minha principal tarefa, e a principal tarefa de todo pastor, é a pregação expositiva.

Isto é tão importante que, se você falhasse nisto e entendesse bem todas as outras oito marcas, estas outras seriam, de certo modo, acidentais. Elas podem ser descartadas ou distorcidas, porque não fluirão da Palavra e não serão continuamente modeladas e renovadas pela Palavra. Mas, se você estabelecer a prioridade da Palavra, terá no seu devido lugar o aspecto mais importante e singular da vida da igreja, e com certeza haverá crescimento, porque Deus determinou agir mediante seu Espírito, por meio de sua Palavra.

Então, o que é esta prática tão importante chamada de pregação expositiva? Ela é geralmente descrita em contraste com a pregação tópica. Um sermão tópico é semelhante a este capítulo — toma um assunto e o considera, em vez de usar um texto específico das Escrituras como o seu assunto. O sermão tópico começa com um assunto particular sobre o qual o pregador deseja falar. O assunto poderia ser a oração, a justiça, a paternidade, a santificação ou até a pregação expositiva. Depois de estabelecer o tópico, o pregador reúne vários textos, de diferentes partes da Bíblia, e os combina com histórias ilustrativas e piadas. O material é reunido e entrelaçado ao redor de um único assunto. O sermão tópico não é elaborado em torno de uma passagem da Escritura, e sim em torno de uma única ideia que eu escolho.

Um sermão tópico pode ser expositivo. Eu poderia resolver pregar sobre um assunto e tomar apenas uma passagem que aborda exatamente aquele assunto. Ou poderia pregar usando várias passagens que tratam deste mesmo tema. Mas ainda seria um sermão tópico, porque o pregador sabe o que deseja dizer e examina a Bíblia, a fim de encontrar o que poderá dizer sobre aquele tema. Por exemplo, quando preguei uma versão deste material na forma de um sermão, eu sabia exatamente quando limitar o que eu queria dizer. Isso não acontece quando prego de modo expositivo. Quando preparo um sermão expositivo, frequentemente me surpreendo com o que acho numa passagem, à medida que a estudo. De modo geral, não escolho as séries de sermões expositivos por causa dos assuntos específicos sobre os quais penso que a igreja deve ouvir. Pelo contrário, admito que toda a Bíblia é relevante para nós em todo o tempo. Creio que Deus pode nos guiar a alguns livros, mas, quando estou labutando em um texto bíblico, lendo-o em meu tempo devocional, na semana anterior à pregação, e preparando-o com seriedade na sexta-feira, encontro nele aquilo que não esperava encontrar. Sou surpreendido pela verdade primordial da passagem bíblica e, consequentemente, pelo que tem de se tornar o principal alvo de meu sermão.

A pregação expositiva não é apenas um comentário falado sobre determinada passagem da Bíblia. Antes, a pregação expositiva é aquela pregação que tem como alvo primordial do sermão aquela verdade bíblica salientada em uma passagem específica da Bíblia. É isso. O pregador abre a Palavra e a expõe para o povo de Deus. Isso não é o que estou fazendo neste capítulo, mas é o que normalmente tenciono fazer, quando me dirijo ao púlpito no domingo.[1]

A pregação expositiva é pregar estando a serviço da Palavra. Pressupõe a crença na autoridade das Escrituras — a crença no fato de que a Bíblia é realmente a Palavra de Deus. Contudo, é muito mais do que isso. Um compromisso com a pregação expositiva é um compromisso em *ouvir* a Palavra de Deus — é não somente uma afirmação de que a Bíblia é a Palavra de Deus, mas também uma submissão de si mesmo à Palavra. Os profetas do Antigo Testamento e os apóstolos do Novo Testamento receberam não uma comissão pessoal de ir e falar, mas uma mensagem particular que deveriam proclamar. De modo semelhante, os pregadores cristãos de nossos dias têm autoridade para falar da parte Deus somente quando falam a mensagem dele e expõem sua Palavra. Embora alguns pregadores sejam bastante eloquentes, eles não foram comissionados apenas para ir e pregar. Eles foram comissionados especificamente para ir e pregar a Palavra. Essa é a comissão dos pregadores.

Felizmente, muitos pastores aceitam a autoridade da Palavra de Deus e professam crer na inerrância das Escrituras. Mas, se não praticam com regularidade a pregação expositiva, estou convencido de que nunca pregarão mais do que sabiam quando começaram todo o seu aprendizado. Um pastor pode tomar uma parte das Escrituras e exortar a igreja quanto a um assunto importante, mas este assunto não é o ensino principal daquela passagem bíblica. Você pode pegar a Bíblia agora mesmo, fechar seus olhos, abri-la em certo livro, pôr o seu dedo sobre um versículo, abrir seus olhos, ler o versículo e obter grande bênção para sua alma, mas não aprendeu necessariamente o que Deus tencionava dizer por meio daquela passagem. O que se diz a respeito de imóveis também é verdadeiro no que se refere ao entendimento da Bíblia: os três fatores mais importantes são a localização, a localização e a localização. Você entende um texto bíblico onde ele está, no contexto em que ele foi inspirado.

---

1 Veja Mark Dever e Greg Gilbert, *Pregue: Quando a Teologia Encontra-se com a Prática* (São José dos Campos: Fiel, 2018). Para algumas precauções cuidadosas sobre o abuso de exposições de passagens consecutivas das Escrituras, veja Iain Murray, *Archibald G. Brown* (Carlisle: Banner of Truth, 2011), p. 353-63. Murray quer garantir que a pregação inspiradora, emocionante e que promova conversão não seja substituída por um compromisso equivocado com um certo estilo de palestra, que muitos rotulam "Pregação Expositiva".

O pregador deve ter sua mente moldada incessantemente pelas Escrituras. Ele não deve apenas usá-las como uma desculpa para o que ele já sabe e deseja dizer. Quando isso acontece, quando alguém prega regularmente de um modo que não é expositivo, os sermões tendem a ser apenas os tópicos que interessam ao pregador. O resultado é que o pregador e a congregação ouvem na Bíblia somente o que já pensavam quando chegaram àquele texto. Não há nada novo a ser acrescentado ao entendimento deles. Não estão sendo constantemente desafiados pelas Escrituras.

Se estamos comprometidos em pregar uma passagem bíblica em seu contexto, expositivamente — isto é, tomando a principal verdade da passagem como o principal ensino da mensagem — devemos ouvir de Deus aquilo que não tencionávamos ouvir, quando começamos a estudar a passagem. Às vezes, Deus nos surpreende. E, desde o nosso arrependimento e conversão até às últimas verdades que o Espírito Santo nos tem ensinado, não é isso o que significa ser um cristão? Repetidas vezes, você não percebe que, ao começar a revelar a verdade de seu coração e a verdade de sua Palavra, Deus o desafia e lhe diz o que você nem imaginava um ano atrás? Encarregar alguém da supervisão espiritual de uma igreja, alguém que não mostra, na prática, um compromisso de ouvir e ensinar a Palavra de Deus significa dificultar o crescimento da igreja, permitindo, em essência, que ela cresça somente ao nível do pastor. A igreja se conformará, lentamente, à mente do pastor, e não à de Deus. E o que desejamos, o que anelamos, como cristãos, são as palavras de Deus. Queremos ouvir e saber, em nossa alma, o que ele tem dito.

O PAPEL CENTRAL DA PALAVRA DE DEUS

A pregação deve sempre (ou quase sempre) ser expositiva, porque a Palavra de Deus deve estar no seu centro, norteando-a. De fato, as igrejas devem ter a Palavra como o seu centro, dirigindo-as. Deus resolveu usar sua Palavra para criar vida. Esse é o padrão que vemos nas Escrituras e na história. A Palavra de Deus é o seu instrumento escolhido para criar vida.

Em uma recepção, a conversa mudou para um livro recém-publicado. Eu o li, porque estava para pregar uma mensagem sobre o assunto daquele livro. Meu anfitrião, um católico romano, também lera o livro, para escrever uma resenha. Perguntei-lhe o que pensava.

"Oh! é muito bom", ele respondeu, "exceto pelo fato de que o autor o estragou por repetir o velho erro protestante de que a Bíblia criou a igreja, quando todos sabemos que a igreja criou a Bíblia".

Bem, eu estava um pouco embaraçado. Era uma recepção dele, e eu era apenas convidado. O que você diria? Vi toda a Reforma Protestante descortinar-se diante de mim!

Decidi que, se ele podia, de um modo gentil, ser tão publicamente desdenhoso, eu poderia ser tão direto e honesto quando desejava. Portanto, disse: "Isso é ridículo!" Tentando ser tão agradável quando podia, continuei: "O povo de Deus nunca criou a Palavra de Deus. Desde o começo, a Palavra de Deus tem criado seu povo! De Gênesis 1, onde lemos que Deus criou literalmente tudo que existe, incluindo seu povo, por meio de sua Palavra, até Gênesis 12, onde ele chamou a Abraão, de Ur dos caldeus, mediante a Palavra de sua promessa; até Ezequiel, onde Deus lhe dá uma visão que deveria ser compartilhada com os israelitas no exílio da Babilônia, a respeito da grande ressurreição para a vida que se realizará pela Palavra de Deus; até o envio supremo da Palavra de Deus, em Jesus Cristo, a Palavra que se tornou carne; até Romanos 10, onde lemos que recebemos vida espiritual por meio da Palavra de Deus. Nunca foi o contrário. O povo de Deus nunca criou a Palavra de Deus".

Não posso lembrar com exatidão o que aconteceu no restante daquela conversa, mas lembro essa parte bem evidente, porque me ajudou a cristalizar a absoluta centralidade da Palavra de Deus.

Sigamos esta vereda das Escrituras e vejamos o que elas nos dizem sobre a centralidade da Palavra de Deus em nossa vida, enquanto consideramos o que isso significa para a natureza e a importância da pregação em nossas igrejas. Quero chamar sua atenção para três pontos: o papel das Escrituras em nos dar vida; o papel das Escrituras em nos santificar e que papel o pregador da Palavra de Deus deve ter na igreja.

O PAPEL DA PALAVRA DE DEUS EM DAR VIDA

Comecemos no início, onde a Bíblia começa. Consideremos Gênesis 1. Ali, vemos que foi por sua Palavra que Deus criou o mundo e toda a vida que há nele. Deus falou, e assim aconteceu. Se continuarmos a leitura, veremos a triste história do que aconteceu em seguida. Em Gênesis 3, lemos a respeito da queda. Ali, vemos que nossos primeiros pais pecaram e que, quando pecaram, foram lançados para longe da presença de Deus. Eles perderam, literalmente, sua visão de Deus. Mas por Deus, em sua grande graça, eles não perderam toda a esperança. Ainda que Deus estivesse desvanecendo-se diante dos olhos deles, ele lhes enviou misericordiosamente sua voz, de modo que ouvissem a Palavra da promessa. Em Gênesis 3.16 Deus amaldiçoou a serpente. Deus lhe advertiu que o descendente da mulher a esmagaria. Essa pequena palavra é a primeira palavra de esperança que Adão e Eva receberam após seu pecado.

Continuando na leitura, chegamos a Gênesis 12, onde lemos que foi por meio da Palavra de Deus que Abraão foi chamado de Ur dos caldeus. A mensagem da promessa de Deus, registrada nos primeiros versículos de Gênesis 12, foi usada por Deus como a força atrativa, a promessa cativante, chamando Abraão, literalmente, de Ur para seguir a Deus. Assim, como podemos perceber, o povo de Deus foi criado — eles se tornaram visíveis — ao ouvirem aquela palavra de promessa e por responderem a ela — agindo de acordo com ela. O povo de Deus foi criado pela Palavra de Deus. Abraão nunca estabeleceu uma comissão para formular a Palavra de Deus. Não, ele foi tornado o pai do povo de Deus, porque a Palavra de Deus veio de um modo especial até Abraão, que creu nela. E sabemos a história de como os filhos de Abraão cresceram na terra da promessa, desceram ao Egito, eventualmente caindo em servidão, por alguns séculos. Quando aquela servidão parecia permanente, o que Deus fez? Ele enviou sua Palavra. Vemos em Êxodo 3.4 que Deus começou com Moisés, chamando-o. Uma sarça ardente era algo maravilhoso de ser visto, mas a própria sarça não diria nada a Moisés. Até os eruditos discordam sobre o simbolismo da sarça ardente. O ensino fundamental é que Deus falou da sarça. Ele deu suas palavras a Moisés. Deus o chamou por meio de sua Palavra. A Palavra de Deus não veio somente a Moisés e aos seus descendentes; veio também a toda a nação de Israel, chamando-a para ser seu povo.

Chegando a Êxodo 20, vemos que Deus outorgou a lei a seu povo. E, por aceitarem a lei de Deus, eles se tornaram seu povo. Foi por meio da Palavra de Deus que o povo de Israel foi constituído povo especial de Deus.

À medida que prosseguimos pelo Antigo Testamento, vemos que a Palavra de Deus cumpre um papel seminal e separador, visto que algumas pessoas a receberam e outras se recusaram a aceitá-la. Considere, por exemplo, a história de Elias, em 1 Reis 18: "Muito tempo depois, veio a palavra do Senhor a Elias... dizendo: Vai, apresenta-te a Acabe, porque darei chuva sobre a terra". A expressão "a palavra do Senhor" ou seus equivalentes ocorrem mais de 3.800 vezes no Antigo Testamento. A Palavra do Senhor veio quando ele criou e dirigiu seu povo. O povo de Deus era composto daqueles que ouviam a Palavra e respondiam a ela com fé. No Antigo Testamento, a Palavra de Deus sempre vem como um meio de fé. Em certo sentido, a Palavra de Deus é o objeto secundário da fé. Na verdade, Deus sempre é o objeto primário de nossa fé — nós cremos em Deus — mas isso não significa muito, se não for definido. E como definimos quem é Deus e o que ele nos chama a fazer? Temos basicamente duas opções: podemos defini-lo por nós mesmos ou Deus pode nos dizer. Cremos que Deus nos tem dito. Cremos que Deus mesmo falou. Temos de crer em sua Palavra e depender dela com toda a fé que colocaríamos em Deus mesmo. No Antigo Testamento, vemos que Deus guiou o seu povo por meio de sua Palavra.

Você percebe por que a Palavra de Deus é o instrumento central em gerar fé? Isso ocorre porque ela nos apresenta Deus e suas promessas — desde as promessas individuais do Antigo e do Novo Testamento até à grande promessa, o grande objeto de nossa fé, Cristo mesmo. A Palavra nos mostra em que devemos crer.

Para o cristão, a velocidade do som (a Palavra que ouvimos) é, em certo sentido, maior que a velocidade da luz (o que podemos ver). É como se, neste mundo corrompido, víssemos o futuro primeiramente por meio dos ouvidos, e não por meio dos olhos.

Na grande visão de Ezequiel 37, vemos de maneira notável que a vida surge por meio da Palavra de Deus:

> Veio sobre mim a mão do Senhor; ele m levou pelo Espírito do Senhor e me deixou no meio de um vale que estava cheio de ossos, e me fez andar ao redor deles; eram mui numerosos na superfície do vale e estavam sequíssimos. Então, me perguntou: Filho do homem, acaso, poderão reviver estes ossos? Respondi: Senhor Deus, tu o sabes. Disse-me ele: Profetiza a estes ossos e dize-lhes: Ossos secos, ouvi a palavra do Senhor. Assim diz o Senhor Deus a estes ossos: Eis que farei entrar o espírito em vós, e vivereis. Porei tendões sobre vós, farei crescer carne sobre vós, sobre vós

estenderei pele e porei em vós o espírito, e vivereis. E sabereis que eu sou o Senhor. (vv. 1-6)

Esta é uma visão encorajadora! Se você já foi chamado a pastorear uma igreja que parece estar morrendo, ou se você pode recordar seus próprios sentimentos de infelicidade espiritual, antes de achar a salvação, pode reconhecer por que esta passagem é tão cheia de esperança.

Nos versículos 7 a 10, vemos o que acontece quando Ezequiel responde em obediência à visão:

Então, profetizei segundo me fora ordenado; enquanto eu profetizava, houve um ruído, um barulho de ossos que batiam contra ossos e se ajuntavam, cada osso ao seu osso. Olhei, e eis que havia tendões sobre eles, e cresceram as carnes, e se estendeu a pele sobre eles; mas não havia neles o espírito. Então, ele me disse: Profetiza ao espírito, profetiza, ó filho do homem, e dize-lhe: Assim diz o Senhor Deus: Vem dos quatro ventos, ó espírito, e assopra sobre estes mortos, para que vivam. Profetizei como ele me ordenara, e o espírito entrou neles, e viveram e se puseram em pé, um exército sobremodo numeroso.

Deus interpretou esta visão para Ezequiel. Disse que os ossos representam toda a casa de Israel, que dizia: "Pereceu a nossa esperança" (v.11). A resposta de Deus a Israel, tal como a resposta aos ossos secos, foi: "Porei em vós o meu Espírito, e vivereis" (v. 14). E como ele faz isso? Como ele infunde o seu Espírito em Israel, para que eles vivam? Deus o faz *por meio de sua Palavra*. Para deixar isso bem claro, Deus chama Ezequiel para começar a pregar a esse vale de ossos secos, e, por meio dessa pregação da Palavra, Deus traz vida aos ossos. Deus usa Ezequiel para pregar sua Palavra aos ossos mortos; e, quando Ezequiel faz isso, os ossos recebem vida!

A visão dos ossos secos reflete a maneira como Deus chamou Ezequiel para falar a uma nação que não o ouviria. Também reflete a maneira como Deus mesmo falou ao nada e criou seu mundo — pelo poder de sua Palavra. Somos, ainda, lembrados do que aconteceu quando a Palavra de Deus veio ao mundo na pessoa de Cristo: "O mundo foi feito por intermédio dele, mas o mundo não o conheceu" (Jo 1.10). E por meio desta Palavra, por meio do Senhor Jesus, Deus começou a criar sua nova sociedade na terra.

Deus ordenou a Ezequiel que falasse aos ossos secos. A vida surgiu por meio do sopro; o Espírito veio por meio do falar; e essa Palavra de Deus, seu sopro, deu vida. Você pode perceber a conexão íntima entre a vida, o sopro, o espírito, o falar e a palavra? Isso nos faz lembrar inúmeras ocasiões no ministério do Senhor Jesus. Por exemplo, pense naquela ocasião em que "lhe trouxeram um surdo e gago... depois, erguendo os olhos ao céu, suspirou e disse: Efatá!, que quer dizer: Abre-te! Abriram-se-lhe os ouvidos" (Mc 7.32,34-35). Jesus falou a um homem surdo, e os ouvidos deste foram abertos. A vida retornou àqueles ouvidos! Jesus chamou para si mesmo seu povo do modo como Ezequiel profetizou: "Dar-vos-ei coração novo e porei dentro de vós espírito novo; tirarei de vós o coração de pedra e vos darei coração de carne" (Ez 36.26).

Esta é a realidade gloriosa que nós, cristãos, temos experimentado. Alguns meses atrás, disse a um obreiro das Testemunhas de Jeová que nós, cristãos, sabemos que por nós mesmos estamos espiritualmente mortos e necessitamos que Deus comece sua vida em nós. Precisamos que ele venha e arranque nosso velho coração de pedra, e ponha em nós um novo coração de carne, de amor para com ele — um coração que seja sensível e adaptável à sua Palavra. Precisamos disso, e é isso mesmo que Jesus faz por nós. Ele cria um *tipo* diferente de povo, pessoas que mostram em si mesmas a vida de Deus, à medida que ouvem sua Palavra e, por sua graça, respondem a ela.

Isto nos traz à suprema figura da Palavra de Deus outorgando vida:

> No princípio era o Verbo, e o Verbo estava com Deus, e o Verbo era Deus...
> Todas as coisas foram feitas por intermédio dele, e, sem ele, nada do que foi
> feito se fez. A vida estava nele e a vida era a luz dos homens. (Jo 1.1, 3-4)

Foi em Cristo que a Palavra de Deus veio a nós de um modo completo e final.

Jesus viveu essa grande realidade em seu próprio ministério. Logo no início de seu ministério, quando seus discípulos contaram que muitas pessoas o procuravam, porque queriam que ele fizesse mais milagres e as curasse, Jesus respondeu: "Vamos a outros lugares... a fim de que eu *pregue* também ali, pois *para isso* é que eu vim" (Mc 1.38 — ênfase acrescentada). Se continuássemos lendo o Evangelho de Marcos, perceberíamos que Jesus sabia que viera fundamentalmente para entregar sua vida em favor de nossos pecados (ver Mc 10.45). Mas, para que esse evento fosse entendido, primeiramente ele teve de ensinar.

Foi a Palavra de Deus que Pedro pregou no Pentecostes em Atos 2. Deus trouxe vida por meio de sua Palavra. Homens e mulheres ouviram a verdade acerca de Deus, dos pecados deles e da provisão que Deus tinha enviado em Jesus. E, quando ouviram a mensagem, comoveram-se profundamente e clamaram: "Que faremos, irmãos?" (At 2.37). A Palavra de Deus criou seu povo. A igreja foi fundada pela Palavra.

Não quero dar a impressão de que o cristianismo é apenas um amontoado de palavras — mas palavras são importantes. Se você lê toda a Bíblia, vê que Deus age. Vê também que, depois de agir, Deus fala. Ele interpreta o que fez, para que o entendamos. Deus não permite que seus atos falem por si mesmos. Ele nos faz entender os seus grandes atos salvadores.

A natureza "verbal" de Deus se encaixa, de fato, na maneira como ele nos criou, não se encaixa? Podemos chegar a conhecer uns aos outros apenas pela observação. Esposos e esposas podem aprender uns sobre os outros por meio da intimidade física. Mas existe um aspecto íntimo de nosso conhecimento mútuo que só pode ser realizado por meio de algum tipo de comunicação cognitiva. As palavras são importantes para nosso relacionamento.

Você pode dizer que tem um amplo relacionamento com seu cachorro (afinal, ele é o melhor amigo do homem!) e que o ama, embora ele nunca tenha lhe dito uma palavra ou tenha comunicação cognitiva com você. Chegando ao lar, você fala, e seu cachorro logo abana o rabo. Corre até você. Ele quer lambê-lo. Você fita os olhos dele e vê que são tão simpáticos. Seu cachorro entende tudo e não o abandonará jamais. Você acha que isso é amor. Então, quem precisa de palavras?

Bem, as palavras são importantes. Se você for para casa hoje, e seu cachorro olhar para você e disser: "Então, como foi o culto hoje?", garanto que isso mudará seu relacionamento com o cachorro! Isso serve para mostrar como as palavras são importantes nos relacionamentos.

Devido ao fato de termos nos separado de Deus por causa de nosso pecado, Deus tem de falar, para que o conheçamos. Deus não será conhecido, se ele não falar; e não podemos conhecer a Deus, se ele não falar uma palavra em que podemos confiar. Deus deve revelar a si mesmo. Esta é a verdade bíblica. Por causa de nossos pecados, jamais podemos conhecer a Deus de outra maneira. Se ele não falasse, ficaríamos perdidos para sempre nas trevas de nossa especulação.

Vemos isso claramente em todo o Novo Testamento. Considere Romanos 10.17: "E, assim, a fé vem pela pregação, e a pregação, pela palavra de Cristo". Esta "palavra de Cristo" é a grande mensagem do evangelho. O evangelho nos diz que Deus nos fez para conhecê-Lo, mas pecamos e nos separamos dele e que, em seu grande amor, Deus veio ao mundo na pessoa de Jesus Cristo, que viveu de modo perfeito, assumindo nossa carne e limitações, e morreu na cruz especificamente como substituto de todos aqueles que se converteriam a ele e creriam nele. A mensagem do evangelho também nos diz que Jesus ressuscitou dentre os mortos como testemunho de que Deus aceitou este sacrifício; e que ele nos chama agora para nos arrependermos e crermos nele, assim como Abraão creu na Palavra de Deus que veio a ele, enquanto estava em Ur dos caldeus, muitos séculos atrás.

Antes deste versículo, Paulo havia escrito: "Se, com a tua boca, confessares Jesus como Senhor e, em teu coração, creres que Deus o ressuscitou dentre os mortos, serás salvo" (Rm 10.9).

Crer e descansar na verdade de que Deus ressuscitou a Jesus Cristo é o caminho da salvação, a maneira de ser incluído no povo de Deus. Como podemos ver, novamente, Deus sempre criou seu povo ao falar sua Palavra. E sua palavra mais sublime é Cristo. Como o autor da Epístola aos Hebreus iniciou sua carta:

> Havendo Deus, outrora, falado, muitas vezes e de muitas maneiras, aos pais, pelos profetas, nestes últimos dias, nos falou pelo Filho, a quem constituiu herdeiro de todas as coisas, pelo qual também fez o universo (Hb 1.1-2).

Vivendo do modo como o fazemos agora como cristãos, depois da queda e antes da Cidade Celestial, estamos em uma época em que a fé é crucial. Assim, a Palavra de Deus tem de ser crucial — porque Deus, o Espírito Santo, cria seu povo por meio de sua Palavra! Podemos tentar criar um povo usando outros meios, e esta é a grande tentação das igrejas. Podemos tentar criar um povo centrado em determinado grupo social ou cultural. Podemos tentar criar um povo em torno de um programa de coral totalmente harmonioso. Encontramos pessoas que se sentirão estimuladas com projetos de construção ou com a identidade denominacional. Podemos tentar criar um povo centralizado em uma série de grupos de assistência social, onde cada pessoa se sente amada e cuidada. Podemos tentar criar um povo ao redor de um projeto de serviço comunitário. Podemos tentar criar um povo em torno de oportunidades sociais para as jovens mães ou ao redor de encontros para solteiros. Podemos até tentar criar um povo centralizado na personalidade de um pregador. E Deus pode certamente usar tudo isso. Mas, em última análise, o povo de Deus, a igreja de Deus, pode ser criado tão-somente em torno da Palavra de Deus.[2]

Indagado sobre as suas realizações como reformador, Martinho Lutero disse: "Simplesmente ensinei, preguei, escrevi a Palavra de Deus; não fiz mais nada... A Palavra fez tudo."[3] A Palavra de Deus dá vida.[4]

O PAPEL DA PALAVRA DE DEUS NA PREGAÇÃO

O tratamento mais extenso no Novo Testamento de como a reunião cristã deve ser se acha em 1Coríntios 11–14. A principal preocupação de Paulo está bem resumida em 14.26: "Seja tudo feito para edificação". Ao longo de 1Coríntios, esse é o padrão de Paulo para decidir o que deve ser feito na congregação. Esse padrão de utilidade na edificação deve ser especialmente aplicado ao que dissemos que é central para a congregação cristã — a pregação. Que pregação mais edificará a igreja? A resposta certamente deve ser: o ensino que expõe a Palavra de Deus ao povo de Deus.

Certamente nem toda a pregação é bíblica. Você tem alguma dúvida de que a pregação expositiva deve ser a dieta básica de sua congregação? Quando Deus deu instruções a Moisés a respeito dos reis que certamente existiriam em Israel, você se lembra do que foi exigido deles? "Também, quando se assentar no trono do seu reino, escreverá para si um traslado desta lei num livro, do que está diante dos levitas sacerdotes. E o terá consigo e nele lerá todos os dias da sua vida, para que aprenda a temer o Senhor, seu Deus, a fim de guardar todas as palavras desta lei e estes estatutos, para

---

[2] Veja Mark Dever e Jamie Dunlop, A Comunidade Cativante: Onde o Poder de Deus Torna uma igreja Atraente (São José dos Campos: Fiel, 2018).
[3] Martinho Lutero, *Sermons I*, ed. John W. Doberstein; vol. 51 de *Luther's Works*, American Edition, ed. Jaroslav Pelikan and Helmut T. Lehmann (Filadélfia: Fortress, 1966), p. 77.
[4] Para saber mais sobre a confiabilidade da Bíblia como Palavra de Deus, veja Greg Gilbert, *Por que Confiar na Bíblia?* (São José dos Campos: Fiel, 2018), ou Michael J. Kruger, *Canon Revisited: Establishing the Origins and Authority of the New Testament Books* (Wheaton: Crossway, 2012).

os cumprir. Isto fará para que o seu coração não se eleve sobre os seus irmãos e não se aparte do mandamento, nem para a direita nem para a esquerda" (Dt 17.18-20). E o que é a marca do homem justo no Salmo 1? "O seu prazer está na lei do Senhor, e na sua lei medita de dia e de noite" (1.2). Esse deleite é ecoado estrofe após estrofe no grande Salmo 119: "Sete vezes no dia, eu te louvo pela justiça dos teus juízos... A minha alma tem observado os teus testemunhos; eu os amo ardentemente... A tua lei é todo o meu prazer" (119. 164, 167, 174). Em vista desse deleite na Palavra de Deus, entregar essa palavra deve ser o maravilhoso fardo da pregação cristã.[5]

Além disso, vivemos uma era alfabetizada, na qual a palavra impressa é familiar para todos nós — uma era em que a Palavra de Deus foi dividida em capítulos e versículos, traduzida e tornada prontamente acessível. Por que não aproveitaríamos isso em nossa pregação? Antigamente, quando os pregadores tinham poucas dessas vantagens, Crisóstomo, Agostinho e outros pregavam séries consecutivas de sermões por meio de porções das Escrituras. Em seu *Terceiro Sermão: Lázaro e o Rico*, Crisóstomo afirmou: "Frequentemente digo a vocês, com muitos dias de antecedência, o assunto do que pregarei, a fim de que possam pegar o livro nos dias intermediários, repassar toda a passagem, aprender tanto o que é dito quanto o que é deixado de fora e, assim, deixar seu entendimento mais apto a aprender quando ouvir o que direi depois."[6]

Para citar um exemplo mais recente de minha própria cidade, Francis Grimké (1878–1928), pastor por cinquenta anos da Fifteenth Street Presbyterian Church, em Washington, disse certa vez: "Eu me apeguei à pregação da Palavra de Deus. Desde o início e o tempo todo, senti que minha missão era pregar o evangelho, expor a Bíblia como a Palavra de Deus."[7]

Ao manter esse compromisso de levar a Palavra de Deus ao povo de Deus, pastores como Crisóstomo e Grimké seguiram os passos de Moisés, que Jetro encarregou de ensinar a lei ao povo (veja Êx 18.19, 20). E Moisés estava antecipando Josias, o qual "leu diante deles [do povo] todas as palavras do Livro da Aliança que fora encontrado

---

5 Veja o sermão de Mark Dever no Salmo 119 "In Praise of God's Word", em One Foundation: Essays on the Sufficiency of Scripture (Valencia: Grace to You, 2019), p. 105-23.
6 João Crisóstomo, *On Wealth and Poverty* (Yonkers: St. Vladimir's Seminary Press, 1999), p. 58 [edição em português: *A Riqueza e a Pobreza: Sermões do Boca de Ouro São João Crisóstomo* (Rio de Janeiro: Paz e terra, 2022)].
7 Francis Grimké, *Meditations on Preaching* (Madison: Log College Press, 2018), p. 47.

na Casa do Senhor" (2Cr 34.30). Josias, por sua vez, estava antecipando Esdras e os levitas que retornaram, os quais leram "no livro, na Lei de Deus, claramente, dando explicações, de maneira que entendessem o que se lia" (Ne 8.8).

Esse padrão de tornar o ensino da Palavra de Deus central para a reunião do povo de Deus continuou no tempo de Cristo. As sinagogas da época de Jesus liam as Escrituras em ciclos lecionários de um ou dois anos. Os leitores da Palavra de Deus fariam comentários sobre o texto, como Jesus fez em Lucas 4. É impossível determinar exatamente quanto as primeiras igrejas foram modeladas segundo as reuniões da sinagoga da época. Mas as séries expositivas que sobreviveram desde Crisóstomo e de outros pregadores cristãos antigos sugerem que o padrão expositivo consecutivo era generalizado. Assim, quando João Calvino foi chamado de volta de Estrasburgo, alguns anos depois de ter sido banido de Genebra, continuou sua série de sermões exatamente de onde havia parado, dizendo: "Retomei a exposição na passagem em que havia parado. Ao fazer isso, mostrei que eu havia sido interrompido por um tempo, em vez de renunciar ao meu ministério de ensino."[8]

Os sermões (ou resumos de sermões) no Novo Testamento são poucos em número e estão preocupados com o ambiente cultural dos ouvintes — porém, ainda de maneira mais fundamental, estão claramente enraizados nas Escrituras. É claro que os primeiros cristãos careciam de algumas de nossas vantagens. Eles não tinham o texto das Escrituras disponível para ser examinado durante o sermão, de maneira que a mecânica da pregação expositiva baseava-se mais frequentemente em dispositivos de memorização, como a repetição do lecionário. O sermão de Pedro no Pentecostes foi substancialmente uma meditação, exposição e aplicação de partes de Joel 2 e dos Salmos 16 e 110. O escritor aos Hebreus também gasta longas seções instruindo sobre os Salmos 95 (capítulos 3–4) e 110 (capítulo 7).

Em tudo isso, vemos que é bom pregar a verdade; é ainda melhor pregar de tal maneira que as pessoas vejam onde podem obter a verdade. Para citar novamente Francis Grimké: "De modo geral, é sempre melhor para um ministro pegar um texto ou porção da Escritura e prender-se a ele, esforçando-se fielmente para extrair tudo

---

8 João Calvino, *CO* 11:366, citado em Mark Earngey, "Soli Deo Gloria: The Reformation of Worship", em *Reformation Worship*, eds. Jonathan Gibson e Mark Earngey (Greensboro: New Growth Press, 2018), p. 31.

o que há no texto ou tanto quanto deseja usar naquele momento específico".[9] Isso é verdade, quer os textos sejam do Antigo Testamento ou do Novo, quer sejam versos isolados ou longas passagens. Grimké continua: "Dessa forma, haverá variedade em sua pregação e crescimento em seu conhecimento da Palavra de Deus. Tornar um texto um mero gancho no qual se pendura uma série de palavras desconexas não é algo sábio a se fazer".[10]

O PAPEL DA PALAVRA DE DEUS EM SANTIFICAR

Temos de considerar, além disso, o papel da Palavra de Deus em nossa santificação. Ela tem de ser central à nossa vida, como indivíduos e igrejas, porque o Espírito de Deus a usa para criar fé em nós (como já vimos) e porque ele também usa a Palavra para nos fazer crescer. Não exploraremos este ponto em toda sua extensão, mas não há dúvida de que ele é bastante evidente nas Escrituras. Como Jesus repreendeu Satanás, citando Deuteronômio: "Não só de pão viverá o homem, mas de toda palavra que procede da boca de Deus" (Mt 4.4, citando Dt 8.3). Todos conhecemos aquelas palavras famosas do salmista: "Lâmpada para os meus pés é a tua palavra, e luz para os meus caminhos" (Sl 119.105).

Quando consideramos a história de Israel e de Judá, no Antigo Testamento, encontramos essa verdade muitas vezes. Durante o reinado de Josias, nos dias de decadência de Judá (2 Cr 34), a Lei — a Palavra escrita de Deus — foi redescoberta e lida para aquele rei. A resposta de Josias foi rasgar suas vestes, em arrependimento, e ler a Palavra ao povo. Uma restauração nacional ocorreu quando a Palavra de Deus foi anunciada. Deus usa sua Palavra para santificar seu povo e torná-lo mais semelhante a ele mesmo.

O Senhor Jesus também ensinou isto. Em sua oração sacerdotal, ele rogou: "Santifica-os na verdade; a tua palavra é a verdade" (Jo 17.17). E Paulo escreveu: "Cristo amou a igreja e a si mesmo se entregou por ela, para que a santificasse, tendo-a purificado por meio da lavagem de água pela palavra" (Ef 5.25-26). Precisamos da Palavra de Deus para sermos salvos, mas também para que ela nos desafie e molde

---

9 Grimké, *Meditations on Preaching*, p. 88.
10 Ibid.

continuamente. Sua Palavra não somente nos dá vida, mas também direção, à medida que nos molda e nos transforma à imagem de Deus, que fala conosco.

Na época da Reforma, a Igreja Católica Romana tinha uma frase em latim que se tornou uma espécie de lema: *semper idem*. Significa "sempre o mesmo". Ora, as igrejas reformadas também possuíam seu lema: *ecclesia reformata, semper reformanda secundo verbum Dei* — "a igreja reformada, sendo sempre reformada de acordo com a Palavra de Deus". Uma igreja saudável é uma igreja que ouve a Palavra de Deus e continua a ouvi-la. E essa igreja é constituída de indivíduos cristãos que ouvem a Palavra de Deus e continuam a ouvi-la, sendo sempre transformados e moldados por ela, constantemente lavados na Palavra e santificados pela verdade de Deus.

Para nossa saúde, individualmente como cristãos e corporativamente como igreja, temos de ser moldados de novas e profundas maneiras, por meio do plano de Deus para nossa vida, e não por meio de nosso próprio plano. Deus nos torna mais e mais semelhante a Ele mesmo mediante sua Palavra, purificando-nos, revigorando-nos e remodelando-nos. Isto nos traz ao quarto ponto importante.

O PAPEL DO PREGADOR DA PALAVRA DE DEUS

O que pensamos a respeito do papel do pregador da Palavra de Deus? Se você está procurando uma boa igreja, este é o fator mais importante que deve ser levado em conta. Não me importo se você acha que os membros devem ser bastante agradáveis. Não me importo se a música é boa ou não. Tudo isso pode mudar. Mas o compromisso da igreja com a centralidade da Palavra que vem do púlpito, do pregador, daquele a quem Deus dotou de modo especial e chamou ao ministério — este é o fator mais importante que você deve procurar em uma igreja.

Os pregadores não são chamados para pregar o que é popular, de acordo com as pesquisas de opinião. Isso é bom? As pessoas já sabem de tudo disso. Que vida isso produz? Não somos chamados para pregar apenas exortações morais, ou lições históricas, ou comentários sociais (embora quaisquer desses temas possam fazer parte da boa pregação). Somos chamados para pregar a Palavra de Deus para a igreja de Deus e a todos em sua criação. Essa é a maneira como Deus produz vida. Cada pessoa que lê este livro — e aquele que o escreveu — é imperfeita, possui erros e tem pecado contra Deus. E o fato terrível a respeito das criaturas caídas é que somos ávidos por maneiras de justificar nossos pecados contra Deus. Cada um de nós quer saber como podemos defender a nós mesmos das acusações diante do tribunal de Deus. Portanto, temos uma necessidade desesperada de ouvir a Palavra de Deus apresentada com honestidade. Portanto, não precisamos ouvir apenas o que desejamos ouvir; pelo contrário, temos de ouvir o que Deus realmente tem dito.

Tudo isto é importante, porque o Espírito Santo de Deus cria seu povo por meio de sua Palavra.

Essa foi a razão por que Paulo disse a Timóteo que "formasse uma comissão". Certo? É claro que não. Paulo nunca disse isso. No Novo Testamento, você nunca achará um pregador sendo instruído a formar uma comissão. "Faça uma pesquisa"? Não! Paulo também nunca disse que alguém fizesse uma pesquisa. "Gaste seu tempo fazendo visitas"? Não! Paulo também nunca disse que um pregador fizesse isso. "Leia um livro"? Não! Paulo jamais disse ao jovem Timóteo que fizesse qualquer uma dessas atividades.

Paulo disse a Timóteo, de modo direto e claro: "Prega a palavra" (2Tm 4.2). Este é o grande imperativo. Esta é a razão por que os apóstolos já haviam determinado que, embora houvesse problemas de distribuição igualitária da ajuda financeira na igreja de Jerusalém, a igreja teria de encontrar outros para resolver seus problemas, porque "nós... nos consagraremos à oração e ao ministério da palavra" (At 6.4). Por que esta prioridade? Porque esta Palavra é "a palavra da vida" (Fp 2.16). Esta é a grande tarefa do pregador: preservar "a palavra da vida" para as pessoas que necessitam dela para as suas vidas.

Existem hoje certas críticas dirigidas contra a pregação expositiva. Alguns sugerem que precisamos hoje de uma maneira menos racional, mais artística, menos autoritária e elitista, mais comunal e participativa de comunicar a Palavra de Deus, e não deste método antigo de uma única pessoa falando no púlpito e apresentando um monólogo às demais. Precisamos de videoclipes, eles dizem, e diálogos, e danças de adoração. Apesar disso, há algo bom e correto neste método antigo, algo que o torna apropriado, talvez até especialmente apropriado à nossa cultura. Em nossa cultura subjetivista, na qual cada um segue seus próprios interesses; nesta cultura contrária à autoridade, na qual todos estão confusos e estão confundindo, existe algo apropriado em nos reunirmos e ouvirmos uma pessoa que serve como porta-voz de Deus, dando-nos sua Palavra, enquanto nada fazemos nesse processo, exceto assentar-nos e ouvir à pregação. Existe um simbolismo importante neste processo. O sermão, sendo um monólogo — uma pessoa falando, enquanto outras permanecem sentadas, com as bocas cerradas e os ouvidos abertos —, é um símbolo tanto acurado quanto poderoso de nosso estado espiritual. Uma pessoa proferindo a Palavra de Deus — lendo-a, explicando-a, ilustrando-a e aplicando-a em prol dos ouvintes — é uma figura da autorrevelação de Deus e do dom de nossa salvação.

É claro que virá o dia em que a fé dará lugar à realidade, e os sermões não mais existirão. E permita-me dizer-lhe que ninguém mais do que eu mesmo e muitos de meus colegas de ministério anelamos tanto por aquele dia. O dia em que você não precisará mais de fé, porque verá o próprio Senhor, é o clímax das Escrituras. "Contemplarão a sua face" (Ap 22.4). E, naquele dia, esta velha muleta da fé poderá ser abandonada, quando veremos o Senhor face a face.

Mas ainda não estamos lá. Ainda lutamos com os resultados do pecado de nossos primeiros pais. Naquele dia, a fé dará lugar à vista. Mas, por enquanto, estamos em um tempo diferente. Contudo, pela graça de Deus, este não é um tempo de desespero total. Ele nos dá sua Palavra e a fé. Estamos no dia da fé. Portanto, como nossos pais antes de nós, Noé e Abraão, os israelitas e os apóstolos, confiemos na Palavra de Deus.

***

O que tudo isto significa para nossas igrejas? Significa apenas que a pregação da Palavra tem de ser absolutamente central. Não deve causar surpresa ouvir que pregação correta e expositiva da Palavra é a fonte de crescimento da igreja. Estabeleça um bom ministério de pregação expositiva e veja o que acontece. Esqueça o que dizem os profissionais de crescimento de igreja. Observe pessoas famintas terem suas vidas transformadas, à medida que o Deus vivo fala com elas, por meio do poder de sua Palavra. Como ocorreu na experiência do próprio Martinho Lutero, essa atenção cuidadosa à Palavra de Deus é o caminho da salvação e, frequentemente, o começo da reforma. Como Paulo disse: "Visto como, na sabedoria de Deus, o mundo não o conheceu por sua própria sabedoria, aprouve a Deus salvar os que creem pela loucura da pregação" (1Co 1.21).

Isso não significa que tal ministério sempre será popular e abençoado com um número crescente de pessoas ouvindo os sermões e sendo batizadas. Significa, no entanto, que esse ministério sempre estará certo. E alimentará os filhos de Deus com o alimento de que precisam. "[N]ão só de pão viverá o homem, mas de tudo o que procede da boca do Senhor viverá o homem." (Dt 8.3).

Você trabalha em um serviço em que recebe muitos e-mails? Você sabe que algumas daquelas mensagens nunca terão retorno. Sabe que de algumas delas pode obter retorno na semana ou no mês seguinte. Mas alguns daqueles e-mails possuem tal caráter, que você pensa na mensagem recebida e tem certeza de que precisa dar uma resposta imediata. E se o Senhor lhe enviasse um e-mail? Penso que você responderia sem demora. Afirmamos que cremos na Bíblia como a Palavra de Deus, que Deus nos fala na Bíblia, mas a ignoramos com frequência e a deixamos de lado, recusando-nos a gastar tempo pensando sobre ela. Em vez disso, nossas vidas estão absortas em atividades tais como ir jantar com um amigo, assistir à Netflix, ler outros livros, exceto a Bíblia. Nada disso é algo ruim em si mesmo. O que significa dizer que a Bíblia é a Palavra de Deus? Significa ouvi-la e dar-lhe atenção.

Tantas pessoas nestes dias estranhos, incluindo aqueles que dizem que a Bíblia é a Palavra de Deus, não têm a intenção de segui-la. Então, não deve ser surpreendente ouvir que 35% dos cristãos que professam ser nascidos de novo ainda estão procurando o significado da vida — este é o mesmo percentual dos não cristãos. Que benefício traz pensar que você tem a Palavra de Deus, se não dá atenção a ela, se não a lê, não ora sobre ela e não vive sob a autoridade dela? A pregação deve ter certo conteúdo, certa transparência na forma. As pessoas que ouvem a pregação devem saber que estão ouvindo a Palavra de Deus, e os membros da igreja devem encorajar os pregadores a fazer isso, devem orar por eles, procurar esse tipo de pregação e agradecer a Deus quando a encontra. É bom pregar a verdade, e pregá-la de tal modo que as pessoas vejam de onde procede a verdade. Isso, acima de tudo, é aquilo de que necessitamos como cristãos.

O que torna uma igreja realmente boa? É a mensagem pregada — a Palavra de Deus; ela faz isso muito mais do que estacionamento, bancos, programações, berçários, músicas e tudo o que lhes perguntei no início, e mais até do que o próprio pregador. Porque "não só de pão viverá o homem, mas de toda palavra que procede da boca de Deus" (Mt 4.4).

OUTROS RECURSOS

- Para grupo de estudo: Bobby Jamieson, *Hearing God's Word: Expositional Preaching* (2012), um estudo bíblico indutivo de seis semanas.
- Para reflexão mais profunda: Mark Dever e Greg Gilbert, *Pregue: Quando a Teologia Encontra-se com a Prática* (2016).
- Para meditação adicional: Jonathan Leeman, *A Igreja Centrada na Palavra: Como as Escrituras Dão Vida e Crescimento ao Povo de Deus* (2019).
- Veja também C. H. Spurgeon, *Lições aos Meus Alunos* (1869); D. Martyn Lloyd-Jones, *Pregação e Pregadores* (2008); John Stott, *Between Two Worlds: The Challenge of Preaching Today* (1982); e David R. Helm, *Pregação Expositiva: Proclamando a Palavra de Deus Hoje* (2016).

A SEGUIR...

Marca Dois: Doutrina do evangelho

> O Deus da Bíblia é um Deus criador
> O Deus da Bíblia é um Deus santo
> O Deus da Bíblia é um Deus fiel
> O Deus da Bíblia é um Deus amoroso
> O Deus da Bíblia é um Deus soberano

MARCA DOIS: DOUTRINA DO EVANGELHO

Certa vez fiz uma declaração a respeito de Deus em um seminário de doutorado. Um aluno chamado Bill respondeu com educação, mas com firmeza, que gostaria de pensar em Deus de maneira diferente. Por alguns minutos, ele pintou um quadro de uma divindade agradável. Ele disse que gostava de pensar que Deus é sábio, mas não intrometido; compassivo, mas não dominador; cheio de recursos, mas nunca frustrador de planos. Depois de falar um pouco mais, Bill disse: "Esta é a maneira como eu gosto de pensar sobre Deus".

Minha resposta foi talvez, de algum modo, mais severa do que deveria ter sido. "Obrigado, Bill, por falar-nos tanto a respeito de *si mesmo*, mas estamos interessados em saber como Deus realmente é e não em quais são os nossos próprios desejos. Por que nunca admitimos que, por simplesmente desejarmos que algo seja de certa maneira, esse algo tem de ser dessa maneira?"

A classe ficou em silêncio, por um momento, enquanto os alunos consideravam esse arroubo de indelicadeza de minha parte, mas também pensavam no assunto. Depois, retornamos à discussão sobre a natureza e caráter de Deus conforme revelados na Bíblia.

Quando você ouve a palavra *Deus*, o que você pensa sobre ele? Não estou perguntando como você *gostaria* de pensar em Deus, e sim como, por exemplo, você reconcilia em sua mente o Deus amoroso e afável do Natal com o Deus do julgamento final? Para alguns, toda esta discussão talvez pareça desnecessária. Por que gastar tempo e energia considerando o que diferentes pessoas pensam a respeito de um Ser invisível? Mas os cristãos sabem que é importante entendermos quem Deus é.

Hoje, pessoas *creem* que verdadeiro é apenas o que elas *desejam* seja verdadeiro. As crenças seculares do cristianismo a respeito de tudo — desde a natureza de Deus até à moralidade — estão sendo remodeladas ou até mesmo descartadas em nome de tornar o cristianismo mais relevante, mais agradável, mais aceitável aos ouvintes de nossos dias. B. B. Warfield advertiu contra isso ao escrever: "Não é irrelevante para o servo de Cristo começar a buscar agradar a homens no evangelho que ele lhes oferece. Ao fazer isso, ele deixa de ser servo de Cristo, cumprindo a sua vontade, e se torna servo de homens... Ao fazer isso, ele não é mais o mestre da verdade para os homens, e sim o aprendiz da mentira dos homens".[1]

Tudo isso parece insignificante para você? Quão relevantes as suas próprias crenças são para o seu viver diário? Quando se assentou pela última vez no banco da igreja, quão atento se mostrou às palavras das orações que ouviu? Quanto pensou nas letras dos cânticos que entoou? Ou nas palavras que ouviu das Escrituras? Você se importa realmente com o ter sido verdadeiro ou não o que você disse e cantou na igreja?

O quanto isso é realmente importante? Se eu frequento uma igreja, sou amável e me sinto encorajado, se separo tempo para estar lá e até contribuo com dinheiro, o quanto realmente importa se, no fundo do coração, não creio de fato no que as pessoas ao meu redor me dizem e, talvez, até no que eu digo? Quão importantes são as crenças religiosas?

De acordo com a Bíblia, a verdade sobre como devemos viver não é apenas sobre como tratamos uns aos outros. O que é mais importante a respeito de nós é o que sabemos e cremos ser verdadeiro a respeito de Deus. É o que sabemos e cremos a respeito dele que determina como nos relacionamos com ele e, depois, como nos relacionamos uns com os outros. Outra maneira de dizer isso é que, de acordo com

---

1 B. B. Warfield, "The Dogmatic Spirit", em *Selected Shorter Writings of Benjamin B. Warfield*, ed. John E. Meeter, 2 vols. (Nutley, NJ: P&R, 1970), 2:666.

a Bíblia, a teologia é realmente importante. Em nossas igrejas, precisamos ser mais claros quanto às boas notícias que nos salvam. O cristianismo são notícias. São as boas notícias — as melhores notícias que o mundo já ouviu. Mas, apesar disso, essas notícias são constantemente deturpadas e confundidas. Muitas vezes elas se tornam um verniz fino passado de maneira leve sobre os valores da cultura, sendo moldadas e se ajustando aos contornos de nossa cultura e não à verdade sobre Deus.

Neste capítulo, quero apresentar um argumento simples. A pregação expositiva serve à igreja e contribui para torná-la mais saudável apenas se o que está sendo pregado é verdadeiro. O que é pregado tem de ser verdadeiramente o que a Bíblia diz. Por exemplo, algumas igrejas evangélicas de nossos dias afirmam que a homossexualidade é ótima. Muitas delas até afirmam pregar de maneira expositiva. Mas a pregação expositiva é a pregação que ensina o que Bíblia realmente diz. Como um pecador que merece o inferno e é salvo tão somente pela graça de Deus, tenho interesse em ouvir quando e o que a Bíblia fala contra mim. A última coisa de que preciso é uma igreja que me bajula. Já sou inclinado à autobajulação. Preciso de uma igreja que me dirá claramente: "Não se engane a si mesmo!" O que é menos valioso no mundo é uma igreja que ecoa o que eu já penso. O que precisamos em nossos dias mais do que nunca são igrejas que pregam a verdade sobre Deus e o evangelho.

Esta ideia de boas notícias não foi uma elaboração posterior do cristianismo. O próprio Jesus falou sobre as boas notícias, remontando à linguagem de Isaías de centenas de anos antes (Is 52.7; 61.1). Mas Jesus pode tê-la expressado em aramaico, e a maneira pela qual seus seguidores ouviram e lembraram as boas notícias foi com a palavra grega *evangel*, que significa literalmente "boas novas" ou "evangelho".

Então, o que é o evangelho? As boas novas são a verdade de que o Deus único e verdadeiro, que é santo, nos criou à sua imagem para que o conheçamos. Mas pecamos e nos separamos dele. Em seu grande amor, Deus se tornou homem em Jesus, viveu uma vida perfeita e morreu na cruz, cumprindo em si mesmo a lei e tomando sobre si mesmo a punição pelos pecados de todos os que se converteriam de seus pecados e creriam nele. Ele carregou todos esses pecados como um sacrifício. Ressuscitou dos mortos, ascendeu ao céu e apresentou sua obra completa a seu Pai celestial, que aceitou o sacrifício de Cristo, declarando, assim, esgotada a sua ira contra todo o seu próprio povo. Agora, Deus envia o seu Espírito para nos chamar, por meio desta mensagem de arrependimento e fé, a crer somente em Cristo para o nosso perdão. Se nos arrependemos de nossos pecados e cremos somente em Cristo, somos nascidos de novo para uma nova vida, uma vida eterna com Deus. Essas são as boas novas. Não é algo que os cristãos inventaram posteriormente. Quando lemos os evangelhos, vemos que isso é exatamente o que Jesus ensinou. Isso também não é um afastamento do que foi ensinado antes; quando lemos os Profetas e a Lei, descobrimos que isso é o que estava sendo preparado e prefigurado por 1.500 anos na história do povo de Israel.

Tudo isso faz sentido quando o colocamos no contexto de toda a Bíblia. Alguns anos atrás, visitei meu prédio favorito no mundo: a Capela do King's College, em Cambridge, na Inglaterra. É um lindo exemplo de arquitetura gótica do século XV, com vitrais 20 vezes maiores do que os da Capitol Hill Baptist Church e de 400 anos. São a coleção de vitrais mais requintada da Renascença, no mundo. Durante a Segunda Guerra Mundial, os painéis de vidro colorido foram removidos das janelas para protegê-los dos bombardeios. (Os britânicos não sabiam que Hitler tinha dado ordens para não bombardearem Cambridge.) Esses painéis enormes foram escondidos em celeiros e lugares no solo na Ânglia Oriental. Depois da guerra, os vidros foram reinstalados na capela. Durante a reconstrução, enormes cortinas pretas cobriam o prédio, tanto para proteger o vidro e os trabalhadores quanto para ocultar o projeto até que estivesse completo. Quando a capela ficou pronta, alunos se reuniram no pátio principal e colocaram holofotes no interior da capela. Naquela noite, eles removeram as cortinas e acenderam os holofotes, revelando aquelas janelas magníficas pela primeira vez desde o começo da guerra.

De maneira semelhante, o Antigo Testamento é o refletor que joga luz sobre as glórias do Novo Testamento. Aquele efeito de luz fluindo através dos vitrais é semelhante à experiência de entender o Antigo Testamento e, depois, chegar ao Novo. Embora seja possível ser um cristão que lê principalmente o Novo Testamento, isso capacitará você a ver apenas as imagens básicas nas janelas. Mas, se você dedicar tempo a entender todo o grande quadro, descobrirá que entender o Antigo Testamento encherá o Novo Testamento de significado mais profundo. Repentinamente, você começara a ver ainda mais dos detalhes surpreendentes e da complexidade maravilhosa do plano de Deus. E, o evangelho se tornará mais profundo, mais significativo e mais doce para você.

Essa é a razão por que a teologia bíblica e o evangelho se encaixam. A teologia bíblica é a teologia da Bíblia, especialmente quando é considerada no âmbito de sua história. A doutrina bíblica é a doutrina evangélica.

Quais são as principais linhas da grande história da Bíblia? Se pudermos ouvir e ver com mais clareza essas linhas — se tivermos uma estrutura em mente — então, entenderemos o Deus da Bíblia mais nitidamente e, em especial, as boas novas que ele nos dá em Jesus. Há muitas maneiras de fazer isso. Uma das mais simples, eu acho, é a maneira pela qual expliquei a Bíblia para um amigo judeu. Ele havia lido um pouco das Escrituras hebraicas, mas nada do Novo Testamento. Por isso, eu lhe disse: "As Escrituras talvez pareçam para você um grupo de livros desconectados, mas você sabia que eles têm realmente uma única mensagem principal?" Ele pareceu interessado; por isso, expliquei mais: "As Escrituras são a respeito do êxodo". Eu lhe falei como o êxodo era central para o Antigo Testamento e, em seguida, expliquei como eu, um cristão, entendia que o Novo Testamento, que talvez parecesse semelhante a 27 livros desconectados, é realmente a respeito de um único assunto: a cruz. E todo o propósito do êxodo era apontar para a cruz. O êxodo era uma prefiguração do livramento que Deus realizaria por meio de Cristo.

Com base apenas neste exemplo, você pode ver como entender o grande quadro da Bíblia o capacita a entender e explicar melhor o evangelho? Quando você vir o grande quadro, a Bíblia não será mais uma série confusa de eventos não relacionados que você nunca poderá lembrar e, de repente, refletirá a gloriosa luz do evangelho, como aqueles vitrais na Inglaterra.

Outra maneira proveitosa pela qual podemos resumir o principal enredo da Bíblia é por usarmos apenas cinco palavras. A Bíblia ensina que Deus é *criador*, é *santo*, é *fiel*, é *amoroso*, é *soberano*. Consideraremos como a Bíblia apresenta cada uma dessas verdades. Preste atenção à diferença que faria se Deus não fosse qualquer uma dessas cinco descrições. Fazer isso o ajudará a reconhecer de novo quão importante a teologia realmente é.

O DEUS DA BÍBLIA É UM DEUS CRIADOR

Primeiramente, começando onde a Bíblia começa, vemos que Deus é um Deus criador. Ele criou o mundo e um povo especial no mundo.

Às vezes, a Bíblia é apresentada como uma coletânea de sentimentos éticos elevados. Mas, quando as pessoas a descrevem dessa maneira, posso apenas supor que elas nunca a leram. Se você já leu a Bíblia, sabe que ela está cheia de história. A Bíblia é uma longa história a respeito do que se passa com Deus e com o mundo que ele criou. Sei que algumas pessoas se entediam com história no momento que mencionamos a palavra. Mas a história da Bíblia é tudo, menos entediante. É uma história maravilhosa! Começa com o nada, e, depois, esse nada se torna algo. Isto é mais admirável do que podemos imaginar! Depois que o nada se torna algo, Deus faz a primeira criação inanimada. Após isso, ele cria os seres viventes, quando Deus faz o homem e a mulher à sua própria imagem. Encontramos o relato do Jardim do Éden e, depois, a Queda. E, a partir desta, vemos tudo entrar em declínio. De Caim a Noé, tudo é desintegração. Em seguida, vem o dilúvio. E, depois de Noé, há desintegração novamente até ao tempo da Torre de Babel.

Em seguida, Deus chama Abraão. É nesse ponto que, em um sentido, começa realmente a história da Bíblia — a própria história especial de Deus criando um povo particular para ele mesmo. Depois de um breve tempo de prosperidade, Israel cai em séculos de escravidão, até ao êxodo, quando são libertados da escravidão, recebem a Lei e entram na Terra Prometida.

Há um tempo de confusão na época dos juízes; depois, o reino estabelecido sob o governo de Saul e Davi. Salomão, o filho de Davi, assume o trono após a morte de seu pai; e, depois, Roboão, filho de Salomão, ocupa o trono. Em seguida, encontramos a nação dividida em dois reinos, o do Norte e o do Sul. A idolatria se torna mais e mais comum. Por meio dos assírios, Deus acaba com o reino do Norte, de Israel, em 722 a.C. E, pouco mais de cem anos depois, ele destrói o reino do Sul, Judá, por intermédio dos babilônios. Os hebreus são exilados à Babilônia por várias décadas, até que retornam a Judá e reconstroem Jerusalém e o templo.

É neste ponto que o Antigo Testamento acaba, com a história dos remanescentes dos israelitas — necessitados, dignos de compaixão, reduzidos à completa dependência de Deus. Essa é a história do Antigo Testamento. Não é uma teologia insubstancial sobre Deus e uma lista de ideias filosóficas. É uma relevação específica e realista de quem Deus é e de como ele é.

Talvez você saiba o que significa receber um currículo de um empregado em perspectiva. Uma coisa é considerar esse currículo; outra é trabalhar realmente com a pessoa. Essa é a razão por que os patrões exigem referências — saber como é interagir com aquela pessoa de fato. No Antigo Testamento, Deus não nos deu um simples currículo com algumas verdades abstratas a respeito dele mesmo. Não, temos um relato de como é verdadeiramente viver com Deus, do que significa conhecê-lo e interagir com ele. Nesta história, vemos muito do que significa ser o povo de Deus e vemos muito de como ele é.

A história relatada na Bíblia nos mostra com muita clareza que Deus é um Deus que cria e um Deus que elege. Tanto o fato de Deus criar este mundo quanto a sua escolha de alguns do mundo revelam que ele é o único originador e iniciador de nossa nova vida em Cristo. Ainda que não possamos entender plenamente tudo sobre essa verdade, não podemos negar que este é o ensino da Bíblia. Pode ter implicações que não entendemos por completo, mas é importante. Se sabemos que a nossa salvação vem de Deus e não de nós mesmos, isso afeta o modo como entendemos a Deus. Afeta o modo como entendemos a nós mesmos e o modo como entendemos as nossas igrejas.

Temos de reconhecer que Deus é o grande iniciador, o grande doador, o criador do mundo, o criador do seu povo, o autor de nossa fé. É assim que Deus é.

Vemos a Deus como Criador especialmente no evangelho porque ele é quem dá início às suas obras. Assim como Deus falou e trouxe o mundo à existência e recriou seu povo por chamar a Abrão (Gn 12), também Deus trouxe seu povo à existência por chamar Moisés (Êx 4) e, depois, tomar a nação de Israel como seu povo especial no monte Sinai (Êx 20). Vemos um quadro dramático de Deus criar vida na visão do vale de ossos secos em Ezequiel 37. E tudo isso nos prepara para a vinda da Palavra que se tornou carne na encarnação do Filho de Deus, Jesus (Jo 1). Portanto, há alguma surpresa no fato de que é a Palavra em nós que nos dá nova vida por criar fé nele (Rm 10.17)?

Os cristãos são os objetos da obra recriadora especial de Deus! Somos nascidos de novo por meio do seu Espírito (Jo 3), vivendo uma vida nova (Rm 6) digna do reino (1Ts 2.12), resplandecendo como estrelas (Fp 2.15). Somos até chamados cooperadores com Deus (1Co 3.9).

No sentido mais profundo, o evangelho não é algo que fazemos, mas algo que proclamamos. E as boas novas que proclamamos não são a respeito do que fazemos;

são a respeito do que Deus fez, está fazendo e continuará a fazer. Temos de saber que Deus nos deu vida nova por meio de Cristo.

O DEUS DA BÍBLIA É UM DEUS SANTO

Se devemos entender toda a história da Bíblia, precisamos entender não somente que Deus é um Deus criador, mas também que este Deus criador não é moralmente indiferente. Algumas pessoas veem a Deus como um relojoeiro: ele fez o relógio, deu corda e, depois, se retirou, deixando-o trabalhar sozinho. Quando lemos as páginas da Bíblia, vemos um Deus que tem paixão por santidade. Ele é plenamente bom. Ponto final. Deus nunca fez nada errado. Se você buscar algo errado em Deus, voltará de mãos vazias. A santidade de Deus revela-se a si mesma em seu amor, sua justiça e sua veracidade. Não há nenhum defeito no caráter de Deus. Ele é moralmente puro e perfeito. E sempre justo, sem dúvida. Até seu perfeito conhecimento de tudo reflete sua santidade, sua perfeição. Todos os nossos melhores atributos são reflexos opacos da santidade eterna e completa de Deus. Todos os atributos de Deus — seu amor e fidelidade, sua bondade e sabedoria — refletem sua santidade, sua bondade plena.

No entanto, o próprio fato de que Deus é perfeitamente bom torna toda a história da Bíblia mais complicada — e surpreendente — porque nós não somos santos. É neste ponto em que a Bíblia é muito mais inteligente do que a faculdade secular em que você pode ter estudado. Os campi universitários contemporâneos estão cheios de professores que não são muito habilidosos em entender a realidade humana. Ou pensam que as pessoas são basicamente boas e precisam apenas serem consertadas um pouco para funcionarem de maneira apropriada, ou são muito cínicos e pensam que as pessoas são basicamente más. Mas essas são, no melhor, maneiras "estrábicas" de olhar para o mundo que Deus criou. Para sabermos a verdade a respeito de nós mesmos e do mundo que Deus criou, precisamos conhecer a Bíblia. Isso é mais inteligente do que muitos professores de faculdade.

A verdade é que Deus é santo e nós não somos. Precisamos saber isso. Precisamos conhecer o bem que devemos fazer e o mal que não devemos fazer. Se não os conhecemos, teremos um horrível despertar na morte. Deus não tem uma atitude leviana para com o pecado. Deus se importa com o que pessoas criadas à sua imagem estão anunciando a respeito dele. Sim, todos os sete bilhões de pessoas que respiram hoje neste planeta estão anunciando algo sobre Deus. Todos nós, de uma maneira ou de outra, estamos mentindo a respeito de Deus. É por essa razão que precisamos de algo mais do que apenas um livro de leis ou um profeta. Precisamos de um Salvador. Em sua santidade, Deus nos mostra que somos pecaminosos. E os nossos pecados revelam que em nós acontece algo mais profundo do que simplesmente pecados individuais. Os nossos pecados revelam que algo está moralmente danificado em nossa natureza, em nosso próprio ser.

De acordo com a Bíblia, Deus não meramente nos criou, mas também nos ama intensamente. Ele quer tudo de nós. Quando pensamos que podemos desconsiderá-lo, simplesmente deixando de lado a ele e aos seus caminhos quando isso nos convém, revelamos que não entendemos a natureza de nosso relacionamento com Deus. A maneira como nos relacionamos com Deus é semelhante à de um súdito com um senhor, de um filho com um pai. Ele é o único que nos criou, o único em quem podemos confiar plenamente.

Não podemos afirmar que somos crentes e, ainda assim, transgredir de forma consciente, feliz e constante a sua lei. Se, de igual forma, eu deixasse de fazer aquilo que digo à minha esposa que eu faria, o nosso relacionamento seria prejudicado. Se isso é verdadeiro em um nível humano no casamento, quanto mais é verdadeiro em nosso relacionamento com Deus, que nos criou e, portanto, merece tudo de nós? Não podemos escolher obedecer apenas de modo seletivo o Deus que merece nossa lealdade completa, sem que isso denuncie o nosso professo relacionamento com ele. Isso mostra que não estamos nos relacionando com Deus em amor. Mas esse é, de fato, o estado em que nos encontramos. Não somente *nos sentimos* culpados, *somos* realmente culpados diante de Deus. Não somente *nos sentimos* em conflito em nós mesmos, mas estamos realmente em conflito com Deus. Transgredimos as leis de Deus muitas vezes porque, como Paulo nos lembra, estamos mortos em delitos e pecados (Ef 2). O livro de Romanos, no Novo Testamento, começa com uma argumentação sobre esse dilema, concluindo no capítulo 3, por exclamar:

> Que se conclui? Temos nós qualquer vantagem? Não, de forma nenhuma; pois já temos demonstrado que todos, tanto judeus como gregos, estão debaixo do pecado; como está escrito:

Não há justo, nem um sequer...

... Ora, sabemos que tudo o que a lei diz, aos que vivem na lei o diz para que se cale toda boca, e todo o mundo seja culpável perante Deus, visto que ninguém será justificado diante dele por obras da lei, em razão de que pela lei vem o pleno conhecimento do pecado (Rm 3.9-10, 19-20).

Ora, tudo isso talvez pareça severo demais para ter qualquer ligação com o que chamamos as "boas novas". Mas um entendimento acurado de onde estamos é essencial para chegarmos aonde precisamos estar. Você sabe disso por usar seu smartphone para obter direções. Seu smartphone só pode ajudá-lo a chegar aonde você quer estar se souber a sua localização atual. Você tem de começar por deixar que o aplicativo saiba a sua localização atual. É assim que a jornada começa. Isso também é verdadeiro em nossa vida cristã. Saber o destino intencionado não tem nenhum proveito se você não sabe a sua atual localização moralmente diante de Deus.

Uma das primeiras etapas de tornar-me um cristão envolve começar a compreender que meu problema fundamental não é que eu baguncei minha vida ou que fracassei em compreender todo o meu potencial; meu problema fundamental é que tenho pecado não principalmente contra mim mesmo, mas contra Deus. E, por causa disso, começo a compreender que eu mesmo sou, de maneira justa, o objeto da ira de Deus, do seu julgamento. Mereço a morte, o inferno, a separação de Deus, a alienação espiritual dele e até a sua punição ativa agora e para sempre.

Neste ponto, preciso continuar lendo a Bíblia, porque ela é aquela combinação de santidade e misericórdia de Deus que vem ao nosso encontro em nosso pecado; e essa combinação que cria os mais surpreendentes e admiráveis vislumbres do caráter de Deus em toda a Bíblia.

É na santidade de Deus que descobrimos a nossa necessidade de expiação; é na santidade de Deus que nós o achamos capaz de satisfazer essa necessidade. O Antigo Testamento nos ajuda neste assunto. A nossa palavra *expiação* significa literalmente "fazer emendas". Duas partes que estavam separadas são unidas. A expiação é necessária porque precisamos ser reconciliados com — tornar-nos um com — este Deus santo. E aqui chegamos à parte mais profunda da história da Bíblia, o *evangelho*, as boas novas. No Antigo Testamento, a expiação está ligada ao sacrifício. O sacrifício é o meio que Deus nos provê para reparar e restaurar o nosso relacionamento com ele. Não estamos tentando urgentemente aplacar um vulcão, como algo que já vimos em um filme. Não é nada disso. A ideia de sacrifício do Antigo Testamento não envolve esforços humanos para ganhar o favor de Deus. Pelo contrário, é a própria revelação de Deus para seu povo a respeito de como podemos chegar a conhecê-lo, de como podemos nos achegar a ele, apesar do nosso pecado.

A ideia de sacrifício parece inerente à Bíblia. Caim e Abel ofereceram sacrifícios. Quando Deus libertou Israel do Egito, todo o êxodo se centraliza no sacrifício do cordeiro da Páscoa (Êx 12). O cordeiro tinha de ser sem defeito e devia ser imolado. O seu sangue deveria marcar as casas que Deus salvaria. A vida dos primogênitos (que representava toda a família) seria requerida. Deus havia dito: "Quando eu vir o sangue..." (Êx 12.13). O objetivo desse sacrifício era, sem dúvida alguma, a satisfação de Deus. Os sacrifícios do Antigo Testamento mostravam algo da seriedade do pecado; o pecado custa a vida. Todas as ofertas tinham de ser voluntárias e envolviam um custo: eram do patrimônio do ofertante. O que Deus estava fazendo nisso? Talvez ele estivesse implantando na mente de seu povo a ideia de o inocente ser dado em lugar do culpado.

Vemos mais simbolismo no projeto de Deus para o templo. O acesso ao Santo dos Santos era restrito, mostrando que o pecado obstrui o acesso ao Deus santo, que a purificação é necessária e que o pecado é tão sério que exige morte para expiá-lo. A salvação e o perdão têm um custo.

Vemos isso de maneira singular no Dia da Expiação, aquele dia de jejum prescrito para todo o Israel. O Dia da Expiação se centralizava numa oferta especial em favor de toda a nação. A oferta servia como lembrança de que todas as outras ofertas regulares pelo pecado não expiavam completamente o pecado (ver Lv 16). O sumo sacerdote, como representante do povo, entrava no Santo dos Santos, um dia do ano, para achegar-se a Deus, porque essa expiação tinha de ser feita na própria presença de Deus. O sumo sacerdote levava o sangue do bode, a oferta pelo pecado (ver Hb 9.7). Primeiramente, ele fazia expiação por si mesmo — porque ele mesmo tinha de estar purificado — e, depois, fazia expiação pelo povo. E, quando ele levava o sangue ao Santo dos Santos, quem podia ver o sangue? Somente Deus. O sangue era derramado *para Deus*. O grande propósito deste sacrifício, o grande propósito da expiação, era que Deus fosse reconciliado com seu povo.

É interessante observar que o sacrifício da expiação era repetido todo ano. Outros povos entravam em frenesis de sacrifícios quando pensavam que a situação não estava boa. Mas Deus havia ensinado a Israel que, não importando quão más ou quão boas eram as suas circunstâncias, eles deviam fazer esse sacrifício anualmente. Precisavam ser lembrados de que estavam continuamente num estado de pecado, que o pecado separa o homem de Deus, que nunca poderiam oferecer um sacrifício perfeito e que Deus é quem provê o acesso a ele mesmo ao perdoar os nossos pecados. O fato de que Deus possui santidade significa que pecadores precisam de expiação; mas o fato que Deus dá santidade significa que pecadores recebem expiação.

O que tudo isto significa para nós hoje? Somos tão maus quanto o povo do Antigo Testamento que teve esse intrincado sistema de sacrifícios exigido de si? Que tipo de pessoas nós somos? A sua maneira de responder a essa pergunta determinará o tipo de igreja que você estabelecerá. Se você pensa que as pessoas são intrinsecamente boas, então a igreja é apenas um lugar em que procuramos encorajamento ou, talvez, o aprimoramento de nossa autoestima. Precisamos apenas pegar o bem que está em nós e desenvolvê-lo. Mas, se você pensa que algo está radicalmente errado com os seres humanos — se pensa que estamos espiritualmente mortos, culpados diante de Deus, separados dele e sob o seu julgamento e ira — então, você edificará uma igreja de um tipo muito diferente. Você edificará uma igreja em que suplicará o agir sobrenatural de Deus, em que o evangelho será apresentado o evangelho com clareza, em que as pessoas serão chamadas regularmente a crer em Cristo. As igrejas precisam chamar pessoas não simplesmente a melhorarem, e sim a arrependerem-se; não a crerem em si mesmas, e sim a crerem em Cristo!

Nunca devemos tentar mudar o evangelho, para torná-lo mais agradável. O Deus da Bíblia é um Deus santo, e nenhum "evangelho" que ignora a santidade de Deus é o verdadeiro evangelho.

O DEUS DA BÍBLIA É UM DEUS FIEL

Deus é o Deus criador e o Deus santo. Mas ele também é o Deus fiel. Alguns podem achar surpreendente que o foco do relato da vida de Cristo, em cada evangelho do Novo Testamento, seja a sua morte. Essa morte foi a certeza de Deus de que ele estava lidando de maneira eficaz com as reivindicações tanto de seu amor quanto de sua justiça. Portanto, Cristo não é somente nosso amigo. Chamá-lo amigo como seu título supremo é o mesmo que depreciá-lo. Cristo é nosso amigo, porém ele é muito mais do que isso. Por meio de sua morte na cruz, Cristo se tornou o Cordeiro que foi morto por nós, o nosso Redentor, aquele que fez a paz entre Deus e nós, que assumiu a nossa culpa, que venceu a morte e aplacou a bem-merecida ira de Deus. E seus títulos nos dizem que as promessas de Deus feitas a seu povo no Antigo Testamento se cumprem no Novo.

Achamos um desses títulos em Êxodo 34.6-7. Nessa ocasião, o Senhor estava falando com Moisés. O que o Senhor disse é admirável, especialmente quando consideramos que Deus é o grande Criador que fez o mundo e que o nosso pecado corrompeu a sua criação. O Senhor revela a si mesmo e o seu caráter: "Senhor, Senhor Deus compassivo, clemente e longânimo e grande em misericórdia e fidelidade; que guarda a misericórdia em mil gerações, que perdoa a iniquidade, a transgressão e o pecado, ainda que não inocenta o culpado". Essa última sentença parece não se harmonizar com a anterior. Como o Senhor pode ser "grande em misericórdia e fidelidade", aquele "que guarda a misericórdia em mil gerações, que perdoa a iniquidade" e, apesar disso, "não inocenta o culpado"?

Como ele pode perdoar a iniquidade e não inocentar o culpado? Como Deus pode ser fiel a essas promessas contraditórias? O dilema do Antigo Testamento é o dilema de nossas vidas, não é? Como Deus poderia ser ambas as descrições para nós? A resposta para esse mistério não se achava naqueles israelitas, mas em Deus e em sua promessa — especificamente na pessoa que ele prometeu enviar. No Antigo Testamento, a esperança exigia um sacrifício expiatório, uma propiciação para aplacar a ira justa de Deus. Exigia uma substituição de sofrimento e morte do inocente em lugar da merecida punição do culpado. E parecia exigir algum relacionamento entre o ofertante e a vítima.

No tempo de Cristo, as pessoas não se perguntavam se o Messias viria ou não. Estavam certas disso. Usando os primeiros capítulos de cada evangelho, podemos dizer que as pessoas aguardavam um Messias. Não, a pergunta que todos faziam era: como Deus cumprirá suas promessas? Como será o Messias prometido? O Senhor havia dito por meio de Moisés que suscitaria "um profeta" (ver Dt 18.15-19). Mas, quando esse profeta veio, pegou todos de surpresa, porque ele — Jesus — se apresentou não apenas como cumprimento das profecias reais sobre o Messias (com as quais todos se sentiam felizes), mas também como o cumprimento do Sofredor, aquele que veio para ser rejeitado e sofrer no lugar de seu povo. Ele uniu as profecias sobre o Messias como Rei com outras profecias do Messias como aquele que sofreria no lugar de seu povo. Ele uniu esses dois padrões de profecia. Tanto o Antigo quanto o Novo Testamento nos ensinam que este Messias real, sofredor é a nossa única esperança. Jesus é a resposta do enigma de Êxodo 34. Ele revela como Deus pode perdoar a nossa iniquidade e, ao mesmo tempo, punir o culpado.

No âmago do entendimento da pessoa de Jesus Cristo, está o nosso entendimento do que ele veio fazer. Jesus veio como aquele por meio de quem você e eu podemos ter um relacionamento restaurado com Deus. Nas áreas em que Adão e Israel falharam e se mostraram infiéis, Jesus foi fiel, vencendo tentações sem pecar. Ele é o profeta prometido por Moisés, o rei prefigurado por Davi e o divino "Filho do Homem", de Daniel 7. Tudo viera em Jesus de Nazaré. Ele era a Palavra de Deus encarnada. Era o Cordeiro de Deus imolado em favor dos pecados do seu povo. Todas essas promessas foram cumpridas fielmente em Jesus, conforme Deus prometera.

Assim, vemos que o nosso Deus criador e o nosso Deus santo é também um Deus admiravelmente fiel. O Deus da Bíblia é também um Deus amoroso.

O DEUS DA BÍBLIA É UM DEUS AMOROSO

Até muitos não cristãos podem citar de cor "Deus é amor" (1Jo 4.8). Mas, em si mesmo, "Deus é amor" não é um grande resumo da Bíblia. Não é um grande resumo do evangelho. Precisamos ir além e perguntar: como é o amor de Deus?

O amor de Deus está intimamente ligado à sua fidelidade. Ele é o Deus de amor, que tem um amor especial por seu povo pactual. Deus nos fez para refletir sua imagem. Deus nos fez para viver em aliança com ele. Então, como pode o Senhor perdoar a iniquidade e não inocentar o culpado? A resposta, é claro, está em Jesus. Ele é aquele que, embora não fosse culpado, assumiu a nossa culpa e foi punido por causa dessa culpa. Isso foi o que Jesus ensinou a seus discípulos em Lucas 24: "Começando por Moisés, discorrendo por todos os Profetas, expunha-lhes o que a seu respeito constava em todas as Escrituras... Então, lhes abriu o entendimento para compreenderem as

Escrituras; e lhes disse: Assim está escrito que o Cristo havia de padecer e ressuscitar dentre os mortos no terceiro dia e que em seu nome se pregasse arrependimento para remissão de pecados a todas as nações, começando de Jerusalém (vv. 27, 45-47).

"Assim está escrito" — isto é o que o Senhor profetizou: que ele mostraria seu amor ao seu povo dessa maneira específica. Lembre-se da famosa profecia de Isaías 53:

> Certamente, ele tomou sobre si as nossas enfermidades e as nossas dores levou sobre si; e nós o reputávamos por aflito, ferido de Deus e oprimido. Mas ele foi traspassado pelas nossas transgressões e moído pelas nossas iniquidades; o castigo que nos traz a paz estava sobre ele, e pelas suas pisaduras fomos sarados. Todos nós andávamos desgarrados como ovelhas; cada um se desviava pelo caminho, mas o Senhor fez cair sobre ele a iniquidade de nós todos (vv. 4-6).

Isso foi o que Cristo fez em seu amor! Como ele ensinou a seus discípulos, "o próprio Filho do Homem não veio para ser servido, mas para servir e dar a sua vida em resgate por muitos" (Mc 10.45).

Paulo também descreveu a Cristo como aquele que "subsistindo em forma de Deus, não julgou como usurpação o ser igual a Deus; antes, a si mesmo se esvaziou, assumindo a forma de servo, tornando-se em semelhança de homens; e, reconhecido em figura humana, a si mesmo se humilhou, tornando-se obediente até à morte e morte de cruz" (Fp 2.6-8). E o terceiro dia ele ressuscitou dos mortos! Como Pedro disse: "Ao qual, porém, Deus ressuscitou, rompendo os grilhões da morte; porquanto não era possível fosse ele retido por ela" (At 2.22-24).

No Novo Testamento, vemos que Deus cumpre fielmente todas as suas promessas por causa de seu amor pactual por seu povo. E, se somos cristãos hoje, isso acontece porque Deus continua a cumprir essas promessas. Cristo remove os nossos pecados e nos dá a sua justiça.

O que significa tornar-se parte do povo da aliança de Deus, ser um cristão? O que acontece quando alguém se torna um cristão? É simplesmente uma questão de fazer uma decisão? É simplesmente uma questão de proferir certa oração? Precisamos arrepender-nos? Precisamos crer? Se nos arrependemos e cremos, como somos capazes de fazer isso, se somos tão maus quanto as Escrituras dizem que somos? Se estamos mortos em nossos pecados e ofensas, como podemos repentinamente arrepender-nos e crer?

A RELAÇÃO ENTRE FÉ E ARREPENDIMENTO

De acordo com o Novo Testamento, nós nos arrependemos de nossos pecados e cremos em Cristo. Quando Paulo se reuniu com os líderes da igreja em Éfeso, ele resumiu a mensagem que havia pregado dizendo que testificara "tanto a judeus como a gregos o arrependimento para com Deus e a fé em nosso Senhor Jesus [Cristo]" (At 20.21). Essa é a mensagem que vemos claramente em todo o Novo Testamento: arrepender-se dos pecados e crer em Cristo. Essa é a mensagem básica que Jesus deu, que seus discípulos deram e que toda igreja verdadeira ao redor do mundo prega. Uma vez que você ouviu a verdade sobre o seu pecado, sobre a santidade de Deus, sobre o seu amor em enviar Cristo e sobre a morte e a ressurreição de Cristo para a nossa justificação, então, você é chamado a responder.

E qual é a resposta prescrita à essa mensagem do amor de Cristo por nós — de seu entregar-se a si mesmo por nós, como um sacrifício na cruz, em lugar de todos nós que se converteriam a ele e creriam nele? É atender um apelo para ir à frente do púlpito numa igreja? É preencher um cartão e levantar uma mão? É fazer um compromisso com um pregador ou decidir ser batizado e unir-se à igreja? Embora qualquer um desses passos possa estar envolvido, a resposta não é necessariamente nenhuma delas. A resposta às boas novas — a mensagem que Paulo pregou e que outros cristãos pregaram em todo o Novo Testamento — é arrepender-se e crer.[2] Conforme a instrução que lemos nas primeiras palavras de Jesus registradas no evangelho de Marcos, a nossa resposta é "arrependei-vos e crede no evangelho" (Mc 1.15). O que é o arrependimento? É simplesmente converter-nos do nosso pecado. Arrepender é reconhecer que sou um pecador e renunciar o pecado.

Com o arrependimento, vem o crer, a fé. Quando pensamos honestamente que aquilo que o evangelho diz é verdadeiro, temos de começar a confiar totalmente de

---

2 Ver Greg Gilbert, "What Is (and Isn't) the Gospel" (sermão, Together for the Gospel, Louisville, KY, 2020), https://t4g.org/resources/greg-gilbert/what-is-and-isnt-the-gospel.

Cristo para salvação. Temos de aceitar o fato de que somos incapazes de satisfazer as exigências de Deus sobre nós, não importando quão moralmente vivamos. Não confiamos um pouco em nós mesmos e um pouco em Deus. Temos de confiar totalmente em Deus, confiar somente em Cristo para nossa salvação.

Crer verdadeiramente e confiar totalmente em Deus faz a diferença. Essa crença exige não somente fé, mas também arrependimento; exige que nossa vida mude realmente. O arrependimento e a fé são os dois lados da mesma moeda. Isso não é como se você tivesse o modelo básico (a crença) e, depois, se quisesses realmente ficar santo algum tempo mais tarde, pudesse começar a acrescentar algum arrependimento à sua crença. Não, isso é uma mensagem contrária à Bíblia. O *arrependimento* é o que você faz quando começa a pensar de maneira correta sobre Deus e sobre você mesmo — crença sem esse tipo de mudança é falsificação. O arrependimento é mudança arraigada numa profunda confiança em Deus dada sobrenaturalmente. Como o apóstolo João escreveu: "Nisto consiste o amor: não em que nós tenhamos amado a Deus, mas em que ele nos amou e enviou o seu Filho como propiciação pelos nossos pecados... Nós amamos porque ele nos amou primeiro" (1Jo 4.10, 19).

O Deus da Bíblia é um Deus de amor maravilhoso!

O DEUS DA BÍBLIA É UM DEUS SOBERANO

Por fim, vemos que Deus é um Deus soberano e que, em sua soberania, toda a criação será envolvida em seu amor renovador. A oração que Jesus ensinou aos seus discípulos enraíza inabalavelmente a fé dos discípulos no governo e reino de Deus — cuja vontade deve ser feita. "Venha o teu reino; faça-se a tua vontade, assim na terra como no céu" (Mt 6.10). Você já se perguntou o que isso significa?

Algumas pessoas limitam suas esperanças muito deliberadamente ao hoje, àquilo que podem prometer e cumprir com suas próprias forças e poder — o que eles sabem que podem ter certeza. Não querem colocar seu coração em nada além disso. Querem ser cuidadosos e prudentes com seu coração. Já se queimaram muitas vezes. Não permitirão colocarão a sua confiança em alguma promessa cuja realização eles mesmos não podem garantir.

Mas o cristianismo nunca foi assim. Nós, cristãos, sempre tivemos uma esperança que vai além de nós mesmos e excede o que podemos fazer em nossas próprias forças. Pedro escreveu: "Nós... esperamos novos céus e nova terra, nos quais habita justiça" (2Pe 3.13). Isso aponta para o cumprimento final daquela primeira esperança da Bíblia — a esperança de que todo o mundo será colocado em ordem, visto que o plano soberano de Deus se estende de Cristo ao povo da aliança e à própria criação.

Achamos esta esperança no próprio final da Bíblia. O livro de Apocalipse repete algumas profecias do Antigo Testamento, mas com algumas mudanças. O Apocalipse é apresentado como a consumação do plano soberano de Deus de ter um povo em relacionamento correto com ele. Quando a igreja militante se torna a igreja triunfante, os céus e a terra são recriados (Ap 21.1-4; 21.22-22.5). Vemos o clímax do cumprimento de todas as promessas de Deus feitas ao seu povo. A santidade do povo de Deus é consumada. Finalmente, o povo de Deus é verdadeiramente santo e está com ele. O Jardim do Éden é restaurado. A presença de Deus está outra vez com seu povo. A cidade santa (Ap 21.2) tem a forma de um cubo, à semelhança do Santo dos Santos no Antigo Testamento, onde estava a presença de Deus. Mas agora todo o mundo se torna o Santo dos Santos, um lar eterno cheio da presença de Deus e incluindo todo o seu povo, de todos os tempos e de todos os lugares.

Essas são as grandes notícias que os cristãos têm de oferecer. Essa é a nossa visão do futuro — não porque a idealizamos, nem porque uma comissão, em algum lugar, surgiu com ela. Nem porque é simplesmente o que desejamos que seja, como no caso de meu amigo Bill, que mencionei no começo deste capítulo, mas porque isso é o que Deus revelou.

À luz dessas promessas concernentes ao futuro, o presente é um tempo de *esperar*. Essa é a postura natural do cristão: um olhar para Deus inabalável e expectante, enquanto aguarda que ele cumpra todas as suas promessas. Sabemos que ele já cumpriu algumas delas e, à semelhança de uma criança na manhã de Natal, ficamos ansiosos pelo cumprimento do restante delas. Em nosso tempo de espera, é apropriado que o Novo Testamento termine com o livro de Apocalipse. Esse livro não foi escrito por alguém que estava no topo do mundo. Apocalipse foi escrito por um ancião cuja vida estava quase acabando. João estava no exílio, completamente desamparado e dependente, sem amigos ao seu redor. Mas estava cheio de esperança em um Deus soberano, porque sabia que, não importando quem se assentasse no trono em Roma, essa pessoa não decidiria finalmente o que aconteceria no mundo. João sabia que havia um Deus no céu que cumpriria todas as suas promessas. João podia ficar tranquilo na ilha de

Patmos cheio de esperança, pois sabia como Deus é. Deus é a autoridade suprema, o Deus que se revelou a si mesmo ao seu povo como o Senhor dos senhores, o Deus soberano.

Esse tipo de teologia bíblica é prática. Faz a diferença. As promessas de Deus de encher toda a terra com o conhecimento do seu Criador serão cumpridas em sua nova criação. O Deus da Bíblia faz promessas, e o Deus da Bíblia as cumpre soberanamente.

Você percebe a importância disso? Se somos cristãos, precisamos saber que Deus continuará a cuidar de nós e que seu cuidado permanente se fundamenta não em nossa fidelidade e sim na fidelidade dele. Talvez seja mais estimulante sair por aí imaginando que o mundo é um grande conflito entre as forças das trevas e as forças da luz. E, certamente, há realmente forças do mal contra as quais nós, cristãos, nos levantamos no mundo e em nossos corações. Mas o resultado não depende de nosso empenho. Nosso Deus é um Deus soberano. João, o autor de Apocalipse, tinha esperança, não porque sabia o que *ele* faria, e sim porque sabia o que *Deus* faria.

Essas questões sobre a soberania de Deus não são assuntos apenas para teólogos eruditos ou jovens alunos de seminário. São importantes para todos os cristãos. O que você pensa sobre Deus impacta o seu viver e o tipo de igreja que você deseja edificar. Você precisa ter um entendimento bíblico a respeito de Deus para entender o evangelho. E, sem o evangelho, você não tem nenhuma esperança, não tem vida cristã e, certamente, nenhuma igreja verdadeira.

Os pastores, em especial, precisam saber que o Deus bíblico é criador, santo, fiel, amoroso e soberano. Se mudássemos nossos pensamentos sobre qualquer um desses atributos de Deus, mudaríamos a maneira de realizar o nosso trabalho. Pastorearíamos de modo diferente. A fidelidade às Escrituras exige que falemos sobre esses assuntos com clareza e autoridade. Nada entenderemos sobre a Bíblia, se não entendermos o Deus a respeito do qual ela fala.

Vimos que o Deus da Bíblia é criador, santo, fiel, amoroso e soberano. Essa última qualidade, a soberania de Deus, é por alguma razão negada frequentemente, mesmo na igreja. Mas temos de ser bastante cuidadosos neste ponto. Para aqueles que afirmam ser cristãos, resistir à ideia da soberania de Deus na criação ou na salvação significa realmente flertar com o paganismo religioso. Muitos cristãos têm perguntas honestas a respeito da soberania de Deus, como, por exemplo, de que modo a soberania de Deus e o livre-arbítrio do homem trabalham juntos. Mas uma negação constante e ousada da soberania de Deus deve nos preocupar. Batizar uma pessoa que se opõe à soberania de Deus pode significar batizar alguém que, em seu coração, ainda não está disposto a confiar totalmente em Deus. Isso é, afinal de contas, o ponto de problema no que diz respeito à soberania de Deus. Estamos dispostos a confiar nele? Estamos prontos a reconhecer que não somos Deus? Que não somos o Juiz? Que não somos capazes de dizer o que é justo e injusto? Estamos dispostos a colocar toda a nossa vida nas mãos de Deus e confiar verdadeiramente nele?

Embora a resistência à ideia da soberania de Deus seja muito perigosa para a vida espiritual de qualquer cristão, ela é ainda mais perigosa no líder de uma igreja. Estabelecer um líder que duvida da soberania de Deus ou que não compreende seriamente o ensino da Bíblia sobre esse assunto significa estabelecer como exemplo uma pessoa que, em seu próprio coração, pode ser profundamente indisposta a confiar em Deus. Isso prejudicará a igreja à medida que seus membros tentarem confiar juntos no Senhor.

Se devemos ser uma igreja saudável, temos de ser especialmente cuidadosos em orar em favor de que os líderes na igreja tenham uma compreensão bíblica e uma confiança experiencial na soberania de Deus. A sã doutrina, em toda a sua glória bíblica, marca uma igreja saudável.

CONCLUSÃO

Podemos ficar indispostos a confiar em Deus. Às vezes, não confiamos porque temos sido desapontados frequentemente. Mas os desapontamentos têm seu propósito. As frustrações de nossos planos tão estimados são, muitas vezes, os passos que nos levam a achar o Deus verdadeiro e o bem que ele tem para nós. A Bíblia está cheia de histórias assim. As esperanças de Israel quanto ao Messias impeliram-no repetidas vezes ao ponto de necessitarem confiar plenamente em Deus. O "espinho na carne" de Paulo o levou a ser usado por Deus, a confiar nele, a depender dele e, assim, achá-lo digno de confiança, de uma maneira que Paulo nunca o teria achado se não tivesse aquele espinho.

Isso também se aplica a nós. Espiritualmente, estamos em nosso ponto mais perigoso quando pensamos que tudo está bem. Precisamos saber que Deus é totalmente justo em nos condenar eternamente. E precisamos saber que Deus em Cristo nos ofereceu outro destino, se confiarmos não em nossa própria justiça, não em nossa própria bondade e méritos, mas tão-somente em Cristo. É dessa maneira que encontramos a paz com Deus.

Se somos honestos, sabemos que essa confiança não é nossa tendência natural. Apegamo-nos, com toda a nossa força, ao que temos neste mundo, como se isso fosse durar para sempre. Entretanto, nada que possuímos fisicamente em nossa vida permanecerá para sempre no estado em que se acha agora.

Mas, se somos filhos de Deus, sabemos que temos preparado para nós algo muito melhor. Por mais excelente que seja o que temos presentemente em nossa vida, o melhor ainda está por vir.

No parágrafo final do último livro da série *As Crônicas de Nárnia*, C. S. Lewis escreveu:

> E, à medida que Ele [Aslam] falava, já não lhes parecia mais um leão. E as coisas que começaram a acontecer a partir daquele momento eram tão lindas e grandiosas que não consigo descrevê-las. Para nós, este é o fim de todas as histórias, e podemos dizer, com absoluta certeza, que todos viveram felizes para sempre. Para eles, porém, este foi apenas o começo da verdadeira história. Toda a vida deles neste mundo e todas as suas aventuras em Nárnia haviam sido apenas a capa e a primeira página do livro. Agora, finalmente, estavam começando o Capítulo Um da Grande História que ninguém na terra jamais leu: a história que continua eternamente e na qual cada capítulo é muito melhor do que o anterior.[3]

Se você é um filho de Deus, a conclusão que ele tem como desígnio para você é inimaginavelmente boa. Como escreveu o apóstolo João: "Amados, agora, somos filhos de Deus, e ainda não se manifestou o que haveremos de ser. Sabemos que, quando ele se manifestar, seremos semelhantes a ele, porque haveremos de vê-lo como ele é" (1Jo 3.2). O apóstolo Paulo, pensando sobre essa mesma realidade,

---

3 C. S. Lewis, *As Crônicas de Nárnia*, 2ª ed., trad. Paulo Mendes Campos, Silêda Steuernagel (Martins Fontes: São Paulo, 2009), p. 737.

irrompeu em doxologia: "Ó profundidade da riqueza, tanto da sabedoria como do conhecimento de Deus! Quão insondáveis são os seus juízos, e quão inescrutáveis, os seus caminhos!" (Rm 11.33).

Este é o Deus da Bíblia — o Deus criador, santo, fiel, amoroso e soberano. De fato, toda a mensagem da Bíblia diz respeito a este Deus. Ela nos fala sobre as promessas feitas por Deus e cumpridas por Deus. E, na Bíblia, Deus nos chama a responder-lhe por confiarmos nele e em sua Palavra, crendo no seu evangelho.

Na Bíblia, vemos Deus nos dando sua Palavra — suas promessas — e lhe respondemos crendo nele — como Adão e Eva *não* o fizeram no Jardim do Éden, mas como Jesus *o fez* no Jardim do Getsêmani. E, à medida que ouvimos e cremos na Palavra de Deus, começamos novamente a desfrutar daquele relacionamento com Deus para o qual fomos criados. Este é o Deus em quem podemos e devemos confiar, porque sua Palavra não nos desapontará. Essas boas novas são o assunto de toda a Bíblia.

E no centro do evangelho está a grande troca da justiça de Cristo e nosso pecado. Sua morte vicária em nosso lugar, na cruz, é o âmago da mensagem. Não há significado em falarmos do amor de Deus se isso não inclui crer nessa verdade e confiar totalmente em Cristo para a nossa salvação. As boas novas dizem respeito a sermos unidos, pela fé, a Cristo, que sofreu a nossa punição e nos deu a sua vida!

Bill Sykes era um vendedor de frutas pobres e descrente que vivia em Londres no século XIX.[4] Quando jazia doente em casa, perto de morrer, um cristão começou a visitá-lo e a compartilhar o evangelho com ele. A princípio, Sykes mostrou pouco interesse. Então, o obreiro compartilhou com ele Isaías 43.25: "Eu, eu mesmo, sou o que apago as tuas transgressões por amor de mim e dos teus pecados não me lembro" e explicou essa grande troca. "Agora eu entendo", disse Sykes. "Cristo sofreu por mim". Posteriormente, o obreiro cristão recontou: "Não tenho nenhuma hesitação em dizer que Bill Sykes entrou na paz".

Após mais algumas visitas, o obreiro encontrou o filho de Bill ao lado da cama de seu pai. Bill disse ao obreiro cristão: "Dê-lhe aquele bocadinho". "Qual bocadinho?", o visitante perguntou. "Aquele bocadinho sobre Cristo tomando o meu lugar e como ele tomou a minha punição por mim. Isso é o bocadinho."

---

4 Essa história é recontada em Iain Murray, *Archibald G. Brown* (Carlisle: Banner of Truth, 2011), p. 75-76.

Bill foi um teólogo melhor do que muitos professores de seminários em nossos dias. Aquele homem moribundo, em seu leito, entendeu o ponto principal da Bíblia que ele precisava conhecer e receber antes que a morte chegasse. Bill Sykes ouviu muita teologia — ouviu o evangelho! Este é o evangelho pregado em sua igreja? Este é o assunto central em sua pregação e em seus cultos? Nem uma palavra tranquilizadora sobre a sua bondade, nem sobre a aceitação de Deus, nem sobre a inofensiva disposição de Jesus de ser amigo de todos, nem mesmo alguma palavra convincente sobre livrar-se de algum pecado em sua vida — mas a grande mensagem da Bíblia sobre Deus e nós? Isso se parece com as boas novas que você já ouviu? Velhos pecados perdoados! Vida nova começada! Um relacionamento pessoal com seu Deus, seu Criador, agora e para sempre! Isso é as boas notícias que Deus tem para você hoje em sua Palavra.

Que notícias melhores você poderia ouvir?

OUTROS RECURSOS

- Para grupo de estudo: Bobby Jamieson, *The Whole Truth about God: Biblical Theology* (2012), um estudo bíblico indutivo de seis semanas; *God's Good News: The Gospel* (2012), um estudo indutivo de sete semanas.
- Para reflexão mais profunda: Bobby Jamieson, *Sã Doutrina: Como uma Igreja Cresce no Amor e na Santidade de Deus* (2013); Michael Lawrence, *Teologia Bíblica na Prática: um Guia para a Vida da Igreja* (2010).
- Veja também: D. Martyn Lloyd-Jones, *A Situação Crítica do Homem e o Poder de Deus* (1943); J. I. Packer, *O Conhecimento de Deus* (1973); Edmund Clowney, *Encontrando Cristo no Antigo Testamento* (1989); John MacArthur, *O Evangelho segundo Jesus* (1994); Graeme Goldsworthy, *O Evangelho e o Reino* (2002); Mark Dever, *A Mensagem do Novo Testamento* (2005), *A Mensagem do Antigo Testamento* (2006), *O que Deus Requer de Nós: um Rápido Panorama de Toda a Bíblia* (2010); J. I. Packer e Mark Dever, *In My Place Condemned He Stood: Celebrating the Glory of the Atonement* (2008); Mark Dever e Michael Lawrence, *It Is Well: Expositions on Substitutionary Atonement* (2010); Russell S. Woodbridge e David W. Jones, *Health, Wealth & Happiness: Has the Prosperity Gospel Overshadowed*

the Gospel of Christ? (2010); Michael Reeves, *A Chama Inextinguível: Descobrindo o Cerne da Reforma* (2010); Greg Gilbert, *Quem É Jesus Cristo?* (2015) e *O que É o Evangelho?* (2010); Greg Gilbert e Kevin DeYoung, *Qual a Missão da Igreja?: Entendendo a Justiça Social e a Grande Comissão* (2011); Nick Roark e Robert Cline, *Teologia Bíblica: Como a Igreja Ensina o Evangelho com Fidelidade* (2018); Costi Hinn, *God, Greed, and the (Prosperity) Gospel: How Truth Overwhelmed a Life Built on Lies* (2019); Dane Ortlund, *Manso e Humilde: o Coração de Cristo para Quem Peca e para Quem Sofre* (2020).

A SEGUIR...

Marca Três: Um entendimento bíblico da conversão e da evangelização
Um entendimento bíblico da conversão
Um entendimento bíblico da evangelização
    O que é evangelização?
    Por que devemos evangelizar?
    Como devemos evangelizar?
Evangelização não é marketing

MARCA TRÊS: UM ENTENDIMENTO BÍBLICO DA CONVERSÃO E DA EVANGELIZAÇÃO

O que você pensa ao ouvir a palavra *conversão*? Aliás, o que você pensa quanto a todo o assunto de mudança pessoal? Em nossos dias, muitas pessoas não acreditam que alguém pode mudar realmente. Políticos, advogados, pregadores, professores, repórteres e lobistas, todos eles têm seus vícios predeterminados, não têm?

Para tais pessoas, a sabedoria é vista como aprender a aceitar as suas circunstâncias internas e adaptar-se a elas, em vez de tentar mudá-las fundamentalmente. A sorte está lançada, o destino está fixado, a nossa personalidade é atribuída, e, exceto algum trauma horrível, a pressuposição é que o leopardo não muda suas manchas, a pessoa ansiosa, sua personalidade, a pessoa insegura, sua psiquê. "É assim que é!" Maturidade — até mesmo virtude — vem de encarar a verdade sobre você mesmo e resignar-se a ela.

Qualquer sugestão de que você pode mudar *profundamente* é considerada com suspeita intensa. Qualquer sugestão como essa é entendida como um instrumento potencialmente sinistro de manipulação nas mãos daqueles que querem coagir você a conformar-se aos padrões deles, cultivando em você ódio de si mesmo e um desprezo de alguma característica de si mesmo, quer sejam seus desejos sexuais, suas ambições vocacionais, seus padrões éticos ou suas crenças religiosas. Somos o que somos, assim eles dizem, e, em vez de questionarmos os nossos desejos interiores, devemos nos orgulhar disso e até promovê-lo!

Mas, apesar de toda essa incerteza e suspeita concernente à possibilidade de mudança, as pessoas têm realmente um anseio profundo por mudança. Há uma inquietação quanto às "adversidades e sofrimentos inevitáveis do destino impiedoso"; e, falando a verdade, há também uma insatisfação com nós mesmos que é tão universal quanto arraigada em nossa alma. Não estamos contentes, por isso rearranjamos os móveis, pintamos o saguão ou compramos roupas novas. Se as circunstâncias piorarem, nos questionamos a respeito de mudar de onde vivemos. Pedimos por horas flexíveis em nosso trabalho ou para mudarmos de atividade. Às vezes, podemos anelar por trocar de cônjuge. Hoje, até mesmo aqueles limites mais tradicionalmente fixos de gênero, de sexualidade e da própria vida são transgredidos numa tentativa inútil de achar satisfação. E, quando condições e atividades de trabalho, casamento e família, gênero e inclusive a morte se tornam sujeitos às nossas próprias escolhas, quando estado após estado começa a legalizar o assassinato médico, parece que nos vemos derrotados, encurralados e sem esperança. Então, os cínicos estão certos? Qualquer mudança genuína é impossível?

O que a Bíblia diz sobre mudança profunda, genuína, significativa? No contexto deste livro, estamos falando, é claro, sobre a grande mudança que acontece na conversão. A conversão é literalmente mudança de rota: mudar nossa rota do pecado para o arrependimento de nossos pecados e mudar nossa rota de confiar em nós mesmos para confiar somente em Cristo a fim de nos reconciliar com Deus (veja o resumo de Paulo sobre a sua pregação em At 20.21).

Se pensamos que a conversão é algo que fazemos sozinhos, então, evangelizaremos de uma maneira. Se pensamos que a conversão é algo que, muito fundamentalmente, é Deus quem faz, então, evangelizaremos de outra maneira. E a maneira como evangelizamos determinará, em grande parte, a saúde de nossa igreja, tão certamente quanto a comida que você compra no supermercado afeta a aptidão física de seu corpo. Evangelização anêmica nos fará passar fome, e definharemos. Evangelização negligente nos encherá de falsos convertidos, e a nossa igreja ficará doente, mórbida e disfuncional e, talvez, até morra. Mas um entendimento bíblico da conversão nos estimulará a uma prática de evangelização bíblica. Um entendimento bíblico da conversão e da evangelização é uma marca de uma igreja saudável.

Entender estes assuntos de maneira bíblica nos libertará para dizer tudo que podemos sobre as boas novas de Jesus Cristo, à medida que procuramos mostrar às pessoas com a nossa vida e persuadi-las com as nossas palavras o que significa ser mudado por Deus. A sua promessa é que a sua Palavra sempre cumprirá seus desígnios! Deus promete, por meio do profeta Isaías, que sua Palavra "não voltará para mim vazia, mas fará o que me apraz e prosperará naquilo para que a designei" (Is 55.11).

Portanto, vamos primeiramente pensar um pouco mais sobre a conversão. As pessoas necessitam realmente ser convertidas, ser mudadas?

UM ENTENDIMENTO BÍBLICO DA CONVERSÃO

Essa pergunta básica sobre a necessidade da conversão é, cada vez mais, um obstáculo no que diz respeito ao cristianismo bíblico. Muito do que se passa hoje por cristianismo é apenas uma afirmação de nós mesmos, levando muitos a escolherem complacência quanto à nossa condição humana, em vez de mudança bíblica. Quando confrontados com a ideia de que podem necessitar de alguma grande alteração em sua vida, eles dizem simplesmente: "Por que mudança? Você não deve impor suas ideias aos outros, você sabe. Além disso, você não está, certamente, sugerindo que *sua* maneira de viver, *sua* maneira de olhar para o mundo, é melhor do que a minha, está? Se você está sugerindo isso, você deve ser algum tipo de hipócrita cheio de justiça própria! Eu lhe agradeceria gentilmente se você cuidasse de sua própria neurose e me deixasse com a minha!"

Mas a Bíblia ensina claramente que mudança é necessária, que não estamos "muito bem". De fato, a Bíblia ensina que temos um grande problema.

Anos atrás, um repórter perguntou ao astro de basquete Sam Perkins: "Como vocês se recuperarão de sua derrota de 35 pontos?"

Perkins respondeu: "Temos apenas de manter a nossa consistência".

É claro que consistência na derrota não funcionará. Consistência em nosso estado de morte espiritual não nos ajudará. Temos de nos lembrar do entendimento de Jesus quanto ao estado natural das pessoas neste mundo: "O julgamento é este: que a luz veio ao mundo, e os homens amaram mais as trevas do que a luz; porque as suas obras eram más. Pois todo aquele que pratica o mal aborrece a luz e não se chega para a luz, a fim de não serem arguidas as suas obras" (Jo 3.19-20).

Paulo lembrou aos cristãos efésios que, antes de serem convertidos, eles estavam mortos em seus pecados e transgressões (Ef 2.1). Paulo ensinou claramente que essa morte espiritual é compartilhada por toda a humanidade. Se você tem alguma dúvida quanto à importância da conversão na Bíblia, leia Romanos 2 e 3. A verdade é que todos pecamos contra Deus. Paulo cita o Antigo Testamento em uma denúncia convincente de quem afirma que podemos nos tornar justos em e a partir de nós mesmos: "Não há justo, nem um sequer" (Rm 3.10). A Bíblia ensina que somos totalmente depravados, não no sentido de que somos tão maus quanto podemos ser, mas no sentido de que cada parte do nosso ser foi atingido pela rebelião contra Deus. Todos os aspectos do nosso ser são caracterizados por este pecado — esta morte espiritual. Até a nossa língua é usada para enganar (Rm 3.13). Por isso, Paulo conclui que "ninguém será justificado diante dele [de Deus] por obras da lei" (Rm 3.20). Qualquer igreja que não é clara neste assunto não está abençoando você apropriadamente. Temos de ser claros a respeito de qual é o problema básico a fim de sabermos o como a igreja deve ser mobilizada.

A Bíblia nos oferece imagens radicais que nos mostram o estado de nossa natureza humana. Diz que somos devedores, escravos, falidos e até mortos. Essa é a nossa condição. Estamos numa situação desastrosa. Evidentemente, uma mudança é necessária — uma mudança que somente Jesus pode trazer.

Considere estas verdades gêmeas: necessitamos desesperadamente da graça de Deus, mas Deus não deve sua graça a ninguém. Isso é a própria natureza da graça: não é algo que se deve. O que Deus nos deve é justiça por causa do nosso pecado. E essa justiça foi o que Jesus sofreu como um substituto por todos os crentes. Portanto, quando Jesus nos chama, por meio de seu Espírito, nos volvemos dos nossos pecados para a fé nele.

E, quando o Espírito de Deus começa a nos chamar de forma poderosa a deixarmos os nossos pecados, experimentamos um grande senso de convicção. Começamos a sentir algo da seriedade do pecado, especialmente a seriedade de seu caráter mortal como um ato de revolta contra o próprio Deus. Não mais nos sentimos apenas como "Eu não devia ter feito isso" ou "Oh! a minha consciência está incomodada por isso". Em vez disso, começamos a perceber o que os nossos pecados revelam sobre a nossa falta de confiança em Deus, a nossa falta de priorizar o que Deus prioriza e a nossa falta de nos importarmos com o que Deus se importa. Começamos a nos sentir como o adúltero Davi que orou: "Pequei contra ti, contra ti somente, e fiz o que é mau perante os teus olhos, de maneira que serás tido por justo no teu falar e puro no teu julgar" (Sl 51.4).

De acordo com a Bíblia, isso é uma parte crucial das boas novas: precisamos ser convertidos. O nosso estado por natureza não é bom. A mudança que precisamos não é meramente "descobrir" a nós mesmos e as nossas possibilidades, mas *conversão*. Você não precisa de um você melhor; precisa de um novo você! E isso é o que Deus provê para nós em Cristo. Na conversão, abandonamos a nossa reivindicação de ser o juiz e o governador supremo de nossa própria vida e reconhecemos que esse papel pertence somente a Deus. Os nossos pecados passados precisam ser perdoados. A nossa vida atual precisa ser reorientada. O nosso destino futuro precisa ser mudado do inferno de bom julgamento de Deus para o céu de gracioso perdão de Deus e de nossa aceitação em Cristo. Talvez todas as outras religiões deste mundo preguem a autossalvação, mas o cristianismo não. O cristianismo prega que precisamos ser mudados radicalmente.

A verdadeira conversão é uma mudança da mente, mas não é apenas uma mudança da mente. É uma mudança do coração, mas não uma experiência emocional sem o uso da mente. Quando Deus converte o coração e dá o novo nascimento, novas ações fluem de nossa nova identidade como pessoas que estão unidas a Cristo pela fé.

Eu oro regularmente no sentido de que o testemunho coletivo de nossa igreja seja mais bem-sucedido do que o nosso testemunho individual. Sem dúvida, é verdade que o Espírito de Deus deve estar em atividade em cada um de nós. Mas, embora cada um de nós seja sozinho uma ótima testemunha em favor de Jesus, eu oro que como um todo coletivo não confundamos realmente os amigos não cristãos que começam a interagir conosco e chegam a conhecer a nossa igreja: 900 exemplos de pessoas imperfeitas que o Espírito de Deus tornou novas. E, embora nenhum de nós seja perfeito, à luz de um exame mais atento, torna-se evidente que o Espírito de Deus está fazendo uma obra real em nós. Temos mudado realmente, e o Espírito de Deus está nos dando a nova vida descrita em Romanos 6.

De acordo com a Bíblia, a mudança real da conversão cristã envolve confiar somente em Cristo. Não estamos simplesmente tentando nos justificar diante de Deus ou aprimorar a nossa vida um pouco aqui e ali, pensando que de algum modo essas mudanças encobrirão os nossos pecados dos olhos de Deus ou farão o nosso coração parecer justo diante dele. Essa grande mudança envolve a plena compreensão de que jamais podemos ir à igreja o suficiente, ensinar na Escola Dominical o suficiente, dar dinheiro o suficiente, ser bondosos o suficiente, ou bonitos o suficiente, ou felizes o suficiente, ou contentar-nos com a nossa religião o suficiente para merecermos a boa vontade de Deus para conosco.

Temos de compreender que, por causa do nosso pecado, somos verdadeiramente sem esperança diante de Deus. Nossa única esperança provém de entendermos que Deus assumiu a carne humana em Cristo, que Cristo viveu uma vida perfeita, morreu na cruz em lugar de todos os que se converteriam e creriam nele e que ressuscitou em vitória sobre os nossos pecados e agora oferece derramar o seu Espírito em nosso coração. Começar a ter essa confiança em Deus e crer somente nele é a natureza da grande mudança que acontece na conversão.

Temos de arrepender-nos de nossos pecados e crer em Cristo. E só podemos fazer isso pelo poder do Espírito de Deus, que toma as palavras que lemos e usa-as para criar vida e fé em nosso espírito que antes estava morto e nas trevas. Precisamos que Deus nos dê vida. Precisamos que Deus nos dê um novo coração. A Escritura nos diz que foi exatamente isso que ele prometeu fazer: "Dar-lhes-ei um só coração, espírito novo porei dentro deles; tirarei da sua carne o coração de pedra e lhes darei coração de carne" (Ez 11.19). Achamos essa ideia em toda a Bíblia. Esse tipo de transplante de coração é obra de Deus. Somente ele pode fazê-lo. É necessário que Deus faça essa mudança em nós, se devemos aceitar as verdades espirituais da Bíblia (veja 1Co 2.14). Como Jesus disse: "Ninguém pode vir a mim se o Pai, que me enviou, não o trouxer" (Jo 6.44).

Às vezes, os cristãos falam sobre "nascer de novo". Você já pensou nessa linguagem? Nós a obtemos do próprio Jesus. Não era uma estratégia de marketing da Convenção Batista do Sul lá nos anos 1970. Não, essa linguagem vem diretamente de Jesus, em João 3. Nesse texto bíblico, lemos a respeito de um líder bastante religioso chamado Nicodemos que foi conversar com Jesus sobre uma questão específica que ele tinha em mente.

> Rabi, sabemos que és Mestre vindo da parte de Deus; porque ninguém pode fazer estes sinais que tu fazes, se Deus não estiver com ele. A isto, respondeu Jesus: Em verdade, em verdade te digo que, se alguém não nascer de novo, não pode ver o reino de Deus. Perguntou-lhe Nicodemos: Como pode um homem nascer, sendo velho? Pode, porventura, voltar ao ventre materno e nascer segunda vez? Respondeu Jesus: Em verdade, em verdade te digo: quem não nascer da água e do Espírito não pode entrar no reino de Deus (Jo 3.2-5).

Esse líder religioso queria saber o que tinha de fazer para ver o reino de Deus. Jesus não disse que ele deveria simplesmente continuar com a boa obra, continuar vivendo uma vida correta, moral e religiosa. Não, Jesus disse que esse líder virtuoso precisava de uma nova vida. Nicodemos perguntou a Jesus como alguém poderia ter essa nova vida. Jesus disse que somente Deus poderia dá-la, e, portanto, Nicodemos tinha simplesmente de crer em Jesus e viver pela verdade.

Jesus ensinou claramente que temos de agir, mas também ensinou que só podemos agir se as ações de Deus estiverem por trás das nossas próprias ações. Ao ensinar assim, Jesus refletiu o Antigo Testamento. Por exemplo, considere o livro de Joel. Joel foi um profeta pelo qual o Senhor predisse grande julgamento. Mas Joel também ofereceu palavras de esperança: "Todo aquele que invocar o nome do SENHOR será salvo" (Jl 2.32). Paulo cita esse versículo em Romanos 10. E, se você já compartilhou o evangelho com alguém, pode muito bem ter citado esse versículo. Ora, Joel acaba de escrever dois capítulos a respeito do julgamento que viria sobre os israelitas por causa de sua incredulidade. Mas por que esses incrédulos invocariam o nome do Senhor dessa maneira salvífica? Achamos a resposta no restante de Joel 2.32: "Todo aquele que invocar o nome do SENHOR será salvo; porque, no monte Sião e em Jerusalém, estarão os que forem salvos, como o SENHOR prometeu; e, entre os sobreviventes, aqueles que o SENHOR chamar". Quem invoca o nome do Senhor? Aqueles que o Senhor chama!

Você percebe por que entender isso é importante para a sua própria saúde espiritual e para a saúde espiritual da igreja com a qual você está envolvido? Se a nossa conversão, a nossa mudança de rota, é entendida como algo que nós fazemos, em vez de algo que Deus faz em nós, então, não a entendemos corretamente. A conversão inclui, sem dúvida, as nossas próprias ações. Temos de fazer um compromisso sincero. Temos de fazer uma decisão autoconsciente. Ainda assim, a conversão verdadeira é mais do que isso. A Escritura é clara em ensinar que não estamos caminhando em direção a Deus. Em vez disso, a Escritura nos apresenta como necessitados de que nosso coração seja substituído, nossa mente, transformada, e nosso espírito, vivificado. Não podemos fazer nada disso por nós mesmos. A verdadeira conversão é uma obra do Espírito de Deus e produz fruto diferente do fruto da carne. Se você quer saber se é realmente convertido, há um teste que você pode fazer. Está em Gálatas 5.19-24. Nessa passagem, o apóstolo Paulo, por inspiração do Espírito Santo, delineia especificamente o fruto da carne e o fruto do Espírito. Você pode examinar a passagem e verificar qual das duas listas se parece com a sua vida.

Todo ser humano precisa dessa mudança, apesar de como alguém pareça exteriormente. E essa mudança é tão radical que somente Deus pode realizá-la. Portanto, para que tenhamos uma igreja saudável, precisamos ser convertidos e precisamos saber que é Deus quem nos converte.

Entretanto, o fato de que precisamos que Deus nos converta não deve nos levar a concluir que não precisamos de pessoas para evangelizar! A Palavra de Deus ensina claramente a importância da evangelização.

UM ENTENDIMENTO BÍBLICO DA EVANGELIZAÇÃO

Um amigo meu foi criado em um país muçulmano, numa família conhecida por sua zelosa observância do islamismo. Enquanto estudava fora de seu país, ele teve um sonho em que Jesus lhe apareceu e lhe disse que fosse conversar com um ministro cristão do qual nunca ouvira falar. Ele ficou assustado com o sonho e o ignorou. Mas o sonho aconteceu repetidas vezes. Depois de ignorar o sonho por algum tempo, por fim ele foi procurar o ministro, falou com ele sobre Jesus e foi convertido!

Tenho ouvido e lido muitos testemunhos semelhantes de pessoas do mundo muçulmano — anjos que apareceram em sonho e lhes disseram que fossem conversar com cristãos. Sou sempre interessado em notar que Deus envia o sonho, mas, depois, manda o sonhador a outro mensageiro humano, que compartilha com o sonhador as boas novas do evangelho.

Nessas histórias, quem é o evangelista — o anjo no sonho ou o cristão a quem o sonhador procurou para conversar? A resposta é o cristão a quem a pessoa procurou para conversar. No caso citado antes, foi o ministro cristão que compartilhou as boas novas com meu amigo. E isso é o que a evangelização significa. Deus reservou a evangelização como um serviço — um privilégio — para nós. Como Paulo argumenta em Romanos 10.14: "E como crerão naquele de quem nada ouviram?" Em outras palavras, se não falarmos aos outros, eles não conhecerão. Deus nos confiou essa grandiosa tarefa! Foi por essa razão que o Cristo ressurreto disse a seus discípulos: "Ide... fazei discípulos de todas as nações" (Mt 28.19). Quando examinamos o livro de Atos, vemos que não somente os apóstolos, mas também todos os cristãos, estavam envolvidos na obra de plantar igreja e evangelizar.

Para nos ajudar a entender e praticar a evangelização, consideraremos algumas perguntas simples: o que é evangelização? Por que devemos evangelizar? Como devemos evangelizar?

> ### LIVROS RECOMENDADOS SOBRE EVANGELIZAÇÃO
> Quanto a uma obra pequena e acessível para ser distribuída à sua congregação, você não achará um livro melhor do que *What If I'm Discouraged in My Evangelism?* (2020), de Isaac Adams.
>
> Os livros de Mack Stiles são todos bons, mas em especial seu *Evangelização: Como Criar uma Cultura Contagiante de Evangelismo na Igreja Local* (2014). Os livros de Mack são cheios de boas histórias a respeito de como você pode falar de maneira genuína e prática a seus amigos sobre Jesus. Nesse livro, ele mostra como a igreja local é uma ferramenta surpreendentemente poderosa para a evangelização.

> *Revival and Revivalism: The Making and Marring of American Evangelicalism, 1750-1858* (1994), de Iain Murray, é uma leitura difícil, mas vale o esforço. Murray examina como a prática da evangelização na América mudou de 1750 a 1850 e como essas mudanças continuam a afetar-nos hoje.
>
> Quanto a uma compreensão mais abrangente dos fundamentos teológicos e bíblicos da evangelização, veja *Evangelização e a Soberania de Deus* (2008), de J. I. Packer. Tem apenas quatro capítulos e pouco mais de cem páginas, mas pessoas acham-no proveitoso em responder perguntas básicas sobre a evangelização bíblica.
>
> Para pensarmos em como a persuasão faz parte de nosso discipulado, o livro *Conversa de Tolos: de que Modo a Evangelização Bíblica Pode Ser Tão Persuasiva Como Deve Ser?* (2015), de Os Guinness, é incentivador e provocador do pensamento.
>
> E, por fim, eu mesmo escrevi um livro sobre evangelização que expande as ideias expressas neste capítulo. *O Evangelho e a Evangelização* (2007) tem o propósito de ser uma introdução à evangelização.

O que é evangelização?

Evangelização é uma pessoa falar a outra pessoa as boas novas de como ela pode ser reconciliada com Deus por meio da fé em Jesus Cristo. Um dos melhores meios para entender isso é pensar sobre algumas maneiras comuns pelas quais a evangelização é frequentemente mal interpretada. Quero mencionar seis maneiras.

1. Evangelização não é uma imposição de nossas crenças aos outros. Talvez a objeção mais comum à evangelização em nossos dias seja "Não é errado impor nossas crenças aos outros?" Algumas pessoas acham que a evangelização é uma imposição. E, pela maneira como a evangelização é feita às vezes, posso entender a confusão. Mas, quando entendemos o que a Bíblia apresenta como evangelização, reconhecemos que evangelizar não é uma questão de impor suas crenças.

Em primeiro lugar, precisamos entender que as verdades em que cremos, como cristãos, são fatos. Não são meras crenças ou opiniões. Não podemos "impor" o evangelho a alguém tanto quanto não podemos "impor" a uma pessoa as leis da gravidade. À semelhança da gravidade, a verdade objetiva do evangelho existe à parte da nossa percepção subjetiva dela.

Em segundo lugar, estes fatos não são *nossos* no sentido de que pertencem somente a nós, à nossa perspectiva ou à nossa experiência, ou no sentido de que os formulamos por nós mesmos. Quando evangelizamos, pregamos os fatos do evangelho de Cristo.

Na evangelização bíblica, não *impomos* nada. De fato, não podemos fazer isso. De acordo com a Bíblia, a evangelização é apenas o contar a alguém as boas novas. Isso não inclui a garantia de que a outra pessoa responderá corretamente ao evangelho. Gostaria de podermos fazer as pessoas responderem ao evangelho, mas não o podemos. Conforme as Escrituras, o fruto da evangelização vem de Deus, não de nossas técnicas astutas ou de nossa paixão pessoal pelo que estamos fazendo. Como Paulo escreveu aos cristãos de Corinto: "Quem é Apolo? E quem é Paulo? Servos por meio de quem crestes, e isto conforme o Senhor concedeu a cada um. Eu plantei, Apolo regou; mas o crescimento veio de Deus. De modo que nem o que planta é alguma coisa, nem o que rega, mas Deus, que dá o crescimento" (1Co 3.5-7; veja 2Co 3.5-6).

Este é um ponto importante que temos de assimilar, especialmente em um mundo tão hostil à evangelização. Anos atrás, em Cambridge, conversei com um amigo libanês, que era muçulmano, a respeito de outro de nossos amigos que era um muçulmano secular. Meu amigo libanês queria que este homem abraçasse um estilo de vida muçulmano mais fiel; eu desejava que ele se tornasse um cristão. Assim, de um modo estranho, eu e o amigo libanês tínhamos algo em comum. Ambos estávamos preocupados com a embriaguez daquele outro amigo, embora tivéssemos soluções diferentes para o problema dele. Ambos lamentávamos a dificuldade de alguém viver na cultura britânica secular. Então, meu amigo libanês fez observações sobre a corrupção deste país cristão. Respondi-lhe que a Grã-Bretanha não é um país cristão e que, de fato, sequer existe um país cristão. "Esse é o problema", disse meu amigo, aproveitando imediatamente a oportunidade, "do cristianismo comparado ao islamismo. O cristianismo não oferece respostas e diretrizes para todas as complexidades da vida real", ele afirmou. "O cristianismo não tem um padrão sociopolítico abrangente para oferecer às pessoas, para solucionar as questões com as quais as pessoas se deparam na vida".

Pensei por um momento sobre como deveria responder e, depois, eu lhe disse: "O cristianismo é simplesmente mais realista sobre a condição do homem do que o islamismo". Ele me perguntou o que isso significava. Disse-lhe: "Falando com franqueza, o islamismo é superficial em pensar que o problema do homem é apenas uma questão de comportamento. De acordo com o islamismo, é apenas uma questão de vontade. Mas o cristianismo ensina que há um problema mais profundo; e este é um entendimento mais exato da situação do homem. O cristianismo inclui uma admissão franca da pecaminosidade humana, não meramente como um agregado ou uma coleção de ações más, e sim como a expressão de um coração mau, um coração que está em rebelião contra Deus. O cristianismo reconhece o nosso problema como uma questão do caráter, da natureza humana. O cristianismo não tem nenhum programa político abrangente porque o verdadeiro problema do homem não pode, em última análise, ser resolvido pelo poder político".

Para deixar isso claro, disse ao meu amigo: "Veja, eu poderia colocar uma espada sobre a garganta de uma pessoa e torná-la, pelo menos, um muçulmano suficientemente bom".

Ele concordou que isso era verdade.

"Mas", continuei, "eu não poderia colocar uma espada sobre a garganta de uma pessoa e torná-la um cristão. Tem de haver uma mudança que ocorre *no interior* da pessoa. Tornar-se um cristão não é apenas uma questão de fazer isso e não fazer aquilo ou de seguir essa lei e não fazer aquilo. Ser um cristão significa ter sua vida transformada por Deus. A Bíblia apresenta o problema do homem como algo que nunca pode ser resolvido por força coerciva ou imposição humana. Tudo que podemos fazer é apresentar a você, com exatidão, as boas novas, viver uma vida de amor para com você e orar que Deus o convença de seus pecados. Posso orar, pedindo a Deus que lhe mostre a sua necessidade de um Salvador e lhe dê os dons de arrependimento e fé. Mas não posso torná-lo um cristão".

A evangelização cristã, por sua própria natureza, não envolve coerção. Envolve apenas persuasão amorosa. Devemos apresentar o evangelho livremente a todos. Não podemos manipular ninguém a aceitá-lo verdadeiramente. A evangelização bíblica autêntica jamais é uma imposição.

2. *Evangelização não é simplesmente um testemunho pessoal.* Algumas pessoas supõem que a evangelização pode ser reduzida a compartilhar uma experiência

pessoal de um encontro com Deus. Certamente, um testemunho do que Deus fez em nossa vida pode incluir compartilhar as boas novas, mas pode não incluir. Em nossa época pluralista, pessoas ficam felizes por você conseguir toda a esperança que puder do que quer que seja no mundo. Você pode conseguir toda a esperança que puder do castiçal em seu quarto; e pessoas ficam bem com isso, contanto que você não diga nada sobre a vida delas. Mas, no momento que você muda do que Deus fez em sua vida para essas verdades sobre Jesus Cristo e as implicações que elas têm para a vida da pessoa com a qual você está falando, é nesse momento que as pessoas dizem: "Não me julgue" ou: "Essa não é sua função". Evangelização pode incluir seu testemunho do que Deus fez em sua vida, mas não é apenas isso. Evangelização tem de avançar para os fatos necessariamente objetivos, irrefutáveis e confrontadores do evangelho.

3. *Evangelização não é o mesmo que ação social ou envolvimento político.* Hoje, problemas horizontais — problemas entre pessoas — obscurecem frequentemente o problema fundamental, o problema vertical do relacionamento entre nós e Deus. Recorrentemente, aquilo que passa por evangelização pode ser campanhas por virtudes públicas, programas de compaixão ou defesa de mudanças sociais. Pessoas se referem amplamente a "parceria com Deus" e "redimir a nossa comunidade". Mas evangelização não diz respeito a redimir a sociedade, diz respeito a redimir pecadores. Evangelização é uma declaração do evangelho a indivíduos. Sociedades são desafiadas e mudam quando, por meio deste evangelho, o Senhor toma homens e mulheres e os une em igrejas, para revelar seu caráter nas interações dos que ele salvou.

Quando pecadores nascem de novo, o fato de seguirem fielmente o chamado de Deus em sua vida os levará a amar seu próximo e a trabalhar por justiça de inúmeras maneiras diferentes.[5] Às vezes, membros da mesma igreja discordarão a respeito das melhores formas de amar seu próximo.[6] Mas os nossos alvos terão sido estabeleci-

---

5 Veja o capítulo de Jonathan Leeman "Soteriological Mission: Focusing in on the Mission of Redemption", em *Four Views on the Church's Mission*, ed. Jason S. Sexton (Nashville: Zondervan Academic, 2017), 17-45. Veja também Jonathan Leeman, *How the Nations Rage: Rethinking Faith and Politics in a Divided Age* (Nashville: Thomas Nelson, 2018); Robert Benne, *Good and Bad Ways to Think about Religion and Politics* (Grand Rapids: Eerdmans, 2010).
6 Quanto a discussão sobre discordâncias entre crentes a respeito de questões de consciência, veja a pequena obra de Jonathan Leeman e Andy Naselli, *Can I Love Church Members with Different Politics?* (Wheaton: Crossway, 2020). Quanto a um estudo mais profundo sobre o ensino bíblico a respeito de consciência, veja Andy Naselli e J. D. Crowley, *Conscience: What It Is, How to Train It, and Loving Those Who Differ* (Wheaton: Crossway, 2016).

dos pelos mandamentos de Deus, mesmo quando os meios de atingi-los são deixados aos nossos planos imperfeitos e variados. Por exemplo, todo cristão deve se opor ao racismo. Contudo, membros da mesma igreja podem debater sobre as melhores maneiras de oporem-se ao racismo ou podem até mesmo discordar sobre a natureza do racismo em uma cultura, sem debaterem o evangelho ou a necessidade de compartilharem-no com outras pessoas. Visto que evangelização não é o mesmo que ação social, igrejas e membros de igreja podem ser parceiros em evangelizar, embora não concordem sobre cada questão social.

4. *Evangelização não é simplesmente estimular pensamento positivo.* Algumas pessoas pensam na evangelização como fomentar "pensamento positivo" ou compartilhar versículos bíblicos que parecem prometer prosperidade. Como o quase inacreditavelmente bem-nomeado Creflo Dollar tuitou: "Jesus derramou seu sangue e morreu por nós para que possamos reivindicar a promessa de prosperidade financeira".[7] Sem dúvida, saúde e prosperidade são bens que todos querem, mas, ao contrário do que o Sr. Dollar disse, Jesus nunca prometeu saúde e prosperidade nesta vida. De fato, o que ele prometeu foi dificuldades, rejeição e até perseguição (veja Jo 15.20). Quando seguimos alguém, não devemos ficar surpresos se acabarmos onde ele acabou. Alguns pregadores podem celebrar a posse de jatos particulares e afirmar que milhares de seguidores os amam. Talvez você seja tentado a acreditar que todos os que seguem esse tipo de líder também acharão sucesso. Mas, se você segue Jesus, não pode ficar surpreso quando acaba onde ele acabou: tomando a cruz *e* sendo aceito por Deus. Isso é a saúde e a riqueza eterna com as quais devemos nos importar supremamente e não com as riquezas passageiras deste mundo.

5. *Evangelização não é o mesmo que apologética.* O termo *apologética* se refere ao processo de responder questões e objeções que as pessoas podem ter sobre a nossa fé cristã. Assim como no caso de nosso testemunho pessoal, esse responder e defender questões pode ser parte de nossa conversa com outros a respeito de Cristo e pode incluir a evangelização. Mas não é o mesmo que evangelização. Posso defender a inerrância da Bíblia sem compartilhar o evangelho. Posso defender o nascimento virginal de Cristo ou a historicidade da ressurreição, e isso é muito importante, mas não é

---

[7] Essa mensagem já foi apagada de sua conta no Twitter.

evangelização. Enquanto a apologética responde à agenda que outros estabeleceram, a evangelização segue a agenda que Cristo estabeleceu: compartilhar as boas novas a respeito dele. A evangelização é o ato positivo de contar as boas novas a respeito de Jesus Cristo e do caminho de salvação por meio dele.

6. *Evangelização não deve ser confundida com os resultados da própria evangelização.* Por fim, um dos erros mais comuns e mais perigosos é confundir *os resultados da evangelização* com a própria evangelização. Esse pode ser o mais sutil dos entendimentos errôneos. Evangelização não deve ser confundida com o seu fruto. Se você combinar esse entendimento errôneo — pensar que a evangelização é o seu próprio fruto — com um entendimento não bíblico do evangelho e da conversão, é muito possível que acabe pensando não somente que evangelização é simplesmente ver outras pessoas convertidas, mas também que está em seu próprio poder convertê-las. Essa maneira de pensar pode levá-lo a se tornar manipulador.

Muitos cristãos e igrejas contemporâneas se concentram em crescimento rápido. Entretanto, crescimento rápido não é necessariamente crescimento bom — ou mesmo crescimento genuíno. Todos sabemos que os filhos precisam comer para viver. Imagine um casal que chega à conclusão de que mais comida é igual a mais vida. Eles descobrem o que seus filhos querem e lhes dão isso. Os filhos comem tudo rápida e alegremente e, depois, exigem mais. Crescimento rápido se introduz — mas, provavelmente, não o tipo de crescimento que os pais queriam realmente! Dietas de sorvete e batatas fritas podem sustentar a vida por algum tempo, mas não produzem nos filhos crescimento saudável.

Os avanços repentinos da obra do evangelho que achamos na Bíblia são poucos — o êxodo, a encarnação, a ressurreição, o Pentecostes. Mas a obra de fidelidade quieta e diária é indicada na maioria das páginas na Escritura e na vasta maioria das vidas do povo de Deus. Por que pensamos que colheremos tudo que plantamos — ou mais? Há alguma possibilidade de que nossa dedicação a crescimento rápido deteriore o crescimento genuíno? É por essa razão que muito da obra feita em nome da evangelização neste país e no exterior parece resultar em ervas daninhas e não em carvalhos? Será que isso é verdade porque estamos determinados a plantar somente aquilo que cresce rapidamente?[8]

De acordo com a Bíblia, a evangelização não deve ser definida em termos de resultados, mas apenas em termos de fidelidade à mensagem pregada. Em Atos dos Apóstolos, Paulo pregou o evangelho muitas vezes, e poucos se converteram. Mas ele escreveu: "Porque nós somos para com Deus o bom perfume de Cristo, tanto nos que são salvos como nos que se perdem. Para com estes, cheiro de morte para morte; para com aqueles, aroma de vida para vida" (2Co 2.15-16).

Paulo não estava dizendo que anunciava duas mensagens diferentes. Ele não podia olhar para uma multidão e dizer: "Posso ver quem são os eleitos. Para vocês, pregarei uma mensagem. Mas, para todos aqueles que ainda não se tornaram cristãos, quero pregar outra mensagem". Não. Paulo pregava o mesmo evangelho para todos. E, ao evangelizar todos com a mesma mensagem, ele era aroma de vida para alguns; para outros, cheiro de morte. O mesmo ministério tinha dois efeitos diferentes.

Jesus ensinou algo semelhante em sua parábola do semeador (Mt 13.1-23). Nessa parábola, o semeador lançou a mesma semente em diferentes tipos de solos. A parábola não diz nada a respeito dos métodos do semeador. Presumimos que ele usou o mesmo método em cada ocasião. A mensagem da parábola é que algumas pessoas responderão ao evangelho e outras não, embora todas ouçam a mesma mensagem. Não podemos julgar definitivamente se o que fazemos na evangelização é correto ou não pela resposta imediata que vemos. Se organizações missionárias na América do Norte entendessem isso, um grande avanço do evangelho certamente aconteceria. Não entender essa verdade pode desviar igrejas bem-intencionadas para esforços pragmáticos, norteados por resultados, e pode transformar pastores em neuróticos manipuladores de pessoas. Cometemos um erro terrível quando entendemos a evangelização tão erroneamente que pensamos poder afirmar, com base nos resultados imediatos, que estamos evangelizando de modo correto. Como cristãos, devemos saber que, se formos fiéis em anunciar o evangelho, pessoas podem não o aceitar. O fato de que elas não aceitam o evangelho não significa necessariamente que erramos na maneira como o apresentamos.

---

8 Veja Matt Rhodes, *No Shortcut to Success: A Manifesto for Modern Missions* (Wheaton: Crossway, 2022).

Não compreender esta verdade pode prejudicar cristãos com um profundo senso de fracasso pessoal e, ironicamente, causar uma aversão à própria evangelização. "Não vejo nenhum fruto da evangelização", alguns podem dizer, "por isso não quero mais evangelizar". Imagine a culpa que alguns cristãos sentem porque compartilharam o evangelho por trinta anos com uma pessoa específica que nunca chegou a conhecer Cristo. Esses cristãos podem achar que, de algum modo, são culpados disso. Mas o ensino bíblico é que conversões não acontecem como resultado de nossa proeza e eficiência evangelística, assim como a resistência ao evangelho não é meramente um reflexo de nosso fracasso evangelístico. Evangelização bem-sucedida não é fundamentalmente uma questão de nossos métodos, mas de nossa fidelidade na proclamação.

Alguns de nós nos tornamos cristãos por meio de apresentações do evangelho que podem ter sido horríveis em diversos aspectos. Aquele que compartilhou o evangelho conosco talvez tenha sido temeroso, gaguejante, esquecido, insistente, petulante ou até desagradável. Mas, de algum modo, a verdade estava ali, em meio a todos os erros dele; e o Espírito Santo de Deus usou o encontro para trazer-nos ao arrependimento e à fé. Se Deus pode usar a tentativa balbuciante de alguém, ele pode certamente usar você! Fale às pessoas sobre Jesus.

Deus é soberano na evangelização. Um coração que hoje talvez seja tão duro quanto o concreto pode se tornar, pela ação de Deus, um solo fértil amanhã. A doutrina da eleição assusta algumas pessoas. Mas, quando Paulo estava desanimado, o Senhor usou uma afirmação sobre a eleição para encorajá-lo a continuar proclamando o evangelho: "O Senhor lhe disse: Não temas; pelo contrário, fala e não te cales; porquanto eu estou contigo, e ninguém ousará fazer-te mal, pois tenho muito povo nesta cidade" (At 18.9-10). Deus não se referia à população Corinto, mas ao fato de que ele tinha muitas pessoas que havia escolhido para salvar em algum momento no futuro! Deus usou a doutrina da eleição como um encorajamento para Paulo na evangelização. A pregação de Paulo não seria em vão.

POR QUE DEVEMOS EVANGELIZAR?

Quando você entende que evangelização não é converter pessoas e que, em vez disso, é falar-lhes a maravilhosa verdade sobre Deus, as importantes novas a respeito de Jesus Cristo, então a obediência ao chamado para evangelizar pode se tornar certa e prazerosa. Entender isso aumenta a evangelização, porque paramos de vê-la como um fardo e, ao contrário, começamos a vê-la como um privilégio jubiloso. Os cristãos amam ouvir o evangelho — nos edifica e nos encoraja — e amamos compartilhá-lo. É magnífico ser capaz de contar a outras pessoas essas boas novas, não é?

Todo cristão é ordenado a amar a Deus e amar o seu próximo. Como poderíamos amar melhor a Deus do que por compartilhar essas verdades extraordinárias sobre a sua justiça sendo satisfeita e o seu amor sendo estendido no evangelho? Como poderíamos amar melhor o próximo melhor os outros do que por convidá-los a conhecer o amor perdoador e reconciliador de Deus? Aquilo que é melhor pode ser difícil e embaraçoso. Isso é uma questão de obediência cristã. Glorificamos a Deus quando evangelizamos, ainda que não vejamos resultados imediatos.

Todos os cristãos, não apenas os ministros profissionais, devem propagar as boas novas. Parte da nossa atividade evangelística tem a ver com a maneira pela qual nos relacionamos como cristãos. Jesus disse: "Nisto conhecerão todos que sois meus discípulos: se tiverdes amor uns aos outros" (Jo 13.35). Em última análise, esse amor a Deus nos leva a desejar vê-lo glorificado. Em toda a Bíblia, Deus se torna conhecido à sua criação. Compartilhamos o evangelho para glorificar a Deus à medida que tornamos conhecida à sua criação a verdade a respeito dele. O chamado à evangelização é um chamado para tornarmos a nossa vida direcionada para fora de nós mesmos, é um chamado para cessarmos de focalizar-nos em nós mesmos e em nossas necessidades e começarmos a focalizar-nos em Deus e no mundo que ele criou. Isso inclui amar pessoas que são feitas à imagem de Deus e que, apesar disso, estão em inimizade com ele, alienadas dele e necessitadas de salvação do pecado e da culpa. Glorificamos a Deus quando falamos sobre a grandiosa obra que ele fez em Cristo para essas criaturas feitas à sua imagem.

Às vezes, porém, se somos honestos, a principal razão por que não evangelizamos é que não estamos exatamente certos de como fazê-lo.

COMO DEVEMOS EVANGELIZAR?

Nós evangelizamos pela pregação da Palavra, pela propagação da mensagem e pela comunicação das boas novas. Do ponto de vista bíblico, essa é a resposta básica para a pergunta como evangelizamos.

Podemos transmitir a Palavra publicamente pelas mídias sociais, pela televisão ou pelas reuniões públicas. Podemos também transmiti-la em particular, por meio de conversas pessoais. Independente do contexto, quer seja por meio de impressos ou da pregação pública, por meio de conversas ou de estudos bíblicos, aqui estão oito orientações que devemos considerar quando evangelizamos.

1. Ore. A oração é importante porque a salvação é a obra de Deus. Dependemos total e completamente dele em vermos a ressurreição espiritual de não cristãos que serão convertidos. Paulo escreveu: "Irmãos, a boa vontade do meu coração e a minha súplica a Deus a favor deles são para que sejam salvos" (Rm 10.1). Ore regularmente por seus amigos e próximos não cristãos. Isso é o que fazemos em nossa igreja todo domingo à noite, quando nos reunimos para um tempo de cânticos, oração e uma breve reflexão da Palavra de Deus. Se você é um pastor, você lidera sua igreja regularmente em oração por oportunidades específicas de evangelização na vida dos membros? Seja um modelo de orar regularmente tanto por evangelização quanto por conversões.

2. Diga às pessoas com honestidade que, se elas se arrependerem e crerem, serão salvas — mas haverá um preço. Temos de ser precisos no que dizemos, não retendo quaisquer partes importante da mensagem, por medo de que essas partes são muito embaraçosas ou difíceis de ser explicadas. Muitas pessoas não gostam de incluir qualquer fala negativa numa apresentação das boas novas. Falar sobre pecado, culpa, arrependimento e sacrifício é considerado muito negativo para nossa época de autoestima. Mas temos de morrer para o ego.

De acordo com a Bíblia, tornar as pessoas conscientes de sua condição de pecador e perdido é uma parte de compartilhar as boas novas de Jesus Cristo. Quando você está doente, um bom médico lhe dirá o que está errado em você. Um mau médico lhe dirá palavras agradáveis, enquanto seu corpo é consumido pela doença. Mas você precisa do bom médico que lhe diga a verdade e o que pode ser feito sobre a verdade.

Nos primeiros capítulos do livro de Atos, Pedro foi admiravelmente honesto a respeito da pecaminosidade daqueles que o ouviam. Reter partes importantes e desagradáveis da verdade é uma atitude manipuladora. Equivale a defraudar alguém.

3. Diga às pessoas, com urgência, que, se elas se arrependerem e crerem, serão salvas — mas elas têm de decidir-se agora. Temos de afirmar com clareza a urgência da mensagem e dizer aos nossos ouvintes que certamente não devem esperar até que uma "oportunidade melhor" lhes apareça.

Você é o tipo de pessoa que gasta muito tempo em comparações de compras online para conseguir os melhores preços? E quanto ao seu plano de celular? Você poderia gastar uma boa parte de sua vida tentando achar as oportunidades melhores. Mas, quanto ao evangelho, não há nenhuma vantagem em esperar por uma oportunidade melhor. De acordo com o Novo Testamento, Jesus é o único caminho para Deus (Jo 14.6; At 4.12; Rm 10). Você pode sugerir outro meio pelo qual pecadores e o Deus santo podem ser reconciliados? Não há outro caminho além de Cristo. E, se ele é o único caminho, então, pelo que você está esperando? Como a Bíblia adverte: "Hoje, se ouvirdes a sua voz, não endureçais o vosso coração" (Hb 4.7, citando Sl 95.7-8). Não é manipulador ou insensível apresentar advertências urgentes como essa. É simplesmente a verdade. Nenhum de nós possui uma quantidade ilimitada de tempo em que podemos decidir se seguiremos ou não a Cristo. Precisamos ser claros quanto à urgência.

4. Diga às pessoas, com alegria, que, se elas se arrependerem e crerem nas boas novas, serão salvas. Hebreus 11 reconta as histórias daqueles que sofreram por causa da fé e, apesar disso, permaneceram firmes. O ápice está em Hebreus 12.2, que diz: "Jesus... em troca da alegria que lhe estava proposta, suportou a cruz". Devemos considerar todos os nossos sofrimentos humanos como "leve e momentânea tribulação" (2Co 4.17), se comparados com o que ganhamos em Cristo. Portanto, sermos honestos e verdadeiros a respeito do custo nunca deve nos tornar evangelistas desoladores! Seguir a Cristo custa realmente muito, mas custa o que que você não quer reter de maneira alguma. E o que recebe em troca é inacreditavelmente maravilhoso e nunca, nunca acaba. Como disse o missionário martirizado Jim Elliot: "Não é tolo aquele dá o que não pode reter, para ganhar o que não pode perder".[9]

O que ganhamos em vir a Cristo? Ganhamos um relacionamento com o próprio Deus. Ganhamos perdão, significado, propósito, liberdade, comunhão, certeza e esperança. Sermos honestos a respeito das dificuldades, ao compartilharmos o evangelho, não significa que temos de mascarar as bênçãos. Apesar de todas as dificuldades que

---

9 Registro do diário de Jim Elliot em 28 de outubro de 1949, citado em Elisabeth Elliot, *Shadow of the Almighty: The Life and Testament of Jim Elliot* (Nova York: Harper & Brothers, 1958), p. 108.

possamos enfrentar, tomar a decisão de morrer para o ego e seguir a Cristo é infinitamente mais digno.

5. *Use a Bíblia.* A Bíblia não é somente para a pregação pública. Aprenda a Bíblia para você mesmo e compartilhe-a com outros na evangelização. Eles perceberão que sua mensagem não procede de seus próprios pensamentos ou ideias. Como exemplo, em Atos 8, Filipe compartilha as boas novas com um oficial etíope. Filipe usa o Antigo Testamento que o etíope estava lendo para lhe falar sobre Jesus. Visto que Deus se revela a si mesmo por meio de sua Palavra, devemos usar a Bíblia na evangelização.

6. *Compreenda que a vida de cada cristão e a vida da igreja como um todo são centrais na evangelização.* Nossa vida, individual e congregacional, deve dar credibilidade ao evangelho que proclamamos. Esta é uma das razões por que a membresia da igreja é tão importante. Como igreja, carregamos uma responsabilidade coletiva de mostrar ao mundo o que significa ser um verdadeiro cristão. Quando um grupo de pessoas que representa diferentes etapas da vida, diferentes etnias, diferentes contextos e variações demográficas se reúne para adorar o mesmo Deus, essa ação transmite um valor e uma importância que nenhum de nós pode exibir sozinho.[10] Devemos entender claramente o que significa ser membro de igreja e ajudar nossos irmãos em Cristo a entender isso. Deus é glorificado não somente por comunicarmos a mensagem, mas também por vivermos de modo coerente com ela. É verdade que não podemos viver de modo perfeito, mas podemos tentar viver de um modo que recomenda o evangelho. Lembre as palavras de Jesus no Sermão do Monte: "Assim brilhe também a vossa luz diante dos homens, para que vejam as vossas boas obras e glorifiquem a vosso Pai que está nos céus" (Mt 5.16; cf. 1 Pe 2.12). Você pode viver de tal modo que sua vida glorifique a Deus quando outros que observam você começa a crer no evangelho.

De novo, lembre as palavras de Jesus: "Novo mandamento vos dou: que vos ameis uns aos outros; assim como eu vos amei, que também vos ameis uns aos outros. Nisto conhecerão todos que sois meus discípulos: se tiverdes amor uns aos outros" (Jo 13.34-35).

---

10 Veja Mark Dever, "Regaining Meaningful Church Membership", em *Restoring Integrity in Baptist Churches*, ed. Thomas White et al. (Grand Rapids: Kregel, 2008), p. 45-61; Mack Stiles, *Evangelização: Como Criar uma Cultura Contagiante de Evangelismo na Igreja Local* (São Paulo: Vida Nova, 2015); Mark Dever e Jamie Dunlop, *A Comunidade Cativante: Onde o Poder de Deus Torna uma Igreja Atraente* (São José dos Campos: Fiel, 2018).

Tenha uma vida de amor comprometido com os outros membros de sua igreja local, considerando isso uma parte fundamental de sua santificação e de seu ministério de evangelização. Nossa vida individual não é, sozinha, um testemunho suficiente. A nossa vida juntos na comunhão da igreja é o eco confirmador de nosso testemunho.

7. *Estabeleça relacionamentos com não cristãos.* Todas as orientações dadas acima podem se aplicar a todas as situações em que você compartilha o evangelho: a pessoa que está ao seu lado num elevador, ou num ônibus, ou num avião. Mas uma categoria de evangelização inclui aquelas pessoas que você já conhece — amigos ou familiares — que não são cristãos. Inclui pessoas que você poderia chegar a conhecer se dedicasse um pouco de tempo e premeditação para ir a lugares em que poderia ter contato com pessoas que não conhecem a Cristo, intencionando estabelecer relacionamentos com elas. (Pastores, isso significa que as nossas igrejas não devem manter seus membros tão ocupados com reuniões e atividades, que não lhes sobra tempo para construir relacionamentos com não cristãos.)

Façamos um "rastreamento de contatos" evangelístico. Anote todos os nomes de não cristãos com os quais você falou na última semana. Quais deles você provavelmente verá de novo? Quais você poderia ver de novo com um pouco de planejamento e prudência? Faça do compartilhar o evangelho com eles uma prioridade e ore pela conversão deles.

8. *Trabalhe com outros cristãos para levar o evangelho àqueles que não vivem ao redor de cristãos.* Isso é uma extensão do ponto anterior — construir relacionamentos deliberadamente — mas leva a nossa iniciativa a outro nível. Precisamos tomar em consideração o fato de que há pessoas que simplesmente não conhecem nenhum cristão. Visto que o plano de Deus é que todo o mundo saiba a respeito das boas novas e visto que ele colocou em nossas mãos a tarefa de falar aos outros, devemos enviar e devemos ir (Mt 28.18-20; Rm 10.14-15)! Por que desejaríamos que alguém feito à imagem de Deus vivesse na ignorância do amor de Deus em Cristo? Uma igreja local saudável verá seu interesse por evangelização compartilhando seu amor não somente para os que estão ao seu redor, em sua comunidade, mas também para os que nunca conheceram e que nunca ouviram o evangelho. Um teste para a sua igreja local é considerar se o orçamento da sua igreja enfatiza suficientemente o levar o evangelho às nações. Retornaremos a este assunto no capítulo 9.

EVANGELIZAÇÃO NÃO É MARKETING

Quero abordar mais um assunto. Nos últimos dois séculos, a prática de fazer uma oração específica de fé inicial em Cristo — algo que não é ordenado expressamente no Novo Testamento — tem sido quase universal em alguns círculos. A "oração do pecador" se tornou um padrão semelhante ao batismo e sobre o qual talvez haja concordância mais universalmente. Em tempos recentes, ela tem sido criticada por pastores mais novos como sendo uma tradição meramente humana e não um mandamento bíblico. Tem sido caracterizada negativamente como um feitiço ou um encanto mágico, e a confiança nessa oração foi abalada. Muitos abandonaram a prática por completo, geralmente por motivo de tentarem ser mais fiéis e, muitas vezes, de tentarem acabar com práticas que produzem falsos convertidos.

No entanto, alguns desses críticos da oração do pecador erram em sua adoção da prática do "batismo espontâneo". Menos espetacular e misterioso do que combustão espontânea, o batismo espontâneo é ainda surpreendente para muitos. Historicamente, as igrejas têm agendado batismos com semanas ou meses de antecedência, exigindo frequentemente algum curso de preparação para os que serão batizados. Mas, em anos recentes, algumas igrejas começaram a conduzir grandes cultos públicos em que a piscina batismal é aberta e todos que desejarem são convidados a ser batizados. Essa prática se baseia num entendimento errado do livro de Atos.[11]

Os batismos espontâneos são muito diferentes da oração do pecador que eles parecem ter substituído? No Novo Testamento, o batismo é um sinal da graça salvadora de Deus que incorpora a pessoa no reino de Deus. Mas batismos espontâneos podem representar frequentemente decisões precipitadas — e, talvez, nem mesmo manifestem decisões a respeito da salvação!

Um amigo meu que é pastor foi convidado para participar de um tempo de batismos espontâneos numa igreja em que ele seria o pregador convidado. Ele concordou, mas foi tomado de surpresa quando uma mulher jovem lhe pediu que a batizasse "em favor de sua mãe, que estava doente". Meu amigo ficou horrorizado ante o pensamento

---

11 Veja Caleb Morell, "Does the Book of Acts Teach Spontaneous Baptisms?", website de 9Marks, 10 de março de 2020, https://www.9marks.org/article/does-the-book-of-acts-teach-spontaneous-baptisms.

de usar tão incorretamente o batismo e rejeitou com educação, incentivando a mulher a falar com um dos pastores da igreja.

Mais tarde, depois do culto, o pastor regular se aproximou de meu amigo, desapontado com o fato de que ele não batizara a mulher. Evidentemente, muitos dos "batismos" deles não eram mais do que pedidos de oração! Mas quão confusa será a linguagem do Novo Testamento sobre o batismo para aqueles que foram "batizados" dessa maneira — nunca tencionando dizer, eles mesmos, qualquer palavra sobre a salvação, apenas fazendo um ritual religioso na esperança de ganharem a bênção de Deus?

Não podemos saber por que pessoas se apresentam para o batismo espontâneo. Talvez alguns tenham ouvido as boas novas, tenham sido convertidos e, por isso, desejem ser batizados. Mas poderia haver também outras práticas que tornariam esses batismos ainda menos evidenciadores dos que se arrependeram e creram verdadeiramente. Uma igreja estabelece "conselheiros de batismo" em meio à congregação — muito semelhante ao que às campanhas de Billy Graham, no passado, faziam com conselheiros de evangelização — que instruem pessoas a irem à frente logo que o convite for feito. A intenção é estimular o potencial, criar uma torrente de pessoas que vão à frente, tornar mais agradável para outros o escolherem ir à frente e serem batizados. Outra igreja até publicou online suas instruções sobre isso, orientando os conselheiros de batismo a "se moverem intencionalmente por entre as áreas de visibilidade mais elevada e caminhadas mais distantes". Por que as áreas de visibilidade mais elevada e caminhadas mais distantes? Porque o propósito não é apenas que esses cooperadores vão à frente para aconselhar os que buscam o batismo, mas também provoquem muitos outros a irem à frente. De novo, a intenção é tornar mais fácil o irem à frente e serem batizados. Mas não há nada no Novo Testamento que nos encoraje a querermos tornar a recepção do símbolo e sinal do discipulado muito mais fácil do que o próprio discipulado. Fazer isso é levar mais pessoas a pensarem de forma errônea que foram convertidas, quando não o foram. Isso cria o próprio erro que alguns desses pastores quiseram eliminar ao pararem de usar a oração do pecador.

Essa pressão social pode criar igrejas maiores, porém não igrejas mais saudáveis. Um entendimento bíblico da conversão nos impede de compreender a evangelização meramente como marketing, em que aprimoramos nossas técnicas até acharmos o que mais confiavelmente nos leva ao "sim"!

Há alguns anos, depois de um culto no domingo de manhã, um visitante me procurou, tomou-me pela mão, puxou-me para perto de si e disse: "Dr. Dever, quero que o senhor saiba que essa foi uma das melhores apresentações sobre vendas que já ouvi em minha vida. Mas só houve um problema: o senhor não concluiu a venda!"

Eu não sabia realmente o que lhe responder! Não disse muito. Mas pensei: "Amigo, sei que tipo de vendas eu posso concluir e sei que tipo não posso concluir. A redenção de uma alma eterna é um negócio que não posso realizar com minhas próprias habilidades".

Preciso entender isso, não porque não quero pregar o evangelho, e sim porque não quero que a minha apresentação do evangelho seja moldada por aquilo que, em última instância, obterá reposta positiva e "concluirá uma venda". Em vez de usar todas as minhas capacidades para convencer e mudar o pecador, enquanto Deus fica atrás quietamente, esperando que a pessoa espiritualmente morta, seu inimigo espiritual declarado, convide-o a entrar em seu coração, pregarei o evangelho, tentando persuadir, mas sabendo que não posso converter. Por isso, me mantenho atrás, enquanto Deus usa todos os seus poderes divinos para convencer, converter e mudar o pecador. Então, verei com clareza quem pode realmente chamar o morto à vida. Essas são as boas novas sobre as quais desejamos ver nossas igrejas edificadas — não o que *nós* podemos fazer, mas o que Deus fez e fará, se você crê em Cristo!

***

Os cristãos devem contar as boas novas a todos. Devemos evangelizar todas as pessoas. Devemos fazer isso com honestidade, urgência e alegria, vivendo de um modo que confirma a nossa mensagem e orando que as pessoas com as quais compartilhamos o evangelho sejam verdadeiramente convertidas. Toda a glória seja dada a Deus quando pessoas são salvas e igrejas saudáveis são edificadas.

OUTROS RECURSOS

- Para grupo de estudo: Bobby Jamieson, *Real Change: Conversion* (2012), um estudo bíblico indutivo de sete semanas; *Reaching the Lost: Evangelism* (2012), um estudo bíblico indutivo de seis semanas; *God's Good News: The Gospel* (2012), um estudo bíblico indutivo de sete semanas.

- Para distribuir a cristãos e a não cristãos: Greg Gilbert, *O que É o Evangelho?* (2010) e *Quem é Jesus?* (2015).
- Veja também: Joseph Alleine, *Um Guia Seguro para o Céu* (1671); J. I. Packer, *Evangelização e a Soberania de Deus* (1961); Will Metzger, *Tell the Truth: The Whole Gospel Wholly by Grace Communicated Truthfully and Lovingly* (1984); David F. Wells, *God the Evangelist: How the Holy Spirit Works to Bring Men* (1987) e *Volte-se para Deus: a Conversão Cristã como Única, Necessária e Sobrenatural* (1989); Donald S. Whitney, *How Can I Be Sure I'm a Christian?: What the Bible Says about Assurance of Salvation* (1994); Iain Murray, *Revival and Revivalism* (1994); Mark Dever, *O Evangelho e a Evangelização* (2007); John Piper, *Finalmente Vivos* (2009); Mike McKinley, *Eu Sou Mesmo um Cristão?* (2011); J. Mack Stiles, *Evangelização: Como Criar uma Cultura Contagiante de Evangelismo na Igreja Local* (2014); Os Guinness, *Conversa de Tolos: de que Modo a Evangelização Bíblica Pode Ser Tão Persuasiva Quanto Deve Ser?* (2015); Greg Gilbert, *Assured: Discover Grace, Let Go of Guilt, and Rest in Your Salvation* (2019).

A SEGUIR...

Marca Quatro: Um entendimento bíblico da membresia na igreja

O que é uma igreja?
Por que unir-se a uma igreja?
1. Para assegurarmos a nós mesmos
2. Para evangelizar o mundo
3. Para denunciar evangelhos falsos
4. Para edificar a igreja
5. Para glorificar a Deus

O que envolve o ser membro de uma igreja?
1. Em ação, inicialmente o batismo
2. Em escrita, subscrever a Declaração de Fé e o Pacto Eclesial

MARCA QUATRO: UM ENTENDIMENTO BÍBLICO DA MEMBRESIA NA IGREJA

Todas as estatísticas parecem indicar que nossa época é uma época de "fobia de compromisso". Tal fenômeno é o medo de que, ao prometer que faremos algo, perderemos a oportunidade de obter algo melhor. Assim, embora vejamos muitas boas ações que poderíamos estar fazendo, preferimos apenas "manter-nos abertos em nossas opções". Com certeza, esta é a sabedoria de nossa época. Um escritor observou:

> Uma pesquisa de opinião pública destaca um crescente paradoxo na sociedade: a combinação de compromisso com a religião e o crescente relativismo moral. Por exemplo, enquanto 91% dos americanos consideram a religião muito importante em sua vida, 63% rejeitam o conceito de absolutos.[1]

---

1 Don E. Eberly, *Restoring the Good Society* (Grand Rapids: Baker, 1994), p. 38.

Você pode ser uma pessoa que tem "fobia de compromisso" e ser um cristão, ao mesmo tempo? Não estou perguntando se um cristão pode ter incertezas ou se pode ter dúvidas. Muitos de nós cristãos temos dúvidas. Mas, podemos ter "fobia de compromisso" e sermos cristãos ao mesmo tempo? O que poderia ser mais "excludente de opções" do que seguir a Jesus, que disse aos seus discípulos que, se alguém queria segui-lo, deveria tomar "a sua cruz" (Mt 16.24)?

E acrescente a isso o problema do egocentrismo. Por que depender de alguém, se você pode fazê-lo por si mesmo? Hoje estamos preocupados com sossego e simplicidade. Por que se envolver com os outros? Você pode ser um fardo para eles; eles certamente serão um fardo para você.

Junte todas estas tendências e acrescente-lhe uma cultura que é hostil ao cristianismo do Novo Testamento, uma cultura que acha incômodo o ser membro de uma igreja.

Além disso, toda a ideia de membresia de igreja não é contraproducente? Não é desagradável, e talvez elitista, dizer que eu estou dentro e você, fora? Podemos ser tão ousados a ponto de dizer que isso é antibíblico e anticristão? O final de Atos 2 apenas diz que "acrescentava-lhes o Senhor, dia a dia, os que iam sendo salvos" (v. 47). Isso não é tudo? A igreja não é uma realidade criada por meio de nossa salvação? Por exemplo, quando o oficial etíope creu no evangelho e foi batizado, não se tornou automaticamente um membro da igreja (veja At 8)?

Estou convencido de que corrigir este conceito de membresia é um passo chave na revitalização de nossas igrejas, na evangelização de nosso país, no progresso da causa de Cristo no mundo, para trazer, assim, glória a Deus. Lembre-se de que este capítulo é uma parte de um livro chamado *Nove Marcas de uma Igreja Saudável*. Como disse na introdução, este livro não tenciona incluir tudo o que precisa ser dito a respeito de uma igreja saudável; porém, nestes nove capítulos, estou procurando chamar a atenção para alguns aspectos importantes da vida da igreja, aspectos que têm sido negligenciados ou esquecidos em tantos lugares.

Minha própria comunhão de igrejas é um exemplo. De acordo com um estudo recente da Convenção Batista do Sul, a igreja típica de nossa denominação tem 176 membros, mas somente 69 estão presentes ao culto de adoração no domingo pela manhã.² Onde estão os outros 107 membros? Estão todos doentes, em casas de repouso, de férias, na faculdade ou no serviço militar? Talvez alguns estejam, mas todos os 107? O que estas igrejas transmitem sobre o cristianismo para o mundo ao seu redor? O que isto significa a respeito da importância do cristianismo em nossas vidas? E qual é o estado espiritual dessas pessoas, se não têm frequentado a igreja por meses ou mais tempo? A ausência deles é realmente uma de nossas responsabilidades?

Neste capítulo, consideraremos estas três perguntas:

1. O que é uma igreja?
2. Por que unir-se a uma igreja?
3. O que envolve o ser membro de uma igreja?

O QUE É UMA IGREJA?

A palavra *igreja* não se refere apenas a uma unidade organizacional de uma religião específica. Ninguém lhe falará sobre "igrejas" budistas ou "igrejas" judaicas. Neste sentido, *igreja* é uma palavra totalmente cristã. Ao usarmos a palavra *igreja*, não queremos dizer fundamentalmente um edifício; este é um sentido secundário. O edifício é apenas o lugar em que a igreja se reúne. Assim, na Nova Inglaterra puritana, o prédio da igreja era chamado de "casa de reuniões". Vistas do lado de fora, as primeiras igrejas na Nova Inglaterra pareciam casas enormes — eram casas em que a igreja se reunia.

De acordo com o Novo Testamento, a igreja é, primariamente, um corpo de pessoas que confessam e dão evidência de que foram salvas apenas pela graça de Deus, tão-somente para sua glória e por meio da fé em Cristo somente. Isto é a igreja do Novo Testamento; não é um edifício. Os primeiros cristãos não tiveram prédios por quase 300 anos depois do início da igreja. Uma igreja é um agrupamento local de pessoas comprometidas com Cristo, com o ajuntamento regular, com a pregação de sua Palavra e com a obediência a ela, inclusive os mandamentos que Cristo deu para batizarmos os discípulos e celebrarmos a Ceia do Senhor.

---

2 SBC 2011 Annual Church Profile. Agradeço a Ed Stetzer por providenciar essa informação.

Poucas passagens do Novo Testamento parecem se referir à igreja no sentido abstrato ou universal. Contudo, a maioria das referências à igreja falam de um corpo de pessoas local, ativo e afetuoso, pessoas comprometidas com Cristo e umas com as outras. Isto é o que significa, repetidas vezes, a palavra *igreja* no Novo Testamento. É um corpo do qual você pode ser excluído e no qual pode ser incluído. Considere isto: se não há meios de você ser *excluído* da igreja local que você frequenta atualmente, isso acontece talvez porque você não foi *incluído* nela como a Bíblia tenciona que você o seja.

Uma observação interessante para os historiadores: a ideia de que a igreja é uma comunidade de crentes unidos num pacto — e não apenas um local a ser frequentado pelos moradores de certa localidade — é uma contribuição importante que os batistas fizeram à liberdade religiosa dos Estados Unidos. A igreja não é algo para você e para cada membro de sua família por descendência física e natural ou algo que lhe pertence porque você é um cidadão deste país. Não, o Novo Testamento ensina que a igreja é para os crentes, para aqueles a quem o Espírito de Deus outorgou o novo nascimento e que se reúnem em uma comunidade pactual. Hoje os Estados Unidos possuem leis que permitem tais igrejas funcionarem em liberdade. Alguns incrédulos temem que os cristãos estão buscando algum tipo de igreja oficial ou nacionalizada nos Estados Unidos. Mas os cristãos que herdaram este entendimento batista da igreja são, de fato, os firmes inimigos desse tipo de igreja. Nosso próprio entendimento da igreja não permitirá isso. Pelo contrário, desejamos a evangelização de nosso país, por meio de igrejas que podem cooperar livremente como crentes em Cristo.

Se você ler a história das primeiras igrejas relatada no livro de Atos dos Apóstolos, não achará evidência de que alguma daquelas igrejas tinha como seus membros pessoas que não eram crentes. Quando você lê as epístolas de Paulo, percebe com clareza que ele escreveu também como se as igrejas fossem compostas totalmente de crentes. Paulo se dirigiu a eles chamando-os de santos — aqueles que Deus escolheu. A igreja é o corpo de Cristo, o ajuntamento local de cristãos comprometidos com Cristo e uns com os outros.

POR QUE UNIR-SE A UMA IGREJA?

Qualquer especialista em crescimento de igreja me diria que convidar as pessoas a se unirem a uma igreja é um erro que cometemos nestes dias. Ele me diria: "Mark, você pode levá-los a tornarem-se descontentes. Por que apenas não menciona o assunto?" Mas creio que este assunto é obrigatório para nossas igrejas e para nós, cristãos, hoje. Ser membro de uma igreja é um assunto crucial para entendermos para o que Cristo está chamando você, como discípulo dele. Unir-se a uma igreja não o salvará, assim como as suas boas obras, sua educação, sua cultura, suas amizades, suas contribuições financeiras e seu batismo não o salvarão. Os não cristãos não devem procurar unir-se a uma igreja, e sim aprender mais a respeito do que significa ser um verdadeiro cristão.

Mas àqueles que confessam ser cristãos, quero perguntar-lhes o que significa viver a vida cristã. Nós a vivemos sozinha? Ela é apenas uma questão de nossas virtudes isoladas e individuais ou uma disciplina espiritual que praticamos — somos honestos no trabalho, não traímos a esposa e cremos que certos princípios são verdadeiros?

Ou talvez isso não o descreva. Talvez você saiba que a vida cristã inclui os outros. Mas, quem são estes outros? São apenas as pessoas no trabalho, ou outras mulheres em sua classe de estudo bíblico para mulheres, ou seus amigos de escola do passado, ou seu grupo de amigos na faculdade? Com quais cristãos somos chamados a nos relacionar? A igreja é para todo aquele que é verdadeiro cristão. A igreja não é um grupo homogêneo centralizado em uma tarefa secundária como evangelizar universitários ou publicar uma revista. A igreja não é apenas para você e seus amigos. A igreja é para todos os cristãos.

As responsabilidades e deveres dos membros de uma igreja cristã são simplesmente as responsabilidades e deveres dos cristãos.[3] Os membros da igreja, como cristãos, devem ser batizados e regularmente tomar parte na Mesa do Senhor. Devemos ouvir a Palavra de Deus e obedecer a ela. Devemos ter comunhão regular para edificação mútua. Devemos amar a Deus, uns aos outros e aos que estão fora de nossa comunhão, bem como devemos evidenciar o fruto do Espírito (Gl 5.22-23). Devemos adorar a Deus

---

3 Para saber mais sobre os deveres dos membros da igreja, veja as contribuições de Benjamin Keach, Benjamin Griffith, Charleston Association, Samuel Jones, W. B. Johnson, Joseph S. Baker e Eleazer Savage em Mark Dever, ed. *Polity: Biblical Arguments on How to Conduct Church Life: Some Historic Baptist Documents* (Washington: 9marks, 2000), p. 65-69, 103-05, 125-26, 148-51, 221-22, 276-79, 510-11. Enquanto o livro estiver fora de catálogo, ele está disponível gratuitamente on-line em https://www.9marks.org/.

em todas as atividades de nossa casa, trabalho, comunidade e vida.[4] Os cristãos também têm deveres particulares em relação à congregação. Como escreve Millard Erickson: "O cristianismo é um assunto corporativo, e a vida cristã pode ser plenamente realizada apenas no relacionamento com os outros."[5] O dever mais fundamental que os cristãos têm em relação à congregação é o de serem assíduos nas reuniões da congregação (veja Hb 10.25; veja também Sl 84.4, 10; At 2.42). Em geral, os deveres dos membros podem ser divididos em deveres para com outros membros e deveres para com os pastores.

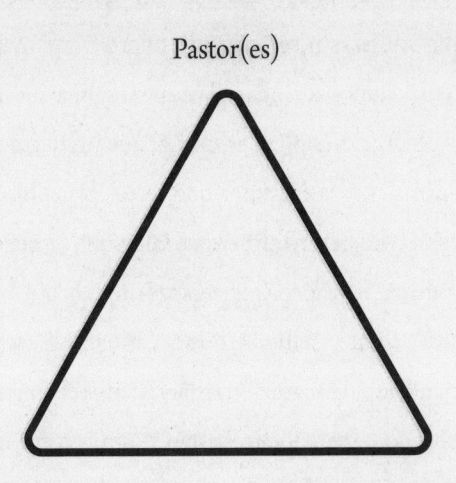

Pastor(es)

Indivíduos cristãos   Assembleia regular de cristãos

Ser membro de uma igreja põe em prática o que a Bíblia ensina sobre os compromissos autoconscientes que devem existir dentro de uma igreja — os compromissos entre um cristão individual, seus pastores e uma reunião definida de cristãos.

---

4 Para mais informações sobre a membresia na igreja, veja Jonathan Leeman, *Church Membership: How the World Knows Who Represents Jesus* (Wheaton: Crossway, 2012). Publicado no Brasil como *Membresia na Igreja: Como o Mundo Sabe Quem Representa Jesus* (São Paulo: Vida Nova, 2016). Veja também artigos no *9Marks Journal* de maio–junho de 2011 em https://www.9marks.org/journal/church-membership-holding-bododody-together/. Veja também John S. Hammett e Benjamin L. Merkle, org., *Those Who Must Give an Account: A Study of Church Membership and Church Discipline* (Nashville: B&H Academic, 2011).

5 Millard J. Erickson, *Christian Theology*, 2ª ed. (Grand Rapids: Baker, 1998), p. 1058 [edição em português: *Teologia Sistemática* (São Paulo: Vida Nova, 2015)]. Para um estudo cuidadoso dos deveres corporativos do cristão nas epístolas de Paulo, veja James Samra, *Being Conformed to Christ in Community: A Study of Maturity, Maturation and the Local Church in the Undisputed Pauline Epistles* (Londres; T&T Clark, 2006), esp. p. 133-70.

Os deveres e responsabilidades que os membros da igreja têm *uns para com os outros* resumem a vida da nova sociedade que é a igreja. Como seguidores de Jesus Cristo, os cristãos são obrigados a amar uns aos outros (Jo 13.34, 35; 15.12-17; Rm 12.9, 10; 13.8-10; Gl 5.14; 6.10; Ef 1.15; 1Pe 1.22; 2.17; 3.8; 4.8; 1Jo 3.16; 4.7-12; veja Sl 133). Os cristãos são membros de uma família, até mesmo membros uns dos outros (1Co 12.13-27). Na ausência de uma vida de amor uns pelos outros, que outro dever dos membros da igreja é satisfatório ou valioso? O amor obriga os membros da igreja a evitar o que quer que "tenda a esfriar o amor".[6] Por esse amor, a natureza do próprio evangelho é demonstrada.

Os membros da igreja também são obrigados a buscar paz e unidade dentro de sua congregação (Rm 12.16; 14.19; 1Co 13.7; 2Co 12:20; Ef 4.3-6; Fp 2.3; 1Ts 5.13; 2Ts 3.11; Tg 3.18; 4.11). O desejo de paz e unidade deve seguir-se naturalmente da obrigação de amar (Rm 15.6; 1Co 1.10, 11; Ef 4.5, 13; Fp 2.2; veja Sf 3.9). Além disso, se os cristãos compartilham o mesmo espírito e mente — o Espírito de Cristo —, a unidade é uma expressão natural desse Espírito. Dado o pecado que permanece nos crentes nesta vida, no entanto, a unidade muitas vezes requer esforço. Assim, os cristãos devem permanecer "firmes em um só espírito, como uma só alma, lutando juntos pela fé evangélica" (Fp 1.27). A contenda deve ser ativamente evitada (Pv 17.14; Mt 5.9; 1Co 10.32; 11.16; 2Co 13.11; Fp 2.1-3). O amor é expresso e a unidade é cultivada quando os membros da igreja simpatizam ativamente uns com os outros. Como Paulo exorta a congregação em Roma: "Alegrai-vos com os que se alegram e chorai com os que choram." (Rm 12.15; veja Jó 2.11; Is 63.9; 1Co 12.26; Gl 6.2; 1Ts 5.14; Hb 4.15; 12.3). Os membros da igreja também devem fazer o seguinte:

- Cuidar uns dos outros fisicamente e espiritualmente (Mt 25.40; Jo 12.8; At 15.36; Rm 12.13; 15.26; 1Co 16.1, 2; Gl 2.10; 6.10; Hb 13.16; Tg 1.27; 1Jo 3.17; Dt 15.7, 8, 11)
- Cuidar uns dos outros e responsabilizar-se uns pelos outros (Rm 15.14; Gl 6.1, 2; Fp 2.3, 4; 2Ts 3.15; Hb 12.15; veja Lv 19.17; Sl 141.5)

---

6 Samuel Jones, "Treatise of Church Discipline" em Dever, *Polity*, p. 150; veja 2Coríntios 12.20; 1Timóteo 5.13; 6.4; Tiago 4.11.

- Edificar uns aos outros (1Co 14.12-26; Ef 2.21, 22; 4.12-29; 1Ts 5.11; 1Pe 4.10; 2Pe 3.18)
- Suportar uns aos outros (Mt 18.21, 22; Mc 11.25; Rm 15.1; Gl 6.2; Cl 3.12), o que inclui não processar uns aos outros (1Co 6.1-7)
- Orar uns pelos outros (Ef 6.18; Tg 5.16)
- Afastar-se daqueles que querem destruir a igreja (Rm 16.17; 1Tm 6.3-5; Tt 3.10; 2Jo 10-11)
- Rejeitar avaliar as pessoas pelos padrões mundanos (Mt 20.26, 27; Rm 12.10-16; Tg 2.1-13)
- Lutar juntos pelo evangelho (Fp 1.27; Jd 3)
- Ser exemplos uns para os outros (Fp 2.1-18)

Os membros da igreja também têm responsabilidades particulares para com os líderes da igreja, assim como os líderes têm para com eles. Como Paulo disse aos coríntios: "Os homens nos considerem como ministros de Cristo e despenseiros dos mistérios de Deus." (1Co 4.1). Os líderes da igreja devem ser respeitados, tidos na mais alta consideração e honrados (Fp 2.29; 1Ts 5:12, 13). Se os cristãos esperam que seu pastor cumpra suas responsabilidades bíblicas, os membros da igreja devem se tornar conhecidos dele. Eles devem considerá-lo como um dom de Cristo enviado à igreja para o bem deles. Isso é semelhante à maneira como os apóstolos deveriam ser considerados delegados de Cristo (Lc 10.16; veja 1Co 16.10). O ministro da Palavra é um mordomo da casa de Deus e um pastor auxiliar do rebanho de Deus. Ele serve de bom grado e com entusiasmo (1Pe 5.1-3). Sua reputação pode e deve ser defendida; sua palavra, acreditada; e suas instruções, obedecidas, a menos que as Escrituras sejam contraditas ou os fatos sejam claramente distorcidos (Hb 13.17, 22; 1Tm 5.17-19). O ministro fiel deve ser considerado assim simplesmente porque traz a Palavra de Deus ao seu povo; ele não a substitui por suas próprias palavras.

Os membros da igreja devem se lembrar de seus líderes e imitar-lhes a vida e fé (1Co 4.16; 11.1; Fp 3.17; Hb 13.7). Bons pregadores e mestres são dignos de serem duplamente honrados, segundo Paulo em 1 Timóteo 5.17, o que inclui o sustento material. (A palavra usada em 1Tm 5.17 para "honra" tem uma clara conotação financeira. Veja também Atos 6.4; 1Co 9.7-14; Gl 6.6.) E os membros da igreja devem se dedicar tanto a orar por seus ministros quanto a ajudá-los de todas as maneiras que puderem (Ef 6.18-20; Cl 4.3, 4; 2Ts 3.1; Hb 13.18, 19). Os ministros da Palavra receberam a tarefa de levar a Palavra de Deus ao povo de Deus. Como Paulo disse aos coríntios: "De sorte que somos embaixadores em nome de Cristo, como se Deus exortasse por nosso intermédio. Em nome de Cristo, pois, rogamos que vos reconcilieis com Deus" (2Co 5.20).

Você não está convencido? Deixe-me detalhar isso um pouco mais. Abaixo seguem cinco razões para unir-se a uma igreja que prega o evangelho e provê exemplos do viver cristão (talvez você possa imaginar mais algumas).

1. Para assegurarmos a nós mesmos

Você não deve unir-se à igreja apenas para ser salvo, mas pode querer unir-se à igreja para que esta o ajude a assegurar-se de que você é salvo. Lembre as palavras de Jesus:

> Aquele que tem os meus mandamentos e os guarda, esse é o que me ama; e aquele que me ama será amado por meu Pai, e eu também o amarei e me manifestarei a ele... Se guardardes os meus mandamentos, permanecereis no meu amor; assim como também eu tenho guardado os mandamentos de meu Pai e no seu amor permaneço... Vós sois meus amigos, se fazeis o que eu vos mando... Ora, se sabeis estas coisas, bem-aventurados sois se as praticardes (Jo 14.21; 15.10, 14; 13.17).

Eu poderia continuar e citar as palavras de Jesus que nos ensinam como devemos segui-lo e que temos de ser cuidadosos para não sermos enganados. Ao unirmo-nos a uma igreja, colocamo-nos em uma posição na qual temos de pedir a irmãos e irmãs que se tornem responsáveis por nós, para vivermos de acordo com o que falamos. Pedimos aos irmãos e irmãs ao nosso redor que nos encorajem, às vezes ao nos lembrarem as maneiras como temos visto os caminhos do agir de Deus em nossa vida e outras vezes ao nos exortarem quando nos afastamos da obediência ao Senhor.[7]

---

[7] Para mais informações sobre esse assunto, veja Mike McKinley, *Eu Sou Mesmo um Cristão?* (São José dos Campos: Fiel, 2015), e Greg Gilbert, *Assured: Discover Grace, Let Go of Guilt, and Rest in Your Salvation* (Grand Rapids: Baker Books, 2019).

É fácil nos enganar pensando que somos cristãos simplesmente porque certa vez tomamos uma decisão chorosa e, depois, nos filiamos a uma igreja. Talvez tenhamos acompanhado a vida da igreja por anos, apoiando suas organizações, fazendo amizades baseadas em atividades, gostando de alguns hinos e reclamando de outros, mas nunca conhecendo realmente a Cristo. Você tem um relacionamento vital com Cristo que muda sua vida e a das pessoas ao seu redor?

Como você pode dizer se tem esse relacionamento? Uma das maneiras pelas quais você pode descobrir a verdade sobre sua própria vida é fazer esta pergunta: Entendo que seguir a Cristo envolve, fundamentalmente, como trato outras pessoas, especialmente outros que são membros de minha igreja? Fiz um pacto de amá-los e me entrego a esse amor?

Ou será que você tem afirmado que conhece o amor de Deus em Cristo e ainda vive de uma maneira que contradiz essa afirmação? Você afirma que conhece esse tipo de amor que não conhece limites e, no entanto, ao amar os outros, estabelece limites, dizendo na verdade: "Irei até aqui, mas não além"?

Tal afirmação de amor, sem uma vida que a sustente, é um mau sinal. E, no entanto, se você ficar sozinho e se recusar a se filiar a uma igreja, outros cristãos não poderão ajudá-lo. Você está navegando em seu próprio barquinho do seu jeito. Você virá à igreja quando gostar dos sermões, quando gostar da música ou quando gostar de seja o que for que a igreja faça e, então, irá para onde quer que seja quando quiser outra experiência.

A membresia de uma igreja local não é um acessório antiquado, ultrapassado e desnecessário à verdadeira membresia na igreja universal de Cristo; e tem como objetivo o testemunhar que somos parte da igreja universal. O fato de ser membro de uma igreja local não salva, mas é um reflexo de que somos salvos. E se não há maneiras de refletirmos que somos salvos, como podemos ter certeza de que somos realmente salvos? Como o apóstolo João explica: "Se alguém disser: Amo a Deus, e odiar a seu irmão, é mentiroso; pois aquele que não ama a seu irmão, a quem vê, não pode amar a Deus, a quem não vê" (1Jo 4.20).

Quando nos tornamos membros de uma igreja, estamos dando as mãos uns aos outros para conhecermos e sermos conhecidos uns pelos outros. Concordamos em ajudar e encorajar uns aos outros, quando necessitamos ser lembrados da obra de Deus em nossas vidas ou quando precisamos ser exortados a respeito das grandes discrepâncias entre o nosso falar e o nosso viver.

2. Para evangelizar o mundo

Outra razão por que você deve unir-se a uma igreja local é a evangelização do mundo. Juntos podemos propagar com mais eficiência o evangelho em nosso país e no exterior. Podemos fazer isso por meio de nossas palavras, enquanto compartilhamos as boas novas com os outros e ajudamos os outros a fazer isso. Por sua natureza, uma igreja local é uma organização missionária. E apoiamos este empreendimento missionário com nossas ações, à medida que mostramos o amor de Deus, suprindo as necessidades de órfãos e de outros desfavorecidos.

Promovemos o evangelho ao cooperarmos para levá-lo àqueles que ainda não o ouviram, bem como ao torná-lo visível ao mundo por meio de nosso viver. Embora sejamos imperfeitos, se o Espírito de Deus estiver realmente agindo em nós, ele usará nossas vidas para demonstrar aos outros a verdade de seu evangelho. Este é um papel especial que temos agora e não o teremos no céu — ser parte do plano de Deus, de levar seu evangelho ao mundo. Se você está lendo estas palavras, mas não se uniu a esta grande obra, faça-o hoje mesmo.

3. Para denunciar evangelhos falsos

Quando interagimos com outros cristãos, mostramos ao mundo o que é realmente o cristianismo; denunciamos a falsa noção de que os cristãos são pessoas detestáveis e cheias de justiça própria que estão preocupadas com o fato de que alguém, em algum lugar, pode estar se divertindo e que creem, acima de tudo, em sua própria bondade. Esta é a maneira como muitos incrédulos veem o cristianismo. Podemos combater essa imagem falsa ao pertencermos a uma igreja que não é caracterizada por esse tipo de atitude.

Há alguns anos, viajei para visitar um parente que eu não via desde que eu era criança. Quando lhe disse que planejava me tornar um pregador batista, ela não aceitou isso muito bem. Ela parou, olhou para seu café e disse: "Eu desisti da religião organizada. Penso que cheguei à conclusão de que igrejas são antros de víboras".

"É mesmo?", eu lhe respondi.

Ela disse: "Sim".

Eu perguntei: "Você acha que o mundo fora da igreja é muito melhor?"

Ela pensou por um momento e disse: "Bem, acho que não. Eles também são víboras, mas pelo menos *sabem* que são víboras".

Acrescentei: "Talvez você fique surpresa em saber o quanto concordo com você. Sei que o mundo fora da igreja é um covil de víboras. Sei que a igreja também o é. Mas a diferença é esta: não acho que o mundo pense que sabe disso. E acho que os cristãos sabem que são víboras, e essa é a razão por que vêm à igreja — porque sabemos que precisamos de ajuda; sabemos que dependemos de Deus e que somos salvos tão-somente por sua graça". Então, acrescentei, com um sorriso: "Sempre temos espaço para mais uma cobra".

Tudo que podemos trazer à nossa salvação são os nossos pecados. O amor de Deus em Cristo tem de ser o que nos salva. Ele veio, viveu de modo perfeito por nós, morreu na cruz em lugar de todos aqueles que se converteriam e creriam nele, bem como ressuscitou em vitória sobre a morte e o pecado. Nossa fé nele é o único instrumento pelo qual somos salvos.

Portanto, una-se a uma igreja que crê *nesse* evangelho. Una-se a outros cristãos em aliança para tornar conhecida a verdade.

4. Para edificar a igreja

Uma quarta razão por que você deve unir-se a uma igreja é cooperar na edificação ou no crescimento de outros crentes. Unir-se a uma igreja ajudará a combater nosso individualismo errôneo e a compreender a natureza corporativa do cristianismo.

Precisamos desistir de tentar viver a vida cristã por conta própria. Precisamos nos aliançar com outros para seguir a Cristo. Os cristãos devem parar de ser egoístas em sua compreensão da vida cristã. A vida cristã não é apenas sobre você e aqueles que está tentando alcançar pessoalmente com o evangelho. Deus também pretende que você seja uma parte comprometida em ajudar a fazer discípulos do rebanho que ele já salvou.

Se você se compromete com uma igreja, compromete-se com um corpo local de pessoas que tentará ajudá-lo a lidar bem com os problemas. Por exemplo, se ficar evidente que você tem um problema com fofoca, seus irmãos e irmãs tentarão conversar com você a respeito deste problema. Se você está ficando desanimado e abatido, seus irmãos e irmãs tentarão encorajá-lo.

MARCA QUATRO: UM ENTENDIMENTO BÍBLICO DA MEMBRESIA NA IGREJA

O Novo Testamento mostra com clareza que o ato de seguirmos a Jesus deve envolver cuidado e interesse de uns para com os outros. Esta é uma parte do que significa ser um cristão. Embora o façamos de modo imperfeito, devemos estar comprometidos em edificar uns aos outros e, ao fazê-lo, edificar a igreja.

Tive um amigo que trabalhava em um ministério para universitários, ao mesmo tempo em que frequentava a igreja da qual eu era membro. Ele sempre chegava depois do período de hinos e cânticos, se assentava para ouvir a mensagem e, depois, saía. Um dia, perguntei-lhe por que não vinha para assistir a todo o culto.

"Bem", ele disse, "não recebo nada do restante do culto".

"Você já pensou em se tornar membro de uma igreja?", eu respondi.

Ele pensou que isso era apenas um comentário absurdo. E disse: "Por que unir-me a uma igreja? Se me unir aos seus membros, acho que eles prejudicarão minha vida espiritual".

Perguntei-lhe: "Você já pensou que talvez Deus queira que você se junte com essas outras pessoas e que talvez, ainda que elas o prejudiquem, você pode ajudá-las a crescer — e que isso faz parte do plano de Deus a respeito de como devemos viver como cristãos? Talvez Deus se importe com coisas além de mim ou você como indivíduos. Pode ser que se importe com o todo da igreja."

É claro que você não se une a uma igreja porque é perfeito e trará somente benefícios para a igreja. Quando você se torna membro de uma igreja, você traz problemas para aquela igreja! Mas não permita que isso o impeça — eles já têm problemas! Essa é a razão por que eles estão na igreja. Eu tenho problemas. Você tem problemas. Mas sabemos que Jesus é Senhor e que seu Espírito em nós já começou a lidar com esses problemas. Em Cristo, Deus começará a lidar com isso. Deus pode começar a mostrar-lhe que ele é digno de confiança e que outras pessoas também são dignas de confiança. Em um problema após outro, você pode ver Deus agindo em sua vida. De modo lento e, às vezes, imperceptível, mas deliberado, Deus agirá em seus problemas e, muito provavelmente, fará isso por meio da sua igreja.

Ser egocêntrico não trará nenhum proveito ao cristão, mesmo em nome de Cristo. Deus não está preocupado apenas com a duração e a regularidade de nosso tempo devocional em cada manhã. Ele também se preocupa com a maneira como você lida com os outros — e isso inclui o modo como você trata os outros com os quais não tem nada em comum, exceto Jesus Cristo. Essa é a razão por que você precisa investir sua vida na comunhão com os outros, e estes, em você. Ser membro de uma igreja deve incutir em você um interesse comprometido pelos outros. Crescer na vida cristã não é um assunto individual; pelo contrário, é um assunto que diz respeito a toda a igreja.

A passagem de Hebreus 10.19-25 é uma das exortações mais contundentes do Novo Testamento sobre a importância da igreja. O autor da epístola introduz uma sequência de admoestações nesta passagem. Estes são bons versículos nos quais devemos meditar nesta era individualista:

> Tendo, pois, irmãos, intrepidez para entrar no Santo dos Santos, pelo sangue de Jesus, pelo novo e vivo caminho que ele nos consagrou pelo véu, isto é, pela sua carne, e tendo grande sacerdote sobre a casa de Deus, aproximemo-nos, com sincero coração, em plena certeza de fé, tendo o coração purificado de má consciência e lavado o corpo com água pura. Guardemos firme a confissão da esperança, sem vacilar, pois quem fez a promessa é fiel. Consideremo-nos também uns aos outros, para nos estimularmos ao amor e às boas obras. Não deixemos de congregar-nos, como é costume de alguns; antes, façamos admoestações e tanto mais quanto vedes que o Dia se aproxima.

A membresia na igreja é a nossa oportunidade de nos apegarmos uns aos outros com responsabilidade e amor. Por nos identificarmos com uma igreja em particular, permitimos que os pastores e outros membros daquela igreja local orem e saibam que tencionamos nos comprometer com a frequência, a contribuição, a oração e o ministério da igreja. Permitimos que nossos irmãos em Cristo tenham grandes expectativas sobre nós nestas áreas, e tornamos conhecido o fato de que estamos sob a responsabilidade desta igreja local. Asseguramos à igreja o nosso compromisso com Cristo, para servir juntamente com eles; buscamos igualmente o compromisso deles, para servirem conosco e nos encorajarem.

Entre outras passagens, vemos este conceito de vida da igreja refletido naqueles textos em que Paulo usa a figura de corpo em referência à igreja local. Também o vemos nas passagens bíblicas que contêm as expressões "juntos" e "uns aos outros".

Unir-se a uma igreja aumenta nosso senso de fazer parte da obra da igreja, da sua comunhão, do seu orçamento, de seus objetivos. Deixamos de ser consumidores bajulados e nos tornamos participantes cheios de alegria. Paramos de chegar tarde e de lamentar por não havermos recebido exatamente o que desejávamos. Em vez disso, chegamos cedo e tentamos ajudar os outros em suas necessidades. Temos de começar a considerar o ser membro de uma igreja não como uma filiação útil somente em ocasiões especiais, e sim como uma responsabilidade regular que nos envolve na vida dos outros para satisfazer os propósitos do evangelho.

Muitos cristãos hoje parecem ter esquecido o ser membro de uma igreja — ou esquecido a própria igreja, por completo. Essa é a razão por que encontramos livros que falam sobre o crescimento cristão, mas ignoram totalmente o papel da igreja.

Paulo nos diz, em 1 Coríntios, que o propósito dos dons espirituais é "a edificação da igreja" (1Co 14.12). Este deve ser um dos principais objetivos de nossa vida cristã. Se pensamos que não existe nada para fazer como cristãos, nos enganamos completamente quanto a este propósito. De acordo com Paulo, isto se aplica a todo cristão.

Incorporar-se a uma igreja tanto é um privilégio glorioso como uma ajuda prática. Unir-se a uma igreja nos auxiliará a encorajar e edificar nossos companheiros cristãos e a sermos estimulados e edificados por eles. Ajudará tanto a nós como aos outros, quando enfrentarmos as tentações. Em minha própria igreja fazemos um pacto de que andaremos juntos em amor fraternal, quando nos tornamos membros de uma igreja cristã. Exerceremos um cuidado amoroso e atento sobre cada membro e admoestaremos fielmente uns aos outros, quando a ocasião o exigir.

E você? Ama o povo de Deus? Você não somente se sente apenas bem-disposto para com eles, mas também os ajuda de modo ativo e concreto? Você usa suas mãos em benefício deles? Seu dinheiro? Seus lábios?

Na igreja, o discipulado é tanto um projeto individual como uma atividade corporativa, à medida que seguimos a Cristo e ajudamos uns aos outros em nossa jornada. Podemos ser responsáveis uns pelos outros em tempo de tentação. Podemos estudar a Palavra de Deus juntos, a fim de preparar-nos para a guerra espiritual. Podemos cantar juntos louvores a Deus e orar juntos. Podemos estimular a alegria uns dos outros e levar os fardos uns dos outros. Como nos disse Jesus: "O meu mandamento é este: que vos ameis uns aos outros, assim como eu vos amei... Isto vos mando: que vos ameis uns aos outros" (Jo 15.12, 17). João reforçou isso, quando escreveu: "Filhinhos, não amemos de palavra, nem de língua, mas de fato e de verdade" (1Jo 3.18). Junte-se aos cristãos que estão ao seu redor, para edificar a igreja.

5. Para glorificar a Deus

Por fim, se você é um cristão, deve unir-se a uma igreja por causa da glória de Deus. Embora isto seja surpreendente, a maneira como vivemos pode glorificar a Deus. Conforme Pedro escreveu a alguns dos primeiros cristãos: "Mantendo exemplar o vosso procedimento no meio dos gentios, para que, naquilo que falam contra vós outros como de malfeitores, observando-vos em *vossas* boas obras, glorifiquem a Deus no dia da visitação" (1Pe 2.12, ênfase acrescentada).

Admirável, não? Mas podemos dizer que Pedro ouviu bem o ensino de seu Senhor. Lembre o que Jesus ensinou no Sermão do Monte: "Assim brilhe também a vossa luz diante dos homens, para que vejam as vossas boas obras e glorifiquem a vosso Pai que está nos céus" (Mt 5.16).

Outra vez, a suposição surpreendente parece ser a de que Deus receberá a glória por nossas boas obras. Se isso é verdade em nossa vida espiritual como indivíduos, não devemos ficar muito surpresos, se descobrirmos que isso também é verdade em nossa vida espiritual como um *corpo* de crentes. Deus tenciona que a maneira como amamos uns aos outros nos identifique como pessoas que seguem a Cristo. Lembre estas palavras de Jesus: "Novo mandamento vos dou: que vos ameis uns aos outros; assim como eu vos amei, que também vos ameis uns aos outros. Nisto conhecerão todos que sois meus discípulos: se tiverdes amor uns aos outros" (Jo 13.34-35).

Nossa vida corporativa tem de nos identificar como povo dele e trazer-lhe louvor e glória. Jesus disse: "Edificarei a minha igreja" (Mt 16.18). Se Jesus está comprometido com a igreja, devemos estar menos comprometidos com ela?

Se você é um cristão e frequenta com regularidade uma igreja que ensina a Bíblia e centraliza-se em Deus, talvez tenha se sentido frustrado por qualquer outra razão, mas considere as obrigações e oportunidades envolvidas em ser membro de uma igreja. Nosso fundamento como uma igreja congregacional familiar é sempre o *ser* mais do que o *fazer*. Se você se une a uma igreja, não está apenas sendo incluído em uma função que você mesmo poderia desempenhar (para o seu bem ou para o da igreja), você está sendo incluído em uma família. E os relacionamentos com os quais você está se comprometendo trarão glória a Deus. Esta é a razão por que, se você é um cristão, deve unir-se a uma igreja.

O QUE ENVOLVE O SER MEMBRO DE UMA IGREJA?

Fundamentalmente, o ser membro de uma igreja envolve uma vida de arrependimento e fé. A igreja foi planejada para ser a comunidade daqueles que nasceram de novo. A graça de Deus em nossa vida, dando-nos o arrependimento e a fé, é evidenciada por dois passos:

1. Em ação, inicialmente pelo batismo

Como discutimos no fim do capítulo 3, a Bíblia apresenta o batismo o primeiro passo de um novo cristão. O Novo Testamento assume que todos os cristãos foram batizados. Em Romanos 6, por exemplo, Paulo supôs que os cristãos para os quais havia escrito eram todos batizados. Esta prática universal está alicerçada na ordem de Cristo registrada na Grande Comissão (Mt 28.18-20) e mencionada no livro de Atos dos Apóstolos e em todo o Novo Testamento. Podemos questionar por que alguns declaram ser discípulos de Cristo e se recusam a fazer o que sabem lhes ser ordenado com clareza. Como observou um escritor.

> A igreja não recebeu autoridade para estabelecer mandamentos; ela tem o dever de obedecer aos mandamentos já estabelecidos. Não é prerrogativa nem privilégio de nenhuma igreja modificar, minimizar ou obscurecer, de algum modo... Quaisquer dos mandamentos de Jesus Cristo.[8]

Rejeitar o batismo e a Ceia do Senhor ou qualquer outro mandamento bíblico significa rejeitar a membresia entre os discípulos de Cristo — entre aqueles que seguem os mandamentos dele.

---

8 O. C. S. Wallace, *What Baptists believe: the New Hampshire Confession: an Exposition* (Nashville: The Sunday School Board of the Southern Baptist Convention, 1934).

2. Em escrita, pela subscrição à Declaração de Fé e ao Pacto Eclesial

Além dos mandamentos bíblicos mencionados acima, muitos batistas e outras igrejas evangélicas expressam um compromisso com Deus e entre si por escrito, assinando um "pacto de membresia da igreja". Este é um acordo que os membros fazem entre si e com Deus para viver a vida cristã comunitária em uma igreja local.

Em meu escritório, tenho um livreto que minha denominação tem imprimido por mais de 60 anos. O propósito do livreto é estimular os novos cristãos a se tornarem membros da igreja. A primeira capítuloque encontramos no livreto é o exemplo de um pacto de compromisso com a igreja. No final desse pacto, há um lugar para que a pessoa o assine. Essa prática de assinar um pacto não é algo novo; apenas caiu em desuso em meados do século XX. Mas era algo comum na história colonial dos Estados Unidos. Em nossa igreja, exposta em um lugar proeminente, estão as assinaturas dos membros fundadores, embaixo do pacto que eles subscreveram ao unirem-se à igreja. Pense nisso e em sua seriedade. Estes homens e mulheres resolveram entrar em aliança uns com os outros em resposta à graça de Deus em suas vidas. Hoje, fazemos isso ao nos unirmos a uma igreja?

RESPONSABILIDADES ESPECIAIS DA MEMBRESIA NA CAPITOL HILL BAPTIST CHURCH

Na Capitol Hill Baptist Church, as pessoas frequentam as classes de membresia antes de serem entrevistadas para que se tornem membros. Ensinamos as seguintes cinco responsabilidades da membresia.[9]

1. Frequentar os cultos regularmente. Em Hebreus 10.25, lemos que não devemos deixar "de congregar-nos". Isso significa que devemos assistir regularmente às reuniões semanais da igreja. Em nossa igreja, primeiro nos reunimos na manhã do domingo e, depois, na parte da noite, quando gastamos mais tempo orando juntos.

---

[9] Para saber mais sobre como aplicamos essas nove marcas, veja Mark Dever e Paul Alexander, *Como Edificar uma Igreja Saudável: um Guia Prático para Liderança Intencional* (São José dos Campos: Fiel, 2024). Também patrocinamos um *workshop* de fim de semana de longa duração em nossa igreja três vezes por ano, chamado *Weekender*. Os líderes eclesiásticos interessados em participar devem acessar: https://www.9marks.org/events/what-is-i-weekender/.

2. *Participar da Ceia do Senhor.* Em Lucas 22.19, Cristo ordena aos seus discípulos que rememorem e proclamem sua morte ao participarem regularmente da refeição pactual da Ceia do Senhor. Cem anos atrás, era costume da Capitol Hill Baptist Church ter "as reuniões de pacto" da quinta-feira, na parte da noite. Nestas reuniões, os membros renovavam seu pacto de compromisso e avaliavam o estado de seu relacionamento uns com os outros, antes de tomarem a Ceia do Senhor juntos no domingo seguinte. E, em muitas igrejas, estar ausente da Ceia, sem ter um motivo justo, era razão suficiente para alguém ser excluído da membresia da igreja. Em nossa igreja, não fazemos isso, mas, por vezes, pergunto-me se deveríamos.

3. *Participar coerentemente das assembleias.* Visto que somos uma igreja congregacional, as assembleias de membros são uma ocasião importante em nossa vida juntos. Trata-se da reunião da igreja para tomar decisões como igreja, uma maneira de cumprirmos nossos deveres expressos em Mateus 18.

4. *Orar com regularidade.* Paulo diz que devemos orar "sem cessar" (1Ts 5.17). Se sua igreja tem uma lista de membros, pense em usá-la como lista de oração. Discutiremos isso com mais profundidade no capítulo 8.

5. *Contribuir com regularidade.* As Escrituras estão repletas de instruções a respeito de contribuir. Por exemplo, Salomão ensinou que devemos honrar "ao Senhor" com "as primícias de toda" a nossa renda (Pv 3.9; veja Ml 3.10). Jesus ensinou aos seus discípulos: "dai, e dar-se-vos-á; boa medida, recalcada, sacudida, transbordante, generosamente vos darão; porque com a medida com que tiverdes medido vos medirão também" (Lc 6.38; veja 1Co 16.1b-2). Além disso, Paulo escreveu para os cristãos de Corinto que "cada um contribua segundo tiver proposto no coração, não com tristeza ou por necessidade; porque Deus ama a quem dá com alegria" (2Co 9.7).

Estas cinco responsabilidades são alguns dos compromissos envolvidos no ser membro de uma igreja.

Você está preocupado que expectativas tão altas possam afastar as pessoas ou fazê-las se sentirem excluídas? Eu penso que tais expectativas realmente são de grande ajuda. Em suma, quero dizer simplesmente que, se você for membro de nossa igreja, nós o trataremos como se você fosse convertido. Assumiremos que você ama a Deus cada vez mais e odeia o pecado, que está vivendo de acordo com isso e que deseja que o ajudemos a fazer isso.

Muitas igrejas transigem nesse ponto de grandes expectativas a fim de obter um súbito afluxo de membros, mas, ao fazer isso, elas geralmente se condenam a perder o evangelho e, finalmente, a se extinguir. Aceitar pessoas não convertidas como membros de uma igreja cristã inevitavelmente obscurecerá o evangelho. Se o evangelho for minimizado ou confundido, o próprio sangue vital da igreja será cortado, e a igreja perderá cada vez mais qualquer distinção do mundo incrédulo. E, se o sal perder o sabor, para nada serve (Mt 5.13).

Quão excludentes, então, nossas igrejas devem ser? Nossas igrejas devem ajustar nossos horários de reunião, a duração de nossos sermões e o estilo de nossa música para os incrédulos que queremos alcançar? Quanto custa nossa reunião para o bem daqueles que não são cristãos? Entendemos nossas reuniões principalmente como meios de evangelizar não cristãos, ou as entendemos como servindo principalmente para a edificação dos membros em Cristo?

Os líderes da igreja sempre perguntam: até que ponto devemos ser inclusivos? Claro, todo mundo quer ser inclusivo. Isso é obviamente amoroso. Mas a questão de quão aparentemente excludentes devemos ser talvez chegue ao ponto de maneira mais rápida. Temos de perceber que estamos fora do favor de Deus antes de podermos ser trazidos a ele? É isso que vemos com base no evangelismo das primeiras igrejas no livro de Atos?

Eu me dirijo aos descrentes em meus sermões semanalmente. Por exemplo, eu disse: "Meu amigo não cristão, há uma descontinuidade inevitável entre nossas vidas e a sua vida. E, na verdade, servimos melhor a você se tivermos clareza sobre essa diferença. Se você está gostando das pessoas, da amizade e da ajuda das pessoas em nossa congregação, isso é maravilhoso! Espero que isso continue. E a boa notícia é que tudo isso envolve muito mais do que você experimentou!"

"Pertencer antes de crer" é uma ideia popular entre líderes de igreja atualmente. E é claro que devemos ser extremamente receptivos e amigáveis com os descrentes em nossas igrejas, até mesmo convidando-os a entrar mais profundamente em nossas vidas. Porém, devemos ter cuidado ao contar a mentira teológica de que eles, no sentido mais profundo, pertencem à igreja. No sentido mais profundo, não, e nós os serviremos se lhes dissermos isso. Devemos mostrar aos não cristãos que há algo mais do que uma comunidade horizontal ou um vago senso da presença de Deus em nossas congregações.

CONCLUSÃO

Se a igreja é um edifício, devemos ser os tijolos que o constituem. Se a igreja é um corpo, somos seus membros. Se a igreja é a família da fé, somos parte dessa família. As ovelhas estão em um rebanho; e os galhos, em uma videira. Do ponto de vista bíblico, se somos cristãos, temos de ser membros de uma igreja. E ser membro de uma igreja não é apenas o registro de uma declaração que fizemos no passado, nem uma afeição por um lugar familiar. Tem de ser o reflexo de um compromisso vivo; se não for assim, não terá valor algum.

E, pior ainda, será perigoso. Membros de igreja que não se envolvem confundem tanto os verdadeiros cristãos como os não cristãos a respeito do que significa ser um cristão. Nós, membros "ativos" não prestamos nenhum bem aos membros "inativos", quando lhes permitimos que continuem sendo membros da igreja. O ser membro de uma igreja é a confirmação corporativa da salvação de uma pessoa. Como uma igreja pode testificar que alguém invisível a si está correndo fielmente a carreira da fé? Se alguns membros deixaram nossa companhia e não foram para outra igreja igualmente bíblica, que evidência temos de que eles realmente eram parte de nós? Necessariamente, não sabemos se as pessoas descomprometidas *não* são cristãs; somos incapazes de afirmar isso. Não devemos dizer-lhes que sabemos que elas irão para o inferno. Podemos apenas dizer-lhes que não estamos certos de que elas irão para o céu. Esses cristãos que não congregam devem se unir a uma igreja local.

Na Capitol Hill Baptist Church, anelamos ver a membresia se tornar mais significativa, quando todos os que são membros por confissão, se tornam membros de fato. Nos anos que tenho pastoreado esta igreja, o número de membros da igreja caiu pela metade, mas, pela graça de Deus, nossa frequência e contribuições têm quase triplicado. Muitos membros renovaram seu compromisso com a vida da igreja. Novos membros estão sendo instruídos na fé. À medida que temos procurado nos tornar uma igreja saudável como éramos historicamente, o número daqueles que frequentam nossa igreja tem excedido o número de membros. Também vimos muitos membros saindo para ajudar outras igrejas locais perto de onde vivem e até mesmo iniciar novas igrejas onde não há nenhuma.

Ore para que o ser membro da igreja se torne algo mais significativo do que atualmente o é em sua igreja. Ore também para que sua igreja, como um corpo, conheça melhor aqueles que estão sob sua responsabilidade, a fim de que possam orar por eles, encorajá-los e desafiá-los.

Não devemos permitir que as pessoas permaneçam como membros por motivos sentimentais. Considerado do ponto de vista bíblico, esse tipo de membresia não é membresia verdadeira. Em nosso pacto de compromisso com a igreja, também garantimos que, "ao mudarmos deste lugar, nos uniremos, tão logo quanto possível, para outra igreja onde possamos cumprir o espírito deste pacto e os princípios da Palavra de Deus". Esse compromisso faz parte do discipulado saudável, especialmente em nossa época transitória.

O ser membro de uma igreja significa ser incorporado na caminhada prática do corpo de Cristo. Significa viajar juntos como estrangeiros e peregrinos neste mundo, enquanto nos dirigimos ao nosso lar celestial. Outra marca de uma igreja saudável é um entendimento bíblico do ser membro de uma igreja.

Na penúltima cena da peça *O Homem Que Não Vendeu Sua Alma*, de Robert Bolt, a irmã do condenado More, Meg, chega à sua cela para convencê-lo a dizer aquilo que o libertaria. Ela expressa: "Diga as palavras do juramento e, em seu coração, pense de modo contrário". E continua a argumentar com ele.

"Bem...", disse More, "não é uma questão de razão; é uma questão de amor."[10]

Unir-se a uma igreja local é um reflexo exterior de um amor interior — amor a Cristo e a seu povo. E, como vemos com tanta frequência nesta vida, o maior amor raramente é apenas espontâneo; é algo planejado, ponderado e caracterizado por compromisso.

Lemos em Efésios 5.25: "Cristo amou a igreja e a si mesmo se entregou por ela". Atos 20.28 nos recorda que ele "comprou" a igreja "com o seu próprio sangue". Se somos seguidores de Cristo, também amaremos a igreja pela qual ele deu sua vida.

Portanto, frequente uma igreja e una-se a ela. Junte-se com outros cristãos. Ache uma igreja com a qual você pode unir-se. Faça isso para que os incrédulos ouçam e vejam o evangelho; para que os crentes fracos desfrutem de cuidado; para que os crentes fortes canalizem suas energias de um modo excelente; para que os líderes da igreja sejam encorajados e auxiliados. Faça isso para que Deus seja glorificado.

---

10 Robert Bolt, *A Man for All Seasons* (Nova York: Random, 1990), 141

Os cristãos de nosso país costumavam saber tudo isso. Mas, ao findar-se o século XIX, a ação social substituiu a ação da igreja. Os cristãos redirecionaram suas energias, do manter suas igrejas puras para tentar purificar suas comunidades.[11] Na época dos anos 1920 e 1930, os evangélicos aprenderam algo da inconstância de nosso mundo, por meio do famoso julgamento de John Thomas Scopes e da revogação da proibição de se ensinar o evolucionismo nas escolas públicas. Os "fundamentalistas" recuaram e tentaram preservar o evangelho. Em todo o envolvimento social das décadas anteriores, o evangelho não se perdeu, mas a igreja quase se perdeu. Este século tem sido uma época de extremo individualismo no evangelicalismo americano. Pedimos a Deus que estejamos no início de uma recuperação da igreja como o instrumento de Deus para a evangelização, o discipulado, missões e muito mais. Que o amor de Deus pelo mundo se torne novamente visível por meio de nosso amor uns pelos outros.

OUTROS RECURSOS

- Para grupos de estudo: Bobby Jamieson, *Commiting to One Another: Church Membership* (2012), um estudo bíblico indutivo de sete semanas.
- Para uma reflexão mais profunda: Jonathan Leeman, *Church Membership: How the World Knows Who Represents Jesus* (2012), e Thabiti Anyabwile, *O que é um membro saudável da igreja?* (2022).
- Veja também Donald S. Whitney, *Spiritual Disciplines for the Christian Life* (1991); o capítulo de Mark Dever, "Recuperando a Membresia Significativa da Igreja", em *Restaurando a Integridade nas Igrejas Batistas* (2008); Mark Dever e Jamie Dunlop, *A Comunidade Cativante*: Onde o Poder de Deus Torna uma Igreja Atraente (2015); Jonathan Leeman, *Entendendo a Autoridade da Congregação* (2019), e *A Regra do Amor: Como a Igreja Local Deve Refletir o Amor e a Autoridade de Deus* (2018); e Mark Dever, *Why Should I Join a Church?* (2020).

---

11 Veja uma discussão mais aprofundada sobre essa mudança da purificação da igreja para a purificação da sociedade no Capítulo 5, e também em Gregory A. Wills, *Democratic Religion: Freedom, Authority, and Church Discipline in the Baptist South 1785-1900* (Nova York: Oxford University Press, 1996).

A SEGUIR...

Marca Cinco: Disciplina eclesiástica bíblica
Toda disciplina é negativa?
O que é a disciplina eclesiástica?
O que a Bíblia diz sobre a disciplina eclesiástica?
Hebreus 12.1-14
Mateus 18.15-17
1Coríntios 5.1-11
Gálatas 6.1
2Tessalonicenses 3.6-15
1Timóteo 1.20
1Timóteo 5.19-20
Tito 3.9-11
Como os cristãos do passado conduziram a disciplina eclesiástica?
"Nossa igreja nunca faria isso, faria?"
Por que devemos praticar a disciplina eclesiástica?
O que acontecerá se não praticarmos a disciplina eclesiástica?

MARCA CINCO: DISCIPLINA ECLESIÁSTICA BÍBLICA

Emily Sullivan Oakey nasceu e foi educada em Albany, no Estado de Nova Iorque. Como outras mulheres dos meados do século XIX, ela gastava boa parte do tempo escrevendo seus pensamentos — às vezes, como parte de um diário; às vezes, como parte de artigos, mormente poesia. Ela publicou muitos de seus artigos e poesias em jornais e revistas. Quando tinha vinte e um anos de idade, ela escreveu um poema sobre semear e colher, talvez inspirada pela leitura da parábola do semeador, proferida por Jesus. Vinte cinco anos depois, em 1875, o poema foi musicado por Philp Bliss e apareceu impresso, pela primeira vez, com o título "A Colheita Além".[1] O primeiro grupo de cristãos que constituiu aquilo que se tornaria a Capitol Hill Baptist Church escolheu esse hino como a primeira música a ser cantada em sua reunião juntos, em 1878:

> Cai a semente no bom frescor,
> É semeada, sim, no calor,

---

[1] Theron Brown e Hezekiah Butterworth, *The Story of Hymns and Tunes* (Nova York: George H. Doran, 1923), p. 434.

> É semeada na viração,
> É semeada na escuridão.
> Oh! qual há de ser, além,
> A ceifa do mal ou bem?[2]

Palavras bem apropriadas para vibrar as paredes rústicas e o assoalho de madeira do prédio em que eles se reuniram. Aquelas trinta pessoas estavam planejando entrar em um pacto para constituir uma igreja: "Qual seria a colheita?"

Naquela mesma igreja, hoje, mais de cem anos depois, ainda procuramos determinar qual será a colheita dos esforços deles. Determinamos isso pelo que pensamos, pela maneira como vivemos, por quem planejamos ver e o que planejamos fazer, pelo que sentimos e pelo que nos preocupamos, por aquilo a que nos dedicamos e por aquilo em favor do que oramos. Qual foi e qual será a colheita?

Isso atinge o âmago de nosso assunto neste capítulo: devemos viver para Cristo segundo nós mesmos? Ou temos obrigações uns para com os outros? As nossas obrigações recíprocas envolvem somente encorajar os outros de maneira positiva? Ou talvez incluam uma responsabilidade de falar honestamente sobre as faltas, erros, afastamento das Escrituras e pecados específicos? As nossas responsabilidades para com Deus também incluem, às vezes, o tornar públicas essas questões?

Uma discussão sobre uma igreja saudável deve incluir o tópico da disciplina na igreja.

TODA DISCIPLINA É NEGATIVA?

A disciplina eclesiástica parece ser um tema negativo, eu admito. Não há muito desse assunto na "Bíblia Positiva", há? Quando ouvimos sobre *disciplina* tendemos a pensar em correção ou espancamento. Pensamos em nossos pais, quando éramos pequenos. Se conhecemos um pouco de literatura, podemos pensar em Hester Prynne usando seu "A" escarlate, enquanto andava por um sombrio vilarejo da Nova Inglaterra puritana segundo o caricato imaginário de Nathaniel Hawtorne.

---

[2] Emily S. Oakley, "What Shall the Harvest Be?," 1850.

Todos nós, sem hesitação, admitimos nossa necessidade de disciplina. Nenhum de nós é um projeto perfeito, concluído. Precisamos ser inspirados, nutridos ou curados; podemos necessitar de correção, disciplina ou quebrantamento. Não importando qual seja o método de cura, admitamos, pelo menos, nossa necessidade de disciplina. Não imaginemos, nem presumamos que somos tão justos como deveríamos ser, como se Deus já houvesse acabado sua obra em nós.

Uma vez que admitamos isso, observemos que muito da disciplina é *positiva* ou, como é tradicionalmente chamada, é "formativa". Exemplos de "disciplina formativa" são o tronco que ajuda a árvore a crescer na direção certa, o aparelho ortodôntico, o pneu step do carro, por assim dizer. São os comentários repetidos sobre manter sua boca fechada, quando está comendo, ou as exortações regulares de ser criterioso em suas palavras. É isso que está moldando as pessoas, à medida que elas crescem de forma emocional, física, mental e espiritual. Todos estes são exemplos da mudança básica que ocorre em nossos relacionamentos, em nossas famílias e em nossas igrejas. Somos ensinados por meio de livros, na escola, e de sermões, cultos e aulas, na igreja. Tudo isso faz parte da disciplina. Até este capítulo faz parte da disciplina no sentido mais amplo do ensino. Este capítulo examina a disciplina no sentido mais amplo, não apenas em seus aspectos "negativos".

O QUE É A DISCIPLINA ECLESIÁSTICA?

Quando ouvimos a expressão "disciplina eclesiástica", tendemos a pensar somente nos aspectos negativos da disciplina, tal como a correção. Podemos até nos tornar defensivos, e dizer: "Jesus não disse: 'Não julgueis, para que não sejais julgados'?" Em Mateus 7.1, é certo que Jesus proibiu o julgar em um sentido, e consideraremos isso adiante neste capítulo. Mas, por enquanto, observe que, se lermos aquele mesmo evangelho de Mateus, veremos que Jesus nos chamou a repreender os outros por causa de seus pecados e repreendê-los até publicamente (Mt 18.15-17; cf. Lc 17.3). Independentemente de qual seja o significado das palavras de Jesus em Mateus 7.1, Ele não pretendia excluir aquele tipo de julgar que ordenou em Mateus 18.

Lembre-se de que Deus mesmo é um Juiz e, numa escala menor, ele tenciona que outros também julguem. Ele deu ao Estado a responsabilidade de julgar (Rm 13.1-7). Em várias passagens bíblicas, somos exortados a julgar a nós mesmos (1 Co

11.28; 2 Co 13.5; Hb 4.2; 2 Pe 1.5-10). Somos também instruídos a julgar uns aos outros na igreja (mas não da maneira final como Deus julga). As palavras de Jesus, em Mateus 18, as de Paulo, em 1 Coríntios 5-6, e outras passagens (que consideraremos adiante) nos mostram, com certeza, que a igreja tem de exercer julgamento dentro de si mesma.

Se você pensar um pouco sobre isso, perceberá que não é surpreendente que nós, como igreja, devemos ser instruídos a julgar. Afinal de contas, se não podemos dizer como um cristão *não deve* viver, também não podemos dizer como ele *deve* viver.

Há alguns anos, pediram-me para realizar um seminário especial porque a nossa igreja crescera numericamente, e outras igrejas queriam saber como e por que isso estava acontecendo. Ao preparar-me para o seminário, revi alguns dos materiais sobre crescimento de igreja que vieram da sede de nossa denominação. Uma publicação dizia que, para fazermos nossas igrejas crescerem novamente, "precisávamos abrir as portas da frente e fechar as dos fundos". O autor estava dizendo que precisávamos abrir as portas no sentido de tentar fazer nossa igreja mais acessível, ajudando as pessoas a entenderem o que estávamos fazendo. Então, o escritor disse, precisamos fechar as portas de trás, ou seja, tornar mais difícil a saída das pessoas de nossas igrejas, descuidadas e indisciplinadas.

Esta é uma crítica válida para muitas de nossas igrejas. Mas tenho de dizer que, depois de pensar sobre isso, não creio que nenhum desses são os problemas críticos que enfrentamos em nossas igrejas. Aquilo que realmente precisamos fazer é fechar as portas da frente e fechar as dos fundos! Se desejamos ver nossas igrejas crescendo, temos de tornar mais difícil o ser membro da igreja e nos tornar melhores ao excluir pessoas. Precisamos ser capazes de mostrar que há uma distinção entre a igreja e o mundo — e isto é o que significa ser um cristão. Se alguém reivindica ser cristão e se recusa a viver como um cristão deve viver, precisamos seguir o que Paulo disse e, para a glória de Deus e o bem daquela pessoa, excluí-la da membresia na igreja.

A primeira situação em que devemos refletir esse tipo de disciplina é na maneira como recebemos novos membros. Em 1 Coríntios 5, quando lidava com uma situação difícil na igreja de Corinto, Paulo fez uma admissão que precisamos considerar. Nos versículos 9 e 10, ele disse: "Já em carta vos escrevi que não vos associásseis com os impuros; refiro-me, com isto, não propriamente aos impuros deste mundo, ou aos avarentos, ou roubadores, ou idólatras; pois, neste caso, teríeis de sair do mundo."

Observe que Paulo fez, em sua mente, uma distinção entre a igreja e o mundo. Nós, cristãos, fazemos essa mesma distinção? Admitimos que a igreja é diferente do mundo? Não estamos admitindo que a igreja esteja cheia de pessoas perfeitas, e o mundo, repleto de pecadores, e sim que há um tipo de diferença entre a vida dos que estão na igreja e a vida dos que estão no mundo. Ser membro de uma igreja local significa refletir (no melhor que podemos dizer) a verdadeira integração no corpo de Cristo.

Portanto, quando falamos sobre novos membros, temos de considerar se as pessoas que estão sob avaliação são conhecidas como pessoas que vivem de um modo que honra a Cristo. Entendemos a seriedade do compromisso que fazemos com elas, quando se unem à igreja? Nós lhes comunicamos a seriedade do compromisso que estão fazendo conosco? Se formos mais cuidadosos no que diz respeito a como reconhecer e receber novos membros, teremos menos ocasiões de praticar posteriormente a disciplina corretiva da igreja.

RECOMENDAÇÕES DE LIVROS SOBRE DISCIPLINA NA IGREJA

Já que o tema da disciplina na igreja não tem sido falado em muitos círculos por cerca de cem anos, sugiro os seguintes recursos para um estudo mais aprofundado.

A melhor obra simples que conheço é *Disciplina na Igreja: Como a Igreja Protege o Nome de Jesus* (2016), de Jonathan Leeman. Para saber mais sobre o contexto conceitual da disciplina da igreja, veja *A Regra do Amor: Como a Igreja Deve Refletir o Amor e a Autoridade de Deus* (2019) também escrito por Leeman.

Eu e Paul Alexander descrevemos mais sobre como nossa igreja lida com a disciplina no capítulo 5 de *Como Edificar uma Igreja Saudável: um Guia Prático para a Liderança Intencional* (2024).

> Para informações históricas, leia Gregory A. Wills, *Democratic Religion: Freedom, Authority, and Church Discipline in the Baptist South, 1785-1900* (1996). Wills estudou a prática da disciplina eclesiástica entre as igrejas batistas no Sul, particularmente na Geórgia, no século XIX. O livro inclui algumas boas histórias e observações perspicazes.
>
> Também editei *Polity: Biblical Arguments on How to Conduct Church Life* (2000), um compêndio de trabalhos dos séculos XVIII e XIX sobre disciplina e política da igreja, publicado pelo ministério 9Marks e disponível em PDF em www.9marks.org.

O QUE A BÍBLIA DIZ SOBRE A DISCIPLINA ECLESIÁSTICA?

Muitos textos bíblicos tratam de disciplina; examinarei oito dessas passagens:

Hebreus 12.1-14

Hebreus 12 apresenta a disciplina como algo fundamentalmente positivo e que Deus mesmo nos disciplina:

> Portanto, também nós, visto que temos a rodear-nos tão grande nuvem de testemunhas, desembaraçando-nos de todo peso e do pecado que tenazmente nos assedia, corramos, com perseverança, a carreira que nos está proposta, olhando firmemente para o Autor e Consumador da fé, Jesus, o qual, em troca da alegria que lhe estava proposta, suportou a cruz, não fazendo caso da ignomínia, e está assentado à destra do trono de Deus. Considerai, pois, atentamente, aquele que suportou tamanha oposição dos pecadores contra si mesmo, para que não vos fatigueis, desmaiando em vossa alma.
>
> Ora, na vossa luta contra o pecado, ainda não tendes resistido até ao sangue e estais esquecidos da exortação que, como a filhos, discorre convosco:

Filho meu, não menosprezes a correção que vem do Senhor, nem desmaies quando por ele és reprovado; porque o Senhor corrige a quem ama e açoita a todo filho a quem recebe.

É para disciplina que perseverais (Deus vos trata como filhos); pois que filho há que o pai não corrige? Mas, se estais sem correção, de que todos se têm tornado participantes, logo, sois bastardos e não filhos. Além disso, tínhamos os nossos pais segundo a carne, que nos corrigiam, e os respeitávamos; não havemos de estar em muito maior submissão ao Pai espiritual e, então, viveremos? Pois eles nos corrigiam por pouco tempo, segundo melhor lhes parecia; Deus, porém, nos disciplina para aproveitamento, a fim de sermos participantes da sua santidade. Toda disciplina, com efeito, no momento não parece ser motivo de alegria, mas de tristeza; ao depois, entretanto, produz fruto pacífico aos que têm sido por ela exercitados, fruto de justiça.

Por isso, restabelecei as mãos descaídas e os joelhos trôpegos; e fazei caminhos retos para os pés, para que não se extravie o que é manco; antes, seja curado.

Segui a paz com todos e a santificação, sem a qual ninguém verá o Senhor. Deus mesmo nos disciplina e, conforme veremos, nos ordena a fazer o mesmo uns aos outros. A igreja local tem a responsabilidade e competência especiais em relação a isso.

Mateus 18.15-17

Em Mateus 18, temos uma das duas passagens (juntamente com 1 Coríntios 5) mais citadas em discussões sobre a disciplina eclesiástica. Qual a sua reação quando alguém peca contra você? Apresenta-lhe imediatamente sua queixa e nunca mais fala com ele? Ou apenas cria ressentimento em seu coração? Eis o que Jesus disse que seus discípulos devem fazer em tais ocasiões:

Se teu irmão pecar contra ti, vai argui-lo entre ti e ele só. Se ele te ouvir, ganhaste a teu irmão. Se, porém, não te ouvir, toma ainda contigo uma ou duas pessoas, para que, pelo depoimento de duas ou três testemunhas, toda palavra se estabeleça. E, se ele não os atender, dize-o à igreja; e, se recusar ouvir também a igreja, considera-o como gentio e publicano.

De acordo com Jesus, essa é a maneira como lidamos com discordâncias e dificuldades com os nossos irmãos em Cristo. Você e outros em sua igreja têm seguido as instruções de Cristo aqui?

1 Coríntios 5.1-11
Esta é a passagem mais extensa sobre o assunto. Aparentemente, havia alguém na igreja de Corinto que andava em um estilo de vida imoral. Paulo diz:

> Geralmente, se ouve que há entre vós imoralidade e imoralidade tal, como nem mesmo entre os gentios, isto é, haver quem se atreva a possuir a mulher de seu próprio pai. E, contudo, andais vós ensoberbecidos e não chegastes a lamentar, para que fosse tirado do vosso meio quem tamanho ultraje praticou? Eu, na verdade, ainda que ausente em pessoa, mas presente em espírito, já sentenciei, como se estivesse presente, que o autor de tal infâmia seja, em nome do Senhor Jesus, reunidos vós e o meu espírito, com o poder de Jesus, nosso Senhor, entregue a Satanás para a destruição da carne, a fim de que o espírito seja salvo no Dia do Senhor [Jesus].
> Não é boa a vossa jactância. Não sabeis que um pouco de fermento leveda a massa toda? Lançai fora o velho fermento, para que sejais nova massa, como sois, de fato, sem fermento. Pois também Cristo, nosso Cordeiro pascal, foi imolado. Por isso, celebremos a festa não com o velho fermento, nem com o fermento da maldade e da malícia, e sim com os asmos da sinceridade e da verdade.
> Já em carta vos escrevi que não vos associásseis com os impuros; refiro-me, com isto, não propriamente aos impuros deste mundo, ou aos avarentos, ou roubadores, ou idólatras; pois, neste caso, teríeis de sair do mundo. Mas, agora, vos escrevo que não vos associeis com alguém que, dizendo-se

irmão, for impuro, ou avarento, ou idólatra, ou maldizente, ou beberrão, ou roubador; com esse tal, nem ainda comais.

Por que Paulo disse tudo isso? Será porque ele odiava esse homem? Não. Paulo o disse porque esse homem estava profundamente enganado. Pensava que poderia ser um cristão e, ao mesmo tempo, desobedecer deliberadamente ao Senhor. Ou talvez imaginasse — e a igreja lhe permitiu pensar assim — que não havia nada errado em possuir a esposa de seu pai. Paulo mostrou que esse homem estava enganado e que, para ajudar verdadeiramente a alguém iludido e glorificar a Deus, você tem de mostrar-lhe a falsidade de sua confissão de fé, à luz da maneira como ele está vivendo.

Em outros trechos de suas epístolas, Paulo nos dá mais esclarecimentos quanto ao modo como deve ocorrer essa confrontação em amor.

Gálatas 6.1

Este versículo acrescenta um elemento importante à nossa filosofia de disciplina eclesiástica. Paulo descreve como os cristãos devem restaurar alguém que foi apanhado em pecado:

> Irmãos, se alguém for surpreendido nalguma falta, vós, que sois espirituais, corrigi-o com espírito de brandura; e guarda-te para que não sejas também tentado.

2 Tessalonicenses 3.6-15

Em Tessalônica, parece que havia algumas pessoas que eram ociosas e não faziam nada. E, para piorar a situação, defendiam sua inatividade com o argumento de que isso era a vontade de Deus. Paulo mostrou que não era:

> Nós vos ordenamos, irmãos, em nome do Senhor Jesus Cristo, que vos aparteis de todo irmão que ande desordenadamente e não segundo a tradição que de nós recebestes; pois vós mesmos estais cientes do modo por que vos convém imitar-nos, visto que nunca nos portamos desordenadamente entre vós, nem jamais comemos pão à custa de outrem; pelo

contrário, em labor e fadiga, de noite e de dia, trabalhamos, a fim de não sermos pesados a nenhum de vós; não porque não tivéssemos esse direito, mas por termos em vista oferecer-vos exemplo em nós mesmos, para nos imitardes. Porque, quando ainda convosco, vos ordenamos isto: se alguém não quer trabalhar, também não coma.

Pois, de fato, estamos informados de que, entre vós, há pessoas que andam desordenadamente, não trabalhando; antes, se intrometem na vida alheia. A elas, porém, determinamos e exortamos, no Senhor Jesus Cristo, que, trabalhando tranquilamente, comam o seu próprio pão. E vós, irmãos, não vos canseis de fazer o bem.

Caso alguém não preste obediência à nossa palavra dada por esta epístola, notai-o; nem vos associeis com ele, para que fique envergonhado. Todavia, não o considereis por inimigo, mas adverti-o como irmão.

Não se associar com uma pessoa é parte da essência da disciplina eclesiástica. Ao passo que acadêmicos debatem que tipo de disciplina resultaria em ainda se considerar alguém como irmão, está fora de disputa que se trata de alguma ação da igreja como um todo para corrigir um indivíduo que esteja em pecado.

1 Timóteo 1.20

Escrevendo a Timóteo, pastor da igreja de Éfeso, Paulo se referiu a alguns que haviam "naufragado" na fé. Veja o que ele disse que deve ser feito com essas pessoas:

> E dentre esses se contam Himeneu e Alexandre, os quais entreguei a Satanás, para serem castigados, a fim de não mais blasfemarem.

Não devemos nos distrair de nossa preocupação para com a santidade do rebanho. À semelhança de Paulo e Timóteo, *bem como* de Alexandre e Himeneu, se estamos seguindo a Cristo, precisaremos de ajuda. E é isto que Paulo faz aqui: ele ajuda. O propósito da disciplina, mesmo aqui, é que os que se extraviaram se arrependam.

1 Timóteo 5.19-20

Continuando sua carta a Timóteo, Paulo escreveu especificamente a respeito do que fazer aos líderes da igreja que são flagrados em pecado:

> Não aceites denúncia contra presbítero, senão exclusivamente sob o depoimento de duas ou três testemunhas. Quanto aos que vivem no pecado, repreende-os na presença de todos, para que também os demais temam.

A honra para com os líderes de nossa igreja local lhes traz responsabilidades especiais. Eles devem viver de tal maneira que não tragam escândalo para o evangelho, mas honra. A visibilidade tem seus benefícios e custos, suas oportunidades e seus perigos.

Tito 3.9-11

Aparentemente, algumas pessoas da igreja que Tito pastoreava estavam causando divisões sobre assuntos que não eram importantes. Paulo escreveu:

> Evita discussões insensatas, genealogias, contendas e debates sobre a lei; porque não têm utilidade e são fúteis. Evita o homem faccioso, depois de admoestá-lo primeira e segunda vez, pois sabes que tal pessoa está pervertida, e vive pecando, e por si mesma está condenada.

Considerando juntas todas estas passagens, vemos que Deus se interessa em que entendamos a sua verdade e que a pratiquemos em nosso viver. Ele se interessa especialmente em que vivamos juntos como cristãos. Todas as situações mencionadas nestas passagens são, de conformidade com a Bíblia, áreas legítimas de nosso interesse — áreas em que nós, como igreja, devemos exercer disciplina.

Mais uma coisa: você observou quão sérias eram as consequências que Paulo ordenou nestas descrições da disciplina eclesiástica? "Para que fosse tirado do vosso meio quem tamanho ultraje praticou... (1Co 5.2); "Seja... entregue a Satanás" (1Co 5.3, 5); "Não vos associásseis com... esse tal" (1Co 5.9, 11); "Que vos aparteis..." (2Ts 3.6); "Notai-o; nem vos associeis com ele, para que fique envergonhado" (2Ts

3.14-15); "Entreguei a Satanás" (1Tm 1.20); "Repreende-os na presença de todos" (1Tm 5.20); "Foge também destes" (2Tm 3.5); "Evita o homem faccioso" (Tt 3.10).

Paulo era demasiadamente severo? O que Jesus mesmo disse sobre a pessoa que se recusa a ouvir à igreja? "E, se recusar ouvir também a igreja, considera-o como gentio e publicano" (Mt 18.17). Isto é o que a Bíblia diz sobre a disciplina na igreja.

COMO OS CRISTÃOS DO PASSADO CONDUZIRAM A DISCIPLINA ECLESIÁSTICA?

No passado, os cristãos fizeram muito em relação à disciplina eclesiástica. Você ficará surpreso ao aprender que ações disciplinares eram uma parte substancial dos assuntos das reuniões de membros das igrejas batistas nos séculos XVIII e XIX.

Escrevendo neste tema há cinquenta anos, o erudito em grego H. E. Dana observou que:

> O abuso da disciplina é repreensível e destrutivo; pior ainda é o abandono da disciplina. Há duas gerações, as igrejas aplicavam a disciplina de um modo vindicativo e arbitrário que apenas causava divisão. Hoje o pêndulo balança para o outro extremo — a disciplina é quase totalmente negligenciada. Este é o tempo para que uma nova geração de pastores restaure esta importante função da igreja ao seu legítimo lugar e significado na vida da igreja.[3]

No que diz respeito à disciplina na igreja, Greg Wills, professor de história da igreja no Southern Baptist Seminary, trouxe à luz uma mudança crucial ocorrida entre a geração de nossos bisavós e a de nossos avós. O que ele descobriu foi o desaparecimento da disciplina corretiva em nossas igrejas. O livro de Greg Wills, *Democratic Religion* (Religião Democrática), provê abundantes citações que nos recordam que os pastores dos primeiros anos do século XIX consideravam como sua principal tarefa o pregarem fielmente a Palavra de Deus e ministrarem com fidelidade a disciplina piedosa. De fato, grande parte do compromisso histórico dos batistas com a liberdade

---

3 H. E. Dana, *A Manual of Ecclesiology* (Kansas City: Central Seminary Press, 1944), p. 244.

religiosa era motivada pelo desejo de que a igreja exercesse sua disciplina sem a interferência do Estado.[4]

Greg Wills nos mostra que nos dias anteriores à Guerra Civil Americana "os batistas do Sul excluíam quase 2% de seus membros a cada ano"![5] Embora pareça incrível, as igrejas cresciam enquanto eles faziam isso. De fato, as igrejas cresciam o dobro da taxa de crescimento da população! Portanto, a preocupação de que uma mudança para esse tipo de disciplina bíblica na igreja talvez seja antievangelística é, no mínimo, infundada.

Esse exemplo também nos mostra quão imperfeita a disciplina eclesiástica é. Essas mesmas igrejas, de uma forma que consideraríamos escandalosa hoje, aceitavam em sua membresia senhores de escravos. O bisturi nunca é mais sábio do que o cirurgião que o empunha.

Jesus deseja que nossa vida confirme as nossas palavras. Se nossa vida não confirma as nossas palavras, a obra de evangelização é prejudicada, conforme temos visto tão frequentemente, neste século, na América. Igrejas indisciplinadas têm tornado mais difícil para as pessoas ouvir as boas novas da nova vida em Cristo Jesus.

O que aconteceu? Por que deixamos de praticar a disciplina eclesiástica? Não o sabemos, realmente. Wills sugere que "este compromisso com um testemunho santo e coletivo para o mundo declinou quando outras questões ganharam a atenção dos cristãos, no final do século passado e no início deste século". Ele escreveu:

> De fato, quanto mais as igrejas se preocupam com a ordem social, tanto menos exercem a disciplina eclesiástica. De aproximadamente 1850 a 1920, um período de crescente zelo evangélico pela reforma da sociedade, a disciplina na igreja caiu rapidamente. Incluindo desde a abstinência de bebidas alcoólicas até à reforma da observância do dia do Senhor, os evangélicos persuadiram suas comunidades a adotar as normas morais da igreja para a sociedade. Na medida em que os batistas aprenderam a reformar a sociedade em geral, esqueceram-se de como haviam reformado a si

---

4 Wills, *Democratic Religion*, p. 32.
5 Ibid., p. 22.

mesmos. A disciplina na igreja pressupõe uma dicotomia rígida entre as normas da sociedade e o reino de Deus. Quanto mais os evangélicos purificavam a sociedade, tanto menos sentiam a necessidade de uma disciplina que separava a igreja do mundo.[6]

Conforme explica Wills:

Depois da Guerra Civil... os observadores começaram a lamentar que a disciplina na igreja estava afundando, e realmente estava. Por um lado, ela declinou por haver se tornado mais incômoda em igrejas grandes. Em grande número, os batistas jovens se recusaram a submeter-se à disciplina por dançarem, e as igrejas evitaram excluí-los. As igrejas urbanas, pressionadas pela necessidade de grandes edifícios e pelo desejo de música e pregação elegantes, sujeitaram a disciplina à tarefa de manter a igreja pagando suas dívidas. Muitos batistas compartilhavam de uma nova visão da igreja, deixando de lado a busca por pureza e substituindo-a pela busca por eficiência. Perderam a determinação de purificar suas igrejas mediante a exclusão de membros desviados. Ninguém advogava publicamente a morte da disciplina. Nenhum líder batista se levantou para exigir o fim das reprimendas congregacionais. Nenhum teólogo argumentou que a disciplina era incorreta em prática e em princípio... Ela simplesmente desapareceu, como se os batistas tivessem se cansado de ser responsáveis uns pelos outros.[7]

Visto que as igrejas batistas do século XIX abandonaram a disciplina eclesiástica, a obra do pastor também mudou. Essa obra havia se tornado sutilmente mais pública. Antes, pensava-se que a obra de um pastor consistia em certificar-se de que as almas eram restauradas por meio de conversas particulares com as famílias ou os indivíduos. Mas o que veio a acontecer cada vez mais foram séries de extensas reuniões,

---

6 Ibid., p. 10.
7 Ibid., 9.

entretenimentos e convites emocionantes a uma decisão imediata; e o pastor era chamado, de vez em quando, para lidar apenas com os casos mais sérios de disciplina eclesiástica. A igreja não tinha qualquer envolvimento na resolução desses problemas e, de fato, nem tinha conhecimento deles. Não existia mais aquela comunhão de pessoas que entraram num pacto de serem responsáveis umas pelas outras. E esperava-se que somente o pastor lidasse com poucos casos de disciplina — aqueles que poderiam trazer embaraço público à igreja.

Em todas estas mudanças, limites importantes foram obscurecidos. O papel do pastor foi confundido. E, de um modo ainda mais fundamental, a distinção entre a igreja e o mundo começou a se perder. E essa perda trouxe grande prejuízo ao ministério evangelístico da igreja — e à nossa própria vida cristã.

Todos os cristãos evangélicos do passado tendiam a praticar a disciplina bíblica na igreja. De fato, em 1561, os cristãos reformados expressaram seu entendimento sobre estes assuntos nas palavras da Confissão Belga:

> As marcas para conhecer a verdadeira igreja são estas: ela mantém a pura pregação do Evangelho, a pura administração dos sacramentos como Cristo os instituiu, e o exercício da disciplina eclesiástica para castigar os pecados. Em resumo: ela se orienta segundo a pura Palavra de Deus, rejeitando todo o contrário a esta Palavra e reconhecendo Jesus Cristo como o único Cabeça. Assim, com certeza, se pode conhecer a verdadeira igreja; e a ninguém convém separar-se dela.[8]

É claro que, no passado, as igrejas praticavam a disciplina bíblica.

"NOSSA IGREJA NUNCA FARIA ISSO, FARIA?"

Às vezes, os membros da igreja ficam chocados com a ideia de disciplina na igreja quando a encontram pela primeira vez, de modo que você os ouve dizer algo

---

8 Philip Schaff, *The Creeds of Christendom: With a History and Critical Notes* (Grand Rapids: Baker, 1983), p. 419-20.

como: "Nossa igreja nunca faria isso, faria?" De fato, essa resposta mostra como é fácil esquecer o que, durante séculos, foi uma prática comum entre os cristãos.

A igreja local que eu pastoreio em Washington tem reconhecido, desde os seus primeiros dias, a importância da disciplina bíblica. Quando o grupo de cristãos se reuniu naquele primeiro dia e cantaram aquele hino, eles se integraram como uma igreja. Uma das primeiras medidas que tomaram naquele dia, em fevereiro de 1878, foi adotar as seguintes regras sobre a correção das pessoas, quer por admoestação (advertência), quer por exclusão, que ocorreria depois de haverem sido advertidos. Quanto à recepção de um membro, eles disseram:

> Quando um membro da igreja transgride contra outro, se a ofensa não é de caráter público, é dever do ofendido achar uma oportunidade de conversar particularmente com o ofensor, tendo em vista a reconciliação do problema, de acordo com a regra estabelecida em Mateus 18.15.
> Se o ofensor se recusar a dar satisfações, será dever do ofendido escolher um ou dois membros da igreja e, com a ajuda destes, se esforçar para reconciliar o ofensor, de acordo com a regra estabelecida em Mateus 18.16.
> Se estes procedimentos falharem em garantir um ajuste satisfatório do problema, será dever do ofendido colocar o assunto diante da igreja, conforme a instrução de Mateus 18.17; e, se, depois ser admoestado o ofensor, em espírito de brandura e tolerância, ele continuar obstinado e incorrigível, será dever da igreja investigar o caso e agir conforme seja necessário.
> As acusações dirigidas contra um membro têm de ser escritas e não devem ser apresentadas à igreja sem o conhecimento prévio do pastor e dos diáconos ou antes de uma cópia ter sido apresentada ao ofensor.

Eles também discutiram o que deveria acontecer, se o membro errante não se arrependesse. O próximo passo era a exclusão. Eles disseram que a exclusão

... é um ato judicial da igreja, imposto a um ofensor pela autoridade do Senhor Jesus Cristo; é um ato pelo qual o ofensor é excluído da membresia e da comunhão da igreja, de acordo com a regra... de Mateus 18.17.
Nenhum membro será excluído até que tenha sido notificado a comparecer diante da igreja e tenha desfrutado do privilégio de responder, pessoalmente, as acusações dirigidas a ele, exceto em casos de imoralidade flagrante e notória, quando será dever da igreja vindicar a honra de sua vocação sagrada, realizando sem demora a exclusão do membro ofensor.

Que pecado eles consideravam suficientemente grave para exigir esta ação?

Nos seguintes casos, os membros estão sujeitos à disciplina da igreja:
Alguma violação externa da lei moral.
Seguir um comportamento que pode, conforme o juízo da igreja, ser desonroso a ela como um corpo.
Ausentar-se da igreja habitualmente sem boas razões, em ocasiões destinadas para a adoração pública.
Manter e defender doutrinas contrárias àquelas apresentadas na declaração de fé.
Negligenciar ou recusar-se a contribuir para as despesas permanentes da igreja, de acordo com suas diversas habilidades.
Ameaçar arrogantemente os atos e realizações da igreja ou seguir um curso de ação que visa produzir discórdia.
Divulgar a pessoas não interessadas aquilo que é feito nas assembleias da igreja.
Seguir uma conduta imprópria aos bons cidadãos e aos que professam ser cristãos.

Se você fosse parte da Capitol Hill Baptist Church em 1878, seria advertido pelos membros a respeito de algo? Vejo com regularidade os nomes dos nossos membros fundadores. As assinaturas deles estão no pacto original da igreja que está pendurado permanentemente em uma parede de nossa igreja. Naquele pacto, feito entre as 31 pessoas que o subscreveram, posso achar também os nomes de alguns dos envolvidos nos primeiros casos registrados de disciplina da igreja. Descubro que dois membros foram excluídos (do total de 80 membros da igreja) em 1880. Quem eram eles e o que aconteceu? Não sabemos muito. Parece que esta situação difícil é a que foi registrada pelo secretário em uma carta anual da igreja. Em seu brilhante relatório de 1879, temos esta nota breve de Francis McLean, o secretário da igreja:

> Tenho de segredar uma coisa: o crescimento viçoso e a densa folhagem não escondem alguns galhos aparentemente mortos na árvore. Esta é uma responsabilidade — uma preocupação — vamos agir bem e com sabedoria.

Parece que um desses "galhos aparentemente mortos" eram, de fato, uma das pessoas que haviam assinado como membro fundador da igreja. Seu nome era Charles L. Patten. Ele servira como secretário da Escola Dominical. No entanto, na ata de uma assembleia da igreja em 17 de dezembro de 1879, encontramos este breve comentário:

> O pastor apresentou os pedidos (datados de 30 de outubro de 1879) de carta de desligamento desta igreja, para a Primeira Igreja Batista, da irmã Alma C. Smith e do irmão Charles L. Patten. O pastor afirmou que, em sua discrição, os pedidos haviam sido negados e que agora os apresentava à igreja. O irmão Williamson propôs que fosse dada carta de desligamento à irmã Smith. Rejeitado. Antes da proposta do irmão Kingdon, formou-se uma comissão constituída pelo pastor e os irmãos C. W. Longan e Ward Morgan, para considerar o pedido do irmão Patten e que lhe fosse exigido comparecer perante esta comissão para explicar as razões por que havia se separado da esposa.

Isso aconteceu numa assembleia da igreja. Eles não desejavam que se pensasse que os cristãos abandonam suas esposas. Um mês depois, numa reunião da igreja, em 21 de janeiro de 1880, lemos:

O pastor, em nome da comissão designada para investigar o caso do irmão Patten, informou que lhe haviam mandado uma carta, que ele respondeu por escrito, mas que os outros esforços da comissão haviam falhado no sentido de obter um encontro para receberem alguma explicação. Considerou-se que a comissão obteve progresso e que o assunto ainda deveria continuar sob a responsabilidade deles.

Nessa mesma reunião, um segundo assunto de disciplina foi apresentado em referência ao caso de outro membro fundador da congregação.

O secretário apresentou a seguinte proposta, que foi aceita: que se formasse uma comissão, constituída do pastor e diáconos, para avaliar os fatos relacionados ao caso da irmã Lucretia E. Douglas, a fim de explicar as razões por que ela não tem frequentado a igreja por mais de um ano e recomendar, na próxima assembleia quadrimestral, o que eles julgarem ser o melhor e mais sábio procedimento no assunto por parte desta igreja.

Não frequentar os cultos, no caso da irmã Lucretia, foi considerado um dos pecados mais graves, porque ocultava outros pecados. Quando alguém começa a viver em pecado, podemos esperar que ele pare de vir aos cultos.

Portanto, a Capitol Hill Baptist Church *praticava* a disciplina — nós podemos e devemos! Assim como muitas outras igrejas. Durante a maior parte da história da igreja, esta tem sido a prática regular da igreja.

POR QUE DEVEMOS PRATICAR A DISCIPLINA ECLESIÁSTICA?

1. Para o bem da pessoa disciplinada. O homem em Corinto (1Co 5.1-5) estava perdido no pecado, pensando que Deus aprovava o caso que ele tinha com a esposa de seu pai. As pessoas das igrejas da Galácia imaginavam que era correto o fato de estarem confiando em suas próprias obras, e não somente em Cristo (ver Gl 6.1). Alexandre e Himeneu (1Tm 1.20) pensavam que tudo estava bem ao blasfemarem de Deus. Mas nenhuma dessas pessoas estava em uma boa situação diante de Deus. Motivados por

amor às pessoas, desejamos ver a disciplina sendo exercida na igreja. Não queremos que nossas igrejas encorajem os hipócritas que têm o coração endurecido, confirmado e iludido em seus pecados. Não queremos viver esse tipo de vida, individualmente ou como igreja.

2. Para o bem de outros cristãos, quando veem o perigo do pecado. Paulo disse a Timóteo que, se um líder pecar, ele deve ser repreendido publicamente (1 Tm 5.20). Isso não significa que toda vez que eu, como pastor, cometer um erro, os membros de minha igreja devem se levantar, no culto público, e dizer: "Mark, aquilo era errado". Significa que, havendo um pecado sério (especialmente um pecado do qual ainda não houve arrependimento), ele deve ser trazido a público, para que os outros sejam advertidos ao verem a natureza grave do pecado.

3. Para a saúde da igreja como um todo. Paulo argumenta com os outros crentes de Corinto, dizendo que eles não deviam se vangloriar de sustentarem aquela tolerância ao pecado na igreja (1Co 5.6-8). Ele perguntou retoricamente: "Não sabeis que um pouco de fermento leveda a massa toda?" O fermento representa a natureza impura e propagadora do pecado. Por essa razão, Paulo disse:

> Lançai fora o velho fermento, para que sejais nova massa, como sois, de fato, sem fermento. Pois também Cristo, nosso Cordeiro pascal, foi imolado. Por isso, celebremos a festa não com o velho fermento, nem com o fermento da maldade e da malícia, e sim com os asmos da sinceridade e da verdade. (1Co 5.7-8)

Na ceia da Páscoa, um cordeiro era imolado e pão asmo comido. Paulo disse aos cristãos de Corinto que o cordeiro (Cristo) já havia sido imolado e que eles (a igreja de Corinto) deveriam ser pães asmos. Eles não deveriam ter o fermento do pecado em si mesmos. Deveriam, como igreja, ser um sacrifício aceitável.

É claro que nada disso significa que a disciplina deva ser a questão central da igreja. A disciplina não é a questão central da igreja, assim como os remédios não são a questão central da vida. Há épocas em que precisamos nos gastar, por força de necessidade, no exercício da disciplina; mas, no geral, a disciplina deve ser algo que nos permite levar adiante a nossa tarefa principal. A disciplina não é, em si mesma, a tarefa principal.

4. *Para o testemunho coletivo da igreja.* A disciplina na igreja é um poderoso instrumento na evangelização. As pessoas observam que nossas vidas são diferentes, em especial quando há uma comunidade de pessoas — não de pessoas perfeitas, mas de pessoas cujas vidas são marcadas pelo amar verdadeiramente a Deus e uns aos outros. Quando as igrejas são vistas se conformando com o mundo, isso torna mais difícil a tatrefa de evangelização.Nos tornamos tão semelhantes aos incrédulos, que eles não têm qualquer pergunta a fazer-nos. Que vivamos de tal modo que as pessoas sejam construtivamente curiosas. (Ver Mt 5.16; Jo 13.34-35; 1Co 5.1; 1Pe 2.12.)

5. *Para a glória de Deus, quando refletimos a sua santidade.* As Escrituras deixam claro que Deus nos criou para sua glória (veja Ef 5.25-27; Hb 12.10-14; 1Pe 1.15-16; 2.9-12; 1Jo 3.2-3.) A razão mais convincente para praticar a disciplina na igreja é glorificar a Deus. Essa é a razão por que vivemos! Nós, seres humanos, fomos criados para portar a imagem de Deus, transmitir seu caráter à sua criação (Gn 1.27). Por isso, em todo o Antigo Testamento, quando Deus formou um povo para levar em si mesmo sua imagem, ele os instruiu em santidade, para que o caráter deles se aproximasse melhor do caráter do próprio Deus (ver Lv 11.44a; 19.2). Essa era a base para a correção e até exclusão na época do Antigo Testamento, quando Deus formou um povo para si mesmo. É também a base para formar a igreja do Novo Testamento (ver 2Co 6.14-7.1). Espera-se que os cristãos sejam santos, não por causa de nossa própria reputação, mas por causa da reputação de Deus.

Temos de ser luz do mundo, de modo que as pessoas, ao verem nossas boas obras, glorifiquem a Deus (Mt 5.16). Pedro disse a mesma coisa: "Mantendo exemplar o vosso procedimento no meio dos gentios, para que, naquilo que falam contra vós outros como de malfeitores, observando-vos em vossas boas obras, glorifiquem a Deus no dia da visitação" (1Pe 2.12). Essa é a razão por que Deus nos chamou, nos salvou e nos separou (Cl 1.21-22).

Se levamos o nome de Deus, a quem mais devemos ser semelhantes? Paulo escreveu à igreja em Corinto:

> Ou não sabeis que os injustos não herdarão o reino de Deus? Não vos enganeis: nem impuros, nem idólatras, nem adúlteros, nem efeminados, nem sodomitas, nem ladrões, nem avarentos, nem bêbados, nem maldizentes,

nem roubadores herdarão o reino de Deus. Tais fostes alguns de vós; mas vós vos lavastes, mas fostes santificados, mas fostes justificados em o nome do Senhor Jesus Cristo e no Espírito do nosso Deus. (1Co 6.9-11)

Desde o início, o Senhor Jesus instruiu seus discípulos a ensinarem as pessoas a obedecerem ao que ele havia dito (Mt 28.19-20). Deus terá um povo santo que reflete seu caráter. A figura da igreja, no final do livro de Apocalipse, é a de uma noiva gloriosa que reflete o caráter do próprio Cristo, enquanto, "fora ficam os cães, os feiticeiros, os impuros, os assassinos, os idólatras e todo aquele que ama e pratica a mentira" (Ap 22.15).

Tomando 1 Coríntios como exemplo, as igrejas têm reconhecido por muito tempo a disciplina eclesiástica como um dos limites que tornam significativo o pertencer à membresia de uma igreja. A suposição é de que os membros da igreja são pessoas que podem tomar a Ceia do Senhor sem trazer vergonha para a igreja, condenação para si mesmos ou desonra para Deus e o evangelho (ver 1Co 11).

Quando consideramos essas passagens e as qualificações para os líderes da igreja, percebemos que como cristãos nos empenhamos muito mais ativamente pela responsabilidade de ter um bom nome do que fazem as pessoas do mundo. Nos tribunais seculares, apresentamos corretamente um rigoroso conjunto de provas àqueles que acusam os outros de culpados. Presumimos inocência até que se prove o contrário. Contudo, na igreja, nossa responsabilidade é bem diferente. Nossas vidas são a vitrine que expõe o caráter de Deus no mundo. Não podemos determinar o que os outros pensarão a respeito de nós, e sabemos que devemos esperar tão forte desaprovação, que seremos até perseguidos por causa da justiça. Mas, quanto depender de nós, temos de viver de um modo que recomende o evangelho aos outros. Temos a responsabilidade de viver de uma maneira que traga louvor e glória para Deus, e não ignomínia e vergonha.

Nossa teologia bíblica pode explicar a disciplina na igreja. Nosso ensino e pregação podem nos instruir sobre essa disciplina. Os líderes de nossa igreja podem estimulá-la. Mas é somente a igreja que pode e deve exercer a disciplina.

A disciplina bíblica na igreja é apenas obediência a Deus e uma simples confissão de que precisamos de ajuda. Não podemos viver a vida cristã sozinhos. Nosso propósito em praticar a disciplina na igreja é positivo para a pessoa que recebe essa disciplina, para os outros cristãos, quando eles veem o perigo real do pecado, para a saúde da igreja como um todo e para o testemunho coletivo da igreja para os de fora. Acima de tudo, nossa santidade tem de refletir a santidade de Deus. Ser membro de uma igreja precisa ter significado, não por causa de nosso orgulho pessoal, e sim por causa do nome de Deus. A disciplina bíblica na igreja é uma marca de uma igreja saudável.

O QUE ACONTECERÁ SE NÃO PRATICARMOS A DISCIPLINA NA IGREJA?

Temos de perguntar a nós mesmos o que significa ser uma igreja, se a nossa igreja não pratica a disciplina eclesiástica.[9] Como você percebe, esta é uma pergunta sobre a natureza de nossas igrejas.

Greg Wills disse que para muitos cristãos do passado "uma igreja sem disciplina dificilmente seria considerada uma igreja".[10] John Dagg escreveu: "Quando a disciplina deixa uma igreja, Cristo a acompanha".[11] Se não podemos dizer o que algo não é, também não podemos dizer o que é. Se abdicarmos da habilidade de dizer o que não é um cristão, não podemos dizer o que é um cristão.

Precisamos viver de um modo que confirme nossa profissão de fé. Precisamos amar uns aos outros e ser responsáveis uns pelos outros, porque todos nós teremos ocasiões em que a nossa carne desejará seguir um caminho diferente do que Deus revelou nas Escrituras. E parte da maneira como devemos amar uns aos outros é sermos honestos, estabelecermos relacionamentos mútuos e falarmos em amor uns com os outros. Precisamos amar uns aos outros e aqueles que estão fora de nossa igreja, os quais são afetados pelo nosso testemunho. Também precisamos amar a Deus, que é santo, que nos chama, não para tomarmos em vão seu nome, mas sim para sermos santos como ele é santo. Esse é um tremendo privilégio e uma grande responsabilidade.

Se quisermos ver nossas igrejas saudáveis, temos de nos preocupar ativamente uns com os outros, até ao ponto de confrontação. Tudo isso se torna prático, quando

---

9 Isso não é o mesmo que um pastor que está comprometido em recuperar a prática da disciplina da igreja, mas que decidiu atrasá-la para primeiro ensinar sobre o assunto."Não façam isso!" Por que vocês não devem praticar disciplina eclesiástica.
10 Wills, *Democratic Religion*, p. 33.
11 John L. Dagg, *Manual of Church Order* (Harrisonburg: Gano, 1982), p. 274 [edição em português: *Manual de Eclesiologia* (Rio de Janeiro: Editora ProNobis, 2023)].

nos concentramos seriamente nisso, não é? Tudo isso fala sobre uma igreja, vida nova, pacto, relacionamentos comprometidos?

Qual será a colheita?

Sobre os rochedos irá murchar,
Ou nas estradas se desperdiçar,
Entre os espinhos vai se perder,
Ou nas campinas há de crescer.

Há sementeira, pois, de amargor,
Há de remorso e de negro horror,
Há de vergonha e de confusão,
Há de miséria e de perdição.

Vale-me tu, grande Semeador!
Faz prosperar todo o meu labor:
Quero servir-te, meu Rei Jesus,
Quero contigo ceifar em luz.

Oh! qual há de ser, além,
A ceifa do mal ou bem?[12]

OUTROS RECURSOS

- Para grupos de estudo: Bobby Jamieson, *Guarding One Another: Church Discipline* (2012), um estudo bíblico indutivo de seis semanas do ministério 9Marks.
- Para aplicação pastoral: Jonathan Leeman, *Disciplina da Igreja: Como a Igreja Protege o Nome de Jesus* (2012).

---

12 Oakley, "What Shall the Harvest Be?"

- Veja também Jonathan Leeman, *A Regra do Amor: Como a Igreja Deve Refletir o Amor e a Autoridade de Deus* (2018), e Gregory A. Wills, *Democratic Religion: Freedom, Authority, and Church Discipline in the Baptist South, 1785-1900* (1996).

A SEGUIR...

Marca Seis: Um interesse bíblico por discipulado e crescimento
Uma teologia bíblica de crescimento
Uma prática bíblica de crescimento
      Pregação expositiva
      Doutrina evangélica
      Um entendimento bíblico da conversão e da evangelização
      Um entendimento bíblico da membresia na igreja
      Um entendimento bíblico da disciplina eclesiástica
      Um entendimento bíblico da liderança na igreja
      Um entendendimento e uma prática bíblica da oração
      Um entendimento e uma prática bíblica de missões
Esperanças para o crescimento
      Visitação pastoral
      Crescimento coletivo como igreja
A importância do bom crescimento
O que acontecerá se não crescermos?

MARCA SEIS: UM INTERESSE BÍBLICO POR DISCIPULADO E CRESCIMENTO

Rob orou para receber a Cristo quando tinha 17 anos de idade. Ele teve alguns meses difíceis e, no final destes, sentiu-se bastante fatigado. Dizer que ele estava desesperado seria dramático demais, mas era assim que ele se sentia. Rob nunca tivera interesse pela igreja, mas não tinha nada contra ela. Ele não era um ateu ou qualquer outra coisa. Ele apenas não via muito proveito na igreja.

Seu amigo Shawn o convidou para ir a uma reunião de cristãos. Rob se sentiu tão deprimido que pensou: "Talvez isso me ajude". Portanto, ele foi à reunião com Shawn e lá conversou com este e com uma jovem chamada Sarah — até quase meia-noite.

A conversa começou com assuntos triviais, mas se tornou séria, quando Shawn e Sarah começaram a compartilhar algumas experiências pelas quais haviam passado recentemente. Em determinado momento, chegou a vez de Rob. Ele não se assentou e começou a chorar ou algo desse tipo; apenas abriu seu coração e foi mais honesto com estas duas pessoas do que às vezes o era até consigo mesmo. "Minha vida está fora de controle. Tudo parece estar dando errado. E o que está indo bem não me parece ser importante."

Em cinco minutos — ou menos —, Sarah e Shawn lhe falaram sobre a maravilhosa vida que ele poderia ter como um cristão e sobre o dom gratuito que ele poderia ter imediatamente, o dom do perdão de Deus para todos os seus erros, e sobre a vida eterna com Deus, no céu, quando ele morresse. Parecia a melhor dádiva que já lhe havia sido ofertada; também parecia tão agradável que aquelas duas pessoas estivessem assentadas ali, ouvindo-o e contando-lhe essas verdades.

Assim, quando Rob lhes perguntou como poderia obter aquilo, Shawn e Sara lhe deram um livrinho e lhe mostraram um parágrafo em negrito na capa de trás. Era uma oração. "Repita depois de mim", disse Shawn, e Rob o fez. Cada vez que Shaw lia uma sentença e parava, Rob repetia aquela sentença. Ele as estava lendo para Deus. Estava orando. Era isso mesmo. Shawn e Sarah lhe disseram, com entusiasmo, que ele havia se tornado um cristão, porque Deus prometeu que, se alguém confessasse seus pecados, ele o perdoaria. Rob sabia que tinha cometido erros. Por isso, ele orou. Havia terminado a oração; ele estava salvo.

Nos anos seguintes, Rob teve uma vida bem correta. Quando ele tinha mais ou menos 40 anos de idade, as pessoas até pensavam que ele era uma coluna da igreja.

Ele acabou se envolvendo com uma igreja em que a pregação era estimulante. Os sermões eram curtos, cheio de boas histórias, anedotas memoráveis e ilustrações comoventes. Rob gostava muito de ouvir, especialmente as histórias.

Se alguém o encostasse na parede, ele teria de confessar que não conhecia muito bem a Bíblia. Embora houvesse ensinado na Escola Dominical por vários anos, Rob não podia realmente dizer onde ficavam muitos dos livros da Bíblia o qual era o assunto do livro de Apocalipse. Rob tinha seus próprios pensamentos a respeito de Deus e os compartilhava com as pessoas, mas não extraía seus pensamentos da Bíblia. Era apenas o que ele ouvira e imaginava por si mesmo.

Ele imaginava que o evangelho era uma oferta vinda diretamente de Deus — que perdoa os nossos pecados, se tão-somente os reconhecermos ("Sim, este é o meu pecado"). Ele sabia que Jesus e a cruz eram importantes; não sabia exatamente como, mas sabia que eram importantes.

Falando a verdade, Rob pensava que a conversão era como a decisão de comprar um carro novo ou alguma outra decisão relevante de sua vida. A conversão era algo tremendo, e um pouco alarmante, mas era algo que você tinha de fazer. Ele achava que todos chegariam à conversão em algum tempo e que converter-se o mais rápido possível era melhor do que deixar para depois... pois, como você sabe, você nunca sabe...

Para Rob a evangelização era o que os líderes da igreja faziam e o que ele mesmo devia fazer às vezes. Ele teve de fazer um pouco de evangelização quando a igreja recebeu um pastor novo que gostava de ir de porta em porta; também o fez uma vez quando viajou como acompanhante de um coral de jovens e alguns rapazes lhe fizeram perguntas a respeito do que significava ser batizado e unir-se a uma igreja — por isso, falou-lhes sobre o assunto.

De fato, o próprio Rob nunca se uniu a uma igreja, porém muitas pessoas talvez nem entendessem isso. Ele teria períodos de mais envolvimento e períodos de menos envolvimento. Às vezes, estaria na igreja todos os domingos durante um ano inteiro e, às vezes, não frequentaria a igreja por um mês, dois meses, três meses; e, sinceramente, ele gostava que fosse assim. Ele era capaz de selecionar e assumir somente aquilo em que ele queria se envolver. Afinal de contas, unir-se a uma igreja sempre lhe fora semelhante a dar um cheque em branco para alguém.

Houve também os problemas que ocorreram alguns anos antes, quando sua filha, que fazia parte do coral, foi ensinada sobre princípios que ele considerava loucura. Por quê? Porque se continuassem ensinando aquilo, sua filha acabaria por se tornar uma missionária em um país estrangeiro ou algo semelhante! Então, ele a proibiu de continuar participando do coral, da mocidade, do estudo bíblico e das reuniões da igreja por um tempo e ele mesmo se ausentou durante quase um ano. Ele não se preocupava muito com isso, embora soubesse que acreditava no "uma vez salvo, salvo para sempre" e soubesse que era salvo, porque se lembrava da oração que fizera com Sarah e Shawn. Portanto, ele não tinha com que se preocupar.

Além disso, eles tiveram um pastor com o qual ele não se dava bem, e, sendo honesto, Rob achava que podia esperar até que o pastor fosse embora. Ele tinha visto pastores chegarem e saírem. Algumas das ações que esse novo pastor queria fazer realmente o incomodava. O pastor queria dar mais dinheiro para missões, quando havia bastante trabalho que precisava ser feito no próprio templo deles. Ele falava a respeito de mudanças na igreja como a introdução de presbíteros e até conversava a respeito de "disciplina na igreja" (que a Rob parecia algo assustador, uma atitude de juízo e anticristã). Rob sabia que muitos pastores não ficavam por muito tempo na igreja, especialmente se ele tornasse público que evitava o envolvimento na igreja porque o pastor estava ali.

É surpreendente que Rob não estivesse realmente crescendo como cristão? E, mais do que isso, que não o incomodava que não estivesse crescendo como cristão?

Para nos ajudar a considerar situações como a de Rob, temos cinco perguntas:

1. Esses desejos por crescimento espiritual são bíblicos? Ou podemos, como crentes, ficar quietos, acomodados e seguros como Rob?
2. Se quisermos crescer em nossa vida espiritual — como indivíduos e como igreja — como podemos fazer isso?
3. O que estou tentando fazer em minha própria igreja para ajudar em nosso crescimento?
4. O crescimento espiritual é realmente importante?
5. O que acontecerá se não crescermos?

Uma igreja saudável se caracteriza por um interesse sério pelo crescimento espiritual por parte dos seus membros. Em uma igreja saudável, as pessoas querem melhorar no seguir a Jesus Cristo.

UMA TEOLOGIA BÍBLICA DE CRESCIMENTO

Em primeiro lugar, o desejo por crescimento espiritual é bíblico ou é apenas um exemplo da mania de progresso da cultura moderna? Amamos o progresso em tudo e, por isso, o importamos ao nosso entendimento do cristianismo? Ou toda esta conversa sobre o crescimento espiritual talvez seja um tipo de egocentrismo espiritual em que nos tornamos narcisistas cristãos, excessivamente preocupados com nossas próprias virtudes espirituais?

Examinando as Escrituras, descobrimos que o crescimento espiritual não é simplesmente um interesse de pessoas vanguardistas; é um interesse da Bíblia.

No primeiro capítulo das Escrituras, você percebe que Deus ordenou às suas criaturas da terra e do mar que se multiplicassem: "E Deus os abençoou, dizendo: Sede fecundos, multiplicai-vos e enchei as águas dos mares; e, na terra, se multipliquem as aves" (Gn 1.22). Um pouco depois, Adão e Eva recebem de Deus essa mesma ordem: "E Deus os abençoou e lhes disse: Sede fecundos, multiplicai-vos, enchei a terra e sujeitai-a; dominai sobre os peixes do mar, sobre as aves dos céus e sobre todo animal que rasteja pela terra" (v. 28).

Mais tarde, depois que Deus limpou completamente o mundo com o julgamento do Dilúvio, qual foi a primeira ordem que Noé e seus filhos receberam? "Abençoou Deus a Noé e a seus filhos e lhes disse: Sede fecundos, multiplicai-vos e enchei a terra" (Gn 9.1).

Se você continuar lendo o livro de Gênesis, verá que Deus prometeu a Abraão que o número de seus descendentes seria enorme e cresceria. Quando os filhos de Israel desceram ao Egito e se tornaram cativos, eles se multiplicaram e crescerem em número. Isso foi um sinal da bênção de Deus. Ele os abençoou novamente quando foram à terra prometida. E, quando foram levados ao exílio na Babilônia, o que aconteceu? O Senhor os instruiu por meio de Jeremias: "Tomai esposas e gerai filhos e filhas, tomai esposas para vossos filhos e dai vossas filhas a maridos, para que tenham filhos e filhas; multiplicai-vos aí e não vos diminuais" (Jr 29.6).

Deus não subscreve a ideia de que o pequeno é belo! Embora o seja às vezes, o pequeno não é necessariamente o melhor. Não estou dizendo que Deus é de algum país imenso — mas somente que ele parece ver a abundância como uma bênção. Uma das maneiras como Deus estimula a prática da justiça no Antigo Testamento é mostrando a abundância de bênçãos que ele derrama na forma de crescimento e prosperidade. Por isso, lemos em Salmos 92.12-13:

> O justo florescerá como a palmeira,
> crescerá como o cedro no Líbano.
> Plantados na Casa do Senhor,
> florescerão nos átrios do nosso Deus.

No livro de Provérbios, Deus nos dá instruções sobre como podemos crescer desta maneira. Somos ensinados a crescer em poder por meio do crescer em sabedoria e a crescer em sabedoria por meio do andarmos com os sábios (Pv 24.5; 13.20).

É claro que não buscamos o tipo errado de crescimento. Não devemos ficar impressionados pelo crescimento do que é material, como riqueza e bens. Como nos adverte Salmos 49.16-17:

> Não temas, quando alguém se enriquecer,
> quando avultar a glória de sua casa;

pois, em morrendo, nada levará consigo.

A morte colhe de nós todas as posses que acumulamos neste mundo. Por isso não devemos nos impressionar com elas.

Uma das verdades que aprendemos da Bíblia a respeito do crescimento é que o reino de Deus crescerá. Isso foi profetizado no Antigo Testamento, e Jesus também o prometeu. Todos os anos cantamos na época do Natal aquela profecia de Isaías 9.7, na qual o Senhor prometeu que o reino do seu Messias cresceria:

> Para que se aumente o seu governo, e venha paz sem fim sobre o trono de Davi e sobre o seu reino, para o estabelecer e o firmar mediante o juízo e a justiça, desde agora e para sempre. O zelo do Senhor dos Exércitos fará isto.

O próprio Senhor Jesus falou como seu reino cresceria para cumprir esta profecia. Ele disse que seu reino cresceria desde a menor semente até a maior planta do jardim — "O qual é, na verdade, a menor de todas as sementes, e, crescida, é maior do que as hortaliças, e se faz árvore, de modo que as aves do céu vêm aninhar-se nos seus ramos" (Mt 13.32).

É claro que a semente caiu no solo e morreu. Mas, embora Jesus tenha sido crucificado e sepultado, ele ressuscitou, e o reino de Deus, que Jesus começou a edificar, passou exatamente por aquilo que Jesus profetizou que passaria. Começou a crescer. Se lermos o livro de Atos dos Apóstolos, acharemos diversas vezes este refrão:

> Ora, naqueles dias, multiplicando-se o número dos discípulos... Crescia a palavra de Deus, e, em Jerusalém, se multiplicava o número dos discípulos; também muitíssimos sacerdotes obedeciam à fé (At 6.1, 7).

> Entretanto, a palavra do Senhor crescia e se multiplicava (At 12.24).

> E divulgava-se a palavra do Senhor por toda aquela região (At 13.49).

> Assim, a palavra do Senhor crescia e prevalecia poderosamente (At 19.20).

Assim, vemos o crescimento numérico acontecendo tanto no Novo como no Antigo Testamento. Mas o crescimento sobre o qual falamos, insistimos e oramos, no Novo Testamento, não é apenas numérico. Se a sua igreja tem mais pessoas agora do que tinha alguns anos atrás, isso significa que ela é uma igreja saudável? Não necessariamente.[1] Existe outro tipo de crescimento. O Novo Testamento nos dá a ideia de um crescimento que envolve não somente um maior número de pessoas, mas também pessoas que estão crescendo, amadurecendo e aprofundando-se na fé. Por isso, lemos em Efésios 4.15-16:

> Mas, seguindo a verdade em amor, cresçamos em tudo naquele que é a cabeça, Cristo, de quem todo o corpo, bem ajustado e consolidado pelo auxílio de toda junta, segundo a justa cooperação de cada parte, efetua o seu próprio aumento para a edificação de si mesmo em amor.

Como acontece esse crescimento? Em última instância, ele acontece pela obra de Deus. Crescemos, como corpo de Cristo, à medida que Deus nos faz crescer. Essa é a razão por que lemos em Colossenses 2.19 que Cristo é "a cabeça, da qual todo o corpo, suprido e bem vinculado por suas juntas e ligamentos, cresce o crescimento que procede de Deus".

Não é o pregador que faz uma igreja crescer. Deus pode usá-lo. Isso está nas mãos dele. Paulo escreveu sobre este assunto aos cristãos de Corinto. Eles eram inclinados a valorizar pregadores eloquentes. Então, Paulo lhes escreveu, recordando-lhes: "Eu plantei, Apolo regou; mas o crescimento veio de Deus. De modo que nem o que planta é alguma coisa, nem o que rega, mas Deus, que dá o crescimento" (1Co 3.6-7).

Paulo era um bom discípulo de Jesus, o qual, ele mesmo, tinha ensinado que o crescimento do Reino de Deus vem de Deus e, em última análise, não depende de nós. Em Marcos 4, Jesus compara o Reino de Deus a uma semente que se desenvolve enquanto o agricultor dorme. Quer ele acorde, quer não, a semente continua a crescer: "quer esteja ele dormindo à noite, quer acordado de dia, a semente acaba brotando e

---

[1] Alguns anos atrás, a Willow Creek Community Church conduziu um estudo local interessante que trouxe a questão à tona. Veja Greg Hawkins e Cally Parkinson, *Reveal* (Barrington: Willow Creek Resources, 2007).

crescendo, sem ele saber como" (Mc 4.27, A21). O ponto de Jesus não é que devamos ser preguiçosos ou indolentes, mas que o crescimento do Reino de Deus não depende, em última análise, de nós. O próprio Deus está comprometido em garantir o crescimento de sua igreja.

Esta é a razão por que, ao escrever aos cristãos de Tessalônica, Paulo não os congratulou por haverem crescido — "Oh! como vocês cresceram tão bem!" Pelo contrário, ele agradeceu a Deus pelo crescimento deles. "Irmãos, cumpre-nos dar sempre graças a Deus no tocante a vós outros, como é justo, pois a vossa fé cresce sobremaneira, e o vosso mútuo amor de uns para com os outros vai aumentando" (2 Ts 1.3). O crescimento não deve produzir orgulho. Pode causar humildade e reconhecimento de que é Deus quem dá o crescimento.

É por isso que, quando Paulo desejava que uma igreja crescesse, ele orava por ela. Paulo compreendia que o crescimento vem de Deus. Em 1 Tessalonicenses, ele ora:

> Ora, o nosso mesmo Deus e Pai, e Jesus, nosso Senhor, dirijam-nos o caminho até vós, e o Senhor vos faça crescer e aumentar no amor uns para com os outros e para com todos, como também nós para convosco, a fim de que seja o vosso coração confirmado em santidade, isento de culpa, na presença de nosso Deus e Pai, na vinda de nosso Senhor Jesus, com todos os seus santos (1 Ts 3.11-13).

Se voltarmos a Colossenses, acharemos novamente Paulo orando para que seus leitores crescessem espiritualmente:

> Não cessamos de orar por vós... a fim de viverdes de modo digno do Senhor, para o seu inteiro agrado, frutificando em toda boa obra e crescendo no pleno conhecimento de Deus (Cl 1.9-10).

Ora, não estou sugerindo que não devemos fazer nada em benefício de nosso próprio crescimento espiritual. O fato de que me preocupei em escrever este livro significa que creio devemos, como cristãos, fazer algo por nosso próprio crescimento espiritual. Em 2 Pedro 3.18, o apóstolo terminou sua epístola com a exortação "crescei na graça e no conhecimento de nosso Senhor e Salvador Jesus Cristo". É um imperativo. "Crescei" — ele disse.

Devemos ter o desejo de crescer espiritualmente. Mas como o fazemos? No primeiro capítulo desta epístola, Pedro disse: Porque estas coisas, existindo em vós e em vós aumentando, fazem com que não sejais nem inativos, nem infrutuosos no pleno conhecimento de nosso Senhor Jesus Cristo (2Pe 1.8).

Quais qualidades?

> Por isso mesmo, vós, reunindo toda a vossa diligência, associai com a vossa fé a virtude; com a virtude, o conhecimento; com o conhecimento, o domínio próprio; com o domínio próprio, a perseverança; com a perseverança, a piedade; com a piedade, a fraternidade; com a fraternidade, o amor. Porque estas coisas, existindo em vós e em vós aumentando, fazem com que não sejais nem inativos, nem infrutuosos no pleno conhecimento de nosso Senhor Jesus Cristo (2Pe 1. 5-8).

Portanto, devemos ter o desejo de crescer. E crescemos por cultivar estas qualidades. Em outra passagem, Pedro enfatiza a importância de conhecer a Palavra de Deus. Se você quer crescer, ele disse, faça isto:

> Desejai ardentemente, como crianças recém-nascidas, o genuíno leite espiritual, para que, por ele, vos seja dado crescimento para salvação, se é que já tendes a experiência de que o Senhor é bondoso. Chegando-vos para ele, a pedra que vive, rejeitada, sim, pelos homens, mas para com Deus eleita e preciosa, também vós mesmos, como pedras que vivem, sois edificados casa espiritual para serdes sacerdócio santo, a fim de oferecerdes sacrifícios espirituais agradáveis a Deus por intermédio de Jesus Cristo (1Pe 2.2-5).

Assim, vemos que o crescimento espiritual é um sólido conceito bíblico. Este crescimento não é algo com o que somente nós estamos preocupados; não é algo peculiar de nossa cultura. É uma ideia que está na Bíblia e que parece estar ali desde a própria criação.

UMA PRÁTICA BÍBLICA DE CRESCIMENTO

Como, então, crescemos como cristãos? Que tipo de igreja cultivará tal discipulado entre seus membros? Em certo sentido, é isso que estamos considerando ao longo de todo este livro. Mas como cada uma das outras oito marcas consideradas neste livro afeta nosso crescimento — individual e corporativo — como cristãos? Estou convencido de que cada uma dessas marcas pode contribuir para seguir a Cristo de maneira mais eficaz. Para a saúde espiritual do cristão, para o bem dos outros cristãos, para a saúde da igreja como um todo, para o bem do nosso testemunho aos não cristãos e para a glória de Deus, cada uma dessas marcas tem uma contribuição a fazer.

Pregação expositiva

Uma igreja em que existe pregação expositiva será uma igreja que estimula o crescimento espiritual. A Palavra de Deus é aquilo de que precisamos, se haveremos de crescer espiritualmente. Mas não aprenderemos este fato básico, se buscarmos a cultura que nos cerca para nos dizer qual é a nossa maior necessidade. Tampouco devemos buscar esse conhecimento em nosso próprio coração.

Para aprendermos sobre aquilo que mais necessitamos em nossa vida, precisamos nos voltar para Deus. Precisamos ouvir sua Palavra — toda ela — pregada de forma expositiva, para não ouvirmos apenas temas selecionados. Existem assuntos na Bíblia que queremos evitar. Nenhum de nós é tão santo, perfeito e bem formado espiritualmente, que recebemos com alegria toda palavra do livro de Deus. Oh, que ele nos guarde de estar em uma igreja em que a Palavra é pregada de modo seletivo! Devemos orar para que ele dê à sua igreja pregadores que pregarão toda a sua Palavra.

Enquanto estudamos a Palavra de Deus, vemos sua ajuda e seu cuidado em favor de seu povo através da história. Ficamos conscientes do plano de Deus. Contemplamos a glória do evangelho. Vemos como ele nos corrige. De um modo estranho, quando ouvimos a pregação expositiva, nos tornamos menos dependentes do pregador. Estamos mais interessados na Palavra de Deus. E, se o pastor está ausente, ou se Deus o chama a algum outro lugar, ou se ele faleceu e outro assumiu seu lugar, tudo está bem. Amamos nosso pastor, mas, acima dele, amamos a Palavra de Deus. Isto é o que queremos ouvir. Isto é o que edifica a igreja: ouvir a Palavra de Deus falando conosco, à medida que o Espírito Santo a usa em nosso coração. Por meio da Palavra de Deus, conhecemos mais a Deus e seu caráter.

Tenha bastante cuidado antes de unir-se a uma igreja que não enfatiza a pregação expositiva ou de cooperar em chamar um pregador que não usa esse tipo de pregação, que não é comprometido em pregar toda a Palavra de Deus, embora algumas de suas partes sejam incômodas.

Doutrina evangélica

Crescemos quando entendemos mais da verdade a respeito de Deus e de nós mesmos. Crescemos quando entendemos mais do cuidado de Deus e de seu caráter. Crescemos quando lemos o relato bíblico sobre a escolha que ele fez de um povo e do seu lidar com esse povo em meio às circunstâncias bem difíceis. Somos encorajados ao ver todo o panorama, o plano, o significado. Vemos mais do caráter de Deus. Começamos a crescer em nosso conhecimento dele. Começamos a confiar mais nele.

Como você cresce em sua capacidade de confiar mais em Deus? Você cresce nessa habilidade, em parte, por meio das dificuldades pelas quais Deus permite que você passe. Mas a experiência é somente uma parte do crescimento. Isto é o que lhe dá oportunidade de confiar. Mas, por que confiar nele? Confiamos em Deus porque ele se tem revelado completamente digno de confiança. A revelação que Deus faz de si mesmo, em toda a sua Palavra e em toda a história, mostra que ele é digno de nossa confiança em tudo que ele possa nos proporcionar.

À medida que compreendemos mais e mais a profundidade de nossa necessidade, somos treinados a confiar em Cristo. John Newton, o autor do hino *Preciosa Graça*, escreveu um poema a respeito de confiar em Cristo e tentar crescer na vida espiritual:

> Pedi ao Senhor que eu pudesse crescer
> Na fé, no amor, e em toda a graça,
> Saber mais de sua poderosa salvação
> E buscar com mais fervor sua face.
>
> Esperei que em alguma hora favorável
> De repente ele respondesse a meu pedido
> E pela força constrangedora de seu amor,
> Eliminasse meus pecados e me desse paz.

Em vez disso, ele me fez sentir
O mal escondido em meu coração
E deixou que as raivosas forças do inferno,
Assaltassem completamente minha alma.[2]

Quando começamos a ter um entendimento mais bíblico de nosso estado como seres humanos, embora sejamos bastante entristecidos pelos vários resultados da queda em nosso mundo — tais como episódios de injustiça racial ou violentos ataques terroristas — não podemos dizer que ficamos tão chocados como o ficam aqueles que não são cristãos. Entendemos algo de nossas tremendas capacidades como portadores da imagem de Deus e quão terrivelmente, terrivelmente corrompidas essas capacidades podem se tornar, quando não as usamos em submissão a Deus. Quando começamos a entender mais de nossa própria fraqueza, nossa própria rebelião pecaminosa, começamos a entender — embora isso pareça estranho — mais do amor de Deus.

Às vezes, a mente popular faz uma distinção entre os pregadores "do fogo do inferno" e os pregadores que entendem o amor de Deus. Mas essa distinção é apenas uma caricatura. Os pregadores que falam somente sobre o amor de Deus falam cada vez menos sobre esse amor em cada sermão que pregam, porque na mente deles há cada vez menos do fato de que Deus nos ama apesar do que somos. Há menos fardo que Cristo levou. E há menos e menos extensão do amor que ele demonstrou por nós.

Quando, por outro lado, começamos a entender a realidade de nossa rebelião pecaminosa contra Deus, começamos a entender o amor dele por nós em Cristo.

Uma igreja que prega um evangelho claro o ajudará a crescer em sua vida cristã; e o ajudará a crescer em confiança, à medida que você conhece o amor de Deus. De fato, você só cresce quando entende o que Deus fez por você em Cristo. Você quer crescer em sua vida cristã? Medite no grande hino de Charles Wesley, *Que Maravilha seu Amor*. Volte a se admirar com o evangelho. A doutrina bíblica é a doutrina do evangelho.

---

2 John Newton, "I Asked the Lord," 1779.

Um entendimento bíblico da conversão e da evangelização

Quando você compreende seu estado espiritual e a sua dependência de Deus para a vida cristã, em vez de tornar-se indiferente, você se torna grato — profundamente grato a Deus por haver tido misericórdia de você e de muitos outros. Quando você faz isso, sua esperança se torna mais segura, porque você compreende que sua esperança não se fundamenta em sua própria fidelidade, mas sim na fidelidade de Deus. Isto é um tremendo encorajamento para qualquer pessoa que se reconheça pecador. Deus nos ama por causa de sua própria natureza de amor.

Quando começamos a reconhecer nossa salvação como o fruto da obra de Deus em nossa vida, não somos tentados a sentir orgulho em nossa própria vida espiritual, porque entendemos, com base na Bíblia, o que é a conversão. Entendemos o que é um verdadeiro cristão e como nos tornamos um deles — pela graça de Deus.

A falta de crescimento espiritual em pessoas que se percebem cristãs é muitas vezes uma evidência de que elas foram evangelizadas de modo errado. Temos ensinado as pessoas que não são cristãs a pensarem que o são. Um consultor de crescimento de igreja afirmou recentemente que "de cinco a dez milhões dos nascidos depois da Segunda Guerra Mundial voltariam ao rebanho dentro de um mês, se ás igrejas adotassem três mudanças simples: 1. 'Fazer anúncios'; 2. Informar às pessoas 'os benefícios de seu produto'; 3. Ser 'agradável às pessoas novas.'"[3] Será assim mesmo? Fazer anúncios, expor ao público os benefícios do produto e ser agradável às pessoas — e isso nos faria ver de cinco a dez milhões de pessoas voltando às nossas igrejas dentro de um mês? Talvez sim, mas não sei se os veríamos convertidos.

Não me interprete mal. Não estou querendo menosprezar anúncios e não os usar. Não estou dizendo que não desejo contar às pessoas as boas novas a respeito de ser um cristão e que desejo mantê-las em segredo comigo. Tampouco pretendo que sejamos insensíveis às novas pessoas que vêm à igreja. Mas temos de entender que evangelização é mais do que tudo isso. Afinal de contas, a igreja não é uma organização de promotores entusiastas. Estamos anunciando às pessoas uma mensagem séria referente à situação delas diante de Deus e as gloriosas notícias da nova vida que Deus

---

3 Os Guinness, *Dining with the Devil: The Megachurch Movement Flirts with Modernity* (Grand Rapids: Baker, 1993), p. 38.

lhes oferece em Cristo; e convidando-as a entrarem nessa vida por meios terríveis e drásticos — arrependimento e fé.

Quando começamos a entender o que a Bíblia ensina sobre a evangelização, passamos a confiar mais em Deus para nos ajudar a propagar as boas novas. Sentimo-nos mais inclinados a obedecer a Deus, quando compreendemos que não temos o dever de converter ninguém, mas sim o de transmitir com fidelidade as boas novas. Há uma maravilhosa liberdade nisso. Não preciso sentir que tenho de responder todas as perguntas de cada pessoa. Tenho apenas de comunicar-lhes as verdades sobre Jesus, amá-las e orar por elas. Sou chamado apenas a ser fiel na apresentação da mensagem; e isso traz uma liberdade maravilhosa. Quando entendo melhor a obra de Deus na regeneração, isso me encoraja a confiar nele. Entender o ensino bíblico acerca da conversão e do evangelismo me faz um cristão melhor e ajuda minha igreja a se tornar mais saudável.

Um entendimento bíblico da membresia na igreja

Viver como um cristão significa estar comprometido com os outros. Envolve fazer parte de uma comunidade centralizada em Jesus Cristo. Ao lidarmos uns com os outros, somos forçados a tratar de áreas de nossa vida que evitaríamos em outra situação. Por causa de nosso amor comprometido com outros cristãos, oramos e refletimos nessas áreas e nos arrependemos. Por meio de nossos compromissos e responsabilidades como membros da igreja, aprendemos mais a respeito do que é o verdadeiro amor. Somos estimulados, à medida que vemos Deus agir na vida de outros cristãos. Somos encorajados quando vemos cristãos mais velhos recebendo cuidado e os novos cristãos amadurecendo. Mesmo quando as circunstâncias em nossa vida não estão indo bem, podemos ser animados pela obra de Deus na vida de outras pessoas. Essa é uma das razões por que Deus não nos chama a correr sozinhos. Estar vinculado a uma igreja estimula também a responsabilidade. Ajuda-nos de muitas maneiras a crescer na vida cristã.

Um entendimento bíblico da disciplina eclesiástica

Uma das consequências involuntárias da igreja negligenciar a disciplina correta é que isso torna mais difícil o fazer discípulos. Em uma igreja que não exerce disciplina, os exemplos não são claros e os padrões são confusos.

"Oh! O Sr. Fulano é membro da igreja há tantos anos, e vejam o que ele faz."

"Sim, mas ele faz parte de todas as comissões."

As ervas daninhas são indesejáveis. Nenhum jardineiro se predispõe a plantá-las. Elas podem causar um efeito prejudicial às plantas ao seu redor. O plano de Deus para a igreja não nos encoraja a deixarmos as ervas intactas. Para sua glória, ele planejou que estas pessoas imperfeitas sejam pessoas que o amem e cujas vidas ele pode transformar — torná-las mais santas.

Para o bem das pessoas que sofrem disciplina, para o bem dos outros cristãos como forma de advertência, para a saúde da igreja como um todo, para o bem de nosso testemunho cristão e para a glória de Deus, somos ajudados a crescer à medida que praticamos a disciplina na igreja.

Um entendimento bíblico da liderança na igreja

Em nossa vida cristã, também seremos ajudados por um entendimento bíblico do exercício da liderança. À medida que Deus coloca em nosso meio pessoas que ele chamou para exercer liderança espiritual, obtemos modelos e exemplos práticos de piedade. Deus equipou mestres e cristãos que podemos seguir para nos ajudar a crescer. Ele não quer que vivamos a vida cristã sem a ajuda deles. Consideraremos isso de forma mais detalhada no capítulo 7.

Um entendimento e uma prática bíblica da oração

Parece quase óbvio dizer que colocar em prática o que aprendemos na Bíblia sobre a oração nos ajudará a crescer como cristãos, mas é verdade. Entender que o Deus do universo não apenas falou conosco em sua Palavra, mas também deseja que respondamos a ele em oração é surpreendente, humilhante e encorajador.

Além disso, percebemos que a oração é um privilégio adquirido para nós pelo Senhor Jesus Cristo. Somente por meio dele podemos saber com confiança que Deus ouvirá nossas orações. A oração faz com que nosso amor pelo Senhor cresça e aumente. Podemos ver por que os cristãos do Novo Testamento se voltavam para a oração com tanta frequência e confiança.

À medida que o Espírito Santo nos santifica e nossos desejos se tornam mais conformados aos dele, nossas orações mudam. Passamos a orar menos sobre nossas circunstâncias e mais sobre os propósitos de Deus. Percebemos que estamos sendo mais ousados em fazer grandes orações por conversões e pela expansão do evangelho em nossa cidade, nossa nação e entre outros povos ao redor do mundo. Nosso desejo de que Deus seja glorificado aumenta.

Orar juntos em nossa igreja local molda e alimenta esse crescimento em nossos próprios corações. Reforça o nosso amor pelo que é melhor, pelo que Deus quer. Em vez de querer evitar o tempo de oração com a igreja local, começamos a não abrir mão e a desejar mais esse momento. Tendemos a começar a viver nossa vida interior de maneira mais verdadeira e aberta diante de Deus e de nossos irmãos na fé. Nós lamentamos. Ansiamos. Confessamos. Clamamos. Esperamos. Pedimos. Questionamos e nos maravilhamos. Agradecemos a Deus e o louvamos. Tudo isso flui de uma compreensão crescente do ensino da Bíblia sobre a oração, à medida que aprendemos mais e mais a orar com nossa família da igreja. Percebemos que nossas orações trazem glória a Deus. Elas exibem nossa dependência em relação a Deus para todos os que nos ouvem orar. E, quando confiamos publicamente em Deus, ele é honrado, e a igreja, edificada. Veremos isso novamente no capítulo 8.

Um entendimento e uma prática bíblica de missões

A compreensão bíblica e prática de missões também nos ajuda a crescer em Cristo. Isso reforça nossa compreensão da situação daqueles que nos rodeiam, além de manter a solução do evangelho em destaque no nosso pensamento e na nossa vida comunitária em nossa igreja local. Isso nos tira de nós mesmos e nos ajuda a olhar para os grandes propósitos de Deus, lembrando-nos de olhar para o alto, para o próprio Deus. Além disso, ajuda a redefinir nossas expectativas e nossos desejos.

Estudar o plano mundial do evangelho de Deus nos leva à Palavra de Deus. Isso nos coloca em contato com o enredo principal da Bíblia, de Abraão à cidade celestial. Também aprofunda nossa compreensão da importância de algumas das atividades em que nossa igreja local está envolvida. Afeta nossa disposição de sacrifício. Torna-nos mais interessados no orçamento de nossa igreja. Desafia a forma como pensamos em nossas próprias férias. Faz crescer nosso amor por pessoas diferentes de nós.

Crescer na compreensão bíblica e na prática de missões afeta o que oramos. Muda a forma como pensamos sobre a plantação de uma nova igreja. E muda a forma como pensamos sobre os anos que teremos pela frente para servir a Deus. Ficamos mais interessados na vida e no trabalho dos outros. Nosso desejo de que Deus seja glorificado em toda a sua criação torna-se cada vez mais conformado com o do próprio Deus. Isso é crescimento espiritual, não é?

Como tudo isso está acontecendo em nossa igreja local, não está acontecendo apenas conosco. Outros membros estão tendo as mesmas experiências. Eles estão vendo novamente a bondade e a graça de Deus, talvez em uma escala maior do que haviam considerado anteriormente. Os momentos que nossa igreja gasta orando pela obra do evangelho em outros lugares se tornam corredores da memória, lembrando-nos das respostas fiéis de Deus no passado e encorajando-nos a acreditar em suas respostas que se estendem em direção ao futuro. E, em meio a tudo isso, nossa unidade se aprofunda e cresce. Novamente, consideraremos mais sobre tudo isso no capítulo 9.

Essas são algumas das maneiras pelas quais nossas oito outras marcas de uma igreja saudável contribuem para nosso crescimento espiritual como cristãos.

ESPERANÇAS PARA O CRESCIMENTO

Antes de discutirmos a *importância* do crescimento espiritual, permita-me compartilhar com você algumas de minhas esperanças para o meu próprio ministério — para a minha própria vida e a vida de minha igreja — neste assunto sobre o crescimento espiritual.

Visitação pastoral

Em minha função como pastor, espero que, lenta e seguramente, serei capaz de fazer visitação pastoral regular, do modo que era padrão nos anos passados.[4] Quando cheguei à Capitol Hill Baptist Church, comecei a me reunir com os membros da congregação. Eu ou um dos outros presbíteros temos entrevistado pessoalmente potenciais novos membros a respeito de seu entendimento do evangelho e de seu próprio testemunho de como se tornaram e vivem como cristãos. Ao fazer isso, espero obter um entendimento delas que vá além do que pode ser obtido pelos momentos breves que tenho com eles — às vezes, somente às portas da igreja no domingo pela manhã. Muitos pastores buscam isso por meio da criação de uma agenda de visitação regular,

---

4 Para saber mais informações sobre nossas práticas pastorais na Capitol Hill Baptist Church, veja Dever e Alexander, *Como Edificar uma Igreja Saudável*, ou participe do *Weekender*: https://www.9marks.org/events/what-is-a-weekender/.

encontrando-se com cada membro para oração e perguntando-lhes sobre suas vidas. Perguntas como as seguintes — compartilhadas comigo por outro pastor — nos ajudam a conhecer nossos membros:

- Particularmente, como você cresceu em seu entendimento da vida cristã, desde a última vez em que nos encontramos?
- Como você cresceu em sua prática da vida cristã, desde a última vez que em nos encontramos?
- Particularmente, como você sente que necessita de instrução?
- Você está desapontado com sua própria busca por santidade? Se está, explique.
- Especificamente, como eu posso orar por você?

Isto é o que eu gostaria de ver na igreja que pastoreio. Também rogo a Deus que isto se torne uma característica de sua igreja.

Crescimento coletivo como igreja
Espero que nós, da Capitol Hill Baptist Church, vivenciemos cada vez mais o que temos prometido a Deus e uns aos outros em nosso pacto da igreja, que diz o seguinte:

> Tendo, como cremos, sido trazidos pela graça divina ao arrependimento e fé no Senhor Jesus Cristo para render nossa vida a ele, e tendo sido batizados sobre nossa profissão de fé, em nome do Pai, do Filho e do Espírito Santo, confiando na ajuda de sua graça, solene e alegremente renovamos agora nosso pacto uns com os outros.
> Trabalharemos e oraremos pela unidade do Espírito no vínculo da paz. Caminharemos juntos em amor fraternal, desde o momento em que nos tornamos membros de uma igreja cristã; exercitaremos o cuidado em amor, velaremos uns pelos outros e, fielmente, nos admoestaremos com súplicas uns aos outros conforme exija a ocasião.

Não abandonaremos as reuniões de nossa congregação, nem negligenciaremos a oração por nós e pelos demais.

Esforçar-nos-emos no educar tantos quantos possam estar sob o nosso cuidado, na disciplina e na admoestação do Senhor, e com um exemplo puro e amoroso buscaremos a salvação da nossa família e amigos.

Alegrar-nos-emos com a felicidade dos outros, e nos esforçaremos em levar as cargas e tristezas uns dos outros, com ternura e compaixão.

Buscaremos, com a ajuda divina, viver cuidadosamente no mundo, renunciando a impiedade e as paixões mundanas, e lembrando que, assim como fomos voluntariamente sepultados mediante o batismo e levantados de novo da sepultura simbólica, existe agora em nós uma obrigação especial que nos leva a uma vida nova e santa.

Trabalharemos juntos para a continuidade de um ministério fiel de evangelização nesta igreja, bem como sustentaremos sua adoração, ordenanças, disciplina e doutrinas. Contribuiremos alegre e regularmente para o sustento do ministério, para as despesas da igreja, para o socorro aos pobres e a difusão do evangelho por todas as nações.

Quando mudarmos deste local, tão logo quanto possível, nos uniremos a outra igreja onde possamos cumprir o espírito deste pacto e os princípios da Palavra de Deus.

Que a graça do Senhor Jesus Cristo, o amor de Deus e a comunhão do Espírito Santo sejam com todos nós. Amém.

Toda vez que nos reunimos em torno da Mesa do Senhor e em todas as assembleias de membresia em que nos reunimos, os membros da igreja se levantam para lermos juntos, em alta voz, essa aliança. Ela expressa o compromisso específico que estamos assumindo uns com os outros como parte de nosso compromisso com Deus.

Este pacto expressa a compreensão de que o crescimento na vida cristã não é uma responsabilidade apenas individual. Não é apenas minha responsabilidade, como pastor. Os membros da igreja devem ensinar uns aos outros. Isso faz parte daquilo que nos une como corpo de Cristo. E, quando você lê este pacto da igreja, percebe o que nós, como igreja, prometemos fazer a fim de ajudar uns aos outros a crescer na vida cristã. Nós o faremos com imperfeição — não há dúvida quanto a isso. No entanto, a minha esperança é que em nossa igreja (e em sua igreja), vamos, crescentemente, trabalhar e orar juntos, vamos caminhar juntos, não abandonaremos o congregar-nos, nos esforçaremos para edificar aqueles a quem Deus nos confia em sua vontade e caminhos, regozijando-nos e entristecendo-nos uns com os outros, procurando viver prudentemente, trabalhando juntos no ministério, contribuindo para as necessidades do evangelho em todas as nações, reconhecendo que, ao mudarmos deste lugar, nos uniremos a outra igreja onde poderemos continuar na prática destas ações. Isso é o que prometemos uns aos outros, para ajudar uns aos outros a crescer na vida cristã.

A IMPORTÂNCIA DO BOM CRESCIMENTO

O crescimento é importante? Sim, crescer espiritualmente é muito importante. É o meio pelo qual testemunhamos ao mundo. Quando vemos uma igreja composta de membros que estão crescendo à semelhança de Cristo, quem recebe a glória? Já vimos a resposta nas Escrituras: "O crescimento veio de Deus" (1Co 3.6). Como disse o apóstolo Pedro: "Mantendo exemplar o vosso procedimento no meio dos gentios, para que, naquilo que falam contra vós outros como de malfeitores, observando-vos em vossas boas obras, glorifiquem a Deus no dia da visitação" (1Pe 2.12).

É óbvio que Pedro lembrou as palavras de Jesus, no Sermão do Monte: "Assim brilhe também a vossa luz diante dos homens, para que vejam as vossas boas obras", e aqui seria fácil cair na armadilha da autoadmiração, mas Jesus continuou: "E glorifiquem a vosso Pai que está nos céus" (Mt 5.16). Trabalhar para promover o discipulado e o crescimento espiritual significa trabalhar não para nossa própria glória, e sim para glória de Deus. Esta é a maneira como Deus se tornará conhecido no mundo.

Uma igreja saudável tem uma preocupação abrangente com o crescimento da igreja — não apenas com o aumento do número de membros. Uma igreja repleta de cristãos que crescem é o tipo de crescimento de igreja que desejo como pastor. Alguns parecem imaginar que alguém pode ser um "bebê em Cristo" durante toda a sua vida. O crescimento é visto como algo opcional, apropriado especialmente para discípulos zelosos. Mas tenha muito cuidado em seguir esta maneira de pensar. O crescimento é um sinal de vida. As árvores vivas são árvores que crescem; animais vivos são animais que crescem. Quando algo para de crescer, morre. O crescimento pode não implicar que você progride agora na metade do tempo que progredia antes. Pode significar que, como cristão, você é capaz de continuar na direção certa, apesar das circunstâncias contrárias. Lembre-se: somente o que está vivo sobe a correnteza; o que está morto boia na correnteza.

Paulo esperava que os cristãos de Corinto crescessem em sua fé cristã (2Co 15.10). E que os cristãos de Éfeso crescessem "em tudo naquele que é a cabeça, Cristo" (Ef 4.15; cf. 1.10; 2Ts 1.3). Em determinadas épocas, os pastores são tentados a reduzir suas igrejas a meras estatísticas de frequência, batismos, contribuições e membresia, nas quais o crescimento é tangível, registrável, demonstrável e comparável. Contudo, essas estatísticas ficam muito aquém do verdadeiro crescimento que Paulo descreve nestes versículos e que Deus deseja. Em vez de pensar no crescimento como um gráfico linear, dados crescentes ou quantidades que diminuem — totais de cultos frequentados, dinheiro ofertado, livros lidos — é melhor pensar no crescimento cristão como uma espécie de videogame em que, a cada dia, você recebe, como cristão, um novo desafio para viver naquele dia.

O verdadeiro crescimento no discipulado cristão não é, em última instância, apenas entusiasmo, uso crescente de linguagem espiritual ou um grande conhecimento das Escrituras. Também não é um aumento evidente na alegria, no amor ou no interesse pela igreja. O aumento no zelo, no louvor a Deus e na confiança da própria fé do cristão não é uma evidência infalível do verdadeiro crescimento cristão. Qual é, então, a evidência do verdadeiro crescimento cristão? Embora tudo isso pudesse ser evidência de crescimento espiritual, o único sinal correto e observável desse crescimento é uma vida de santidade crescente, fundamentada na autorrenúncia cristã. A igreja deve ser caracterizada por um interesse vital nesse tipo de santidade crescente na vida de seus membros.

Boas influências em uma comunidade de cristãos comprometidos uns com os outros podem ser instrumento nas mãos de Deus para o crescimento de seu povo. À medida que os filhos de Deus são edificados e crescem juntos em santidade e amor altruísta, eles aprimoram sua habilidade de ministrar a disciplina e de promover o discipulado. A igreja tem uma obrigação de ser um instrumento pelo qual o povo de Deus cresce na graça. Se, em vez de nossas igrejas serem lugares em que os pastores ensinam suas próprias ideias, em que Deus é mais questionado do que adorado, em que o evangelho é diluído e a evangelização é pervertida, em que a membresia da igreja é tornada insignificante e se permite o desenvolvimento de um culto mundano personalista ao redor do pastor, dificilmente podemos esperar encontrar uma comunidade que seja coesa e edificante. Esse tipo de igreja certamente não glorificará a Deus. Por isso, a bênção final de Pedro aos primeiros cristãos para os quais ele escreveu foi uma oração formulada no imperativo: "Antes, crescei na graça e no conhecimento de nosso Senhor e Salvador Jesus Cristo. A ele seja a glória, tanto agora como no dia eterno" (2Pe 3.18).

De todas as nove marcas abordadas neste livro, esta foi a primeira com a qual me preocupei. Quantos já viram grandes igrejas, com milhares de membros que nunca as frequentaram, e aonde centenas dos que vêm aos cultos não parecem estar muito interessados em Deus? Em qualquer igreja, há ótimas pessoas que vivem vidas morais; mas há alguns que parecem amar com sinceridade o Senhor e, frequentemente, se sobressaem do restante da igreja — parecem diferentes dos demais membros da igreja. Durante quase vinte anos ou mais, tenho me perguntado por que as igrejas são assim. O que acontece em nossas igrejas quando pessoas que vivem, de fato, como cristãs, parecem incomuns se comparadas aos demais membros da igreja? Neste livro, tenho delineado aquilo que observei a esse respeito, chegando finalmente à fonte da atividade de Deus em nós — sua Palavra.

Se tivermos de crescer como cristãos, tanto individual como corporativamente, temos de nos assentar sob o ministério da Palavra. Devemos orar para que o Espírito Santo plante e limpe o jardim de nosso coração. Este crescimento espiritual não é uma opção. É vital, porque o crescimento indica vida. O que está de vivo de verdade cresce.

O QUE ACONTECERÁ SE NÃO CRESCERMOS?

Por fim, o que acontecerá se não crescermos? O que aconteceu com Rob? Por que ele não estava crescendo em sua vida cristã? Ele não era um cristão, de maneira alguma?

Talvez você pense: "Ora, isso é um pouco severo. Talvez Rob seja um 'crente carnal', sobre o qual Paulo falou em alguma parte da Bíblia".

Sim, em 1Coríntios Paulo usou a expressão "crente carnal". Ele escreveu: "Eu, porém, irmãos, não vos pude falar como a espirituais, e sim como a carnais, como a crianças em Cristo" (1Co 3.1). Mas, quem são estas pessoas? Os crentes carnais são uma categoria intermediária de pessoas que têm Jesus em sua vida, mas não no trono? Parece uma ideia estranha, não? Por um lado, há crentes que têm a Cristo como Senhor — Ele está no trono. E, por outro lado, há os incrédulos. Mas, argumenta-se, há também esta interessante categoria intermediária de crentes — Cristo está neles, mas não no trono. Estes são os crentes "carnais".

Penso que uma maneira mais natural de interpretar este versículo é que Paulo está envergonhando seus leitores, chamando esses autodenominados cristãos de mundanos. Ao chamá-los de "mundanos" e "carnais", Paulo está usando intencionalmente um oximoro. Um oximoro é a junção de duas palavras contraditórias. Nesse sentido, um crente carnal seria como um *gelo quente*. Seu propósito é não fazer qualquer sentido. Ao escrever nesses termos, Paulo está dizendo aos seus leitores: "Saiam de cima do muro! Vocês estão vivendo de modo diferente do que professam ser. Não podem fazer isso. Esses cavalos seguem direções opostas — então, montem um ou outro!"

Muitas pessoas, por causa do uso errado deste versículo, foram convencidas de que de alguma forma tinham a verdadeira salvação, de alguma forma eram cristãos reais, embora não tenham se arrependido e crido de verdade. Não nos admira o fato de que a vida de muitos cristãos é uma bagunça, se as igrejas das quais fazem parte estão confusas a respeito deste assunto tão fundamental.

Pense no que significa ser um cristão. Não significa que você é perfeito, e sim que seu coração almeja realmente seguir o Senhor. Se você é um cristão, isso ocorre porque Deus, em sua obra graciosa, tem produzido em você o desejo de viver de um modo que agrada cada vez mais a ele. Este crescimento é um sinal de verdadeira vida espiritual e outra marca de uma igreja saudável.

OUTROS RECURSOS

- Para grupos de estudo: Bobby Jamieson, *Growing One Another: Discipleship in the Church* (2012), um estudo bíblico indutivo de sete semanas.
- Para uma reflexão mais profunda: Thabiti Anyabwile, *The Life of God in the Soul of the Church: The Root and Fruit of Spiritual Fellowship* (2012).
- Veja também Richard Sibbes, *The Bruised Reed* (1631); J. C. Ryle, *Santidade* (1877) e *Uma Palavra aos Moços* (1886); Donald S. Whitney, *Spiritual*

Disciplines for the Christian Life (1991); John Piper, *Graça Futura* (1995); C. J. Mahaney, *The Cross Centered Life: Keeping the Gospel the Main Thing* (2002) e *Humildade: Verdadeira Grandeza* (2005); Colin Marshall e Tony Payne, *A Treliça e a Videira: a Mentalidade de Discipulado que Muda Tudo* (2018); Mark Dever, *Discipling: How to Help Others Follow Jesus* (2016); Aaron Menikoff, *Character Matters: Shepherding in the Fruit of the Spirit* (2020); Isaac Adams, *Training: How Do I Grow as a Christian?* (2020); e os recursos online do CCEF disponíveis em www.ccef.org.

A SEGUIR...

Marca Sete: Liderança eclesiástica bíblica
O contexto congregacional da liderança da igreja
As qualificações bíblicas para a liderança da igreja
A natureza carismática da liderança da igreja
A semelhança da liderança da igreja com Cristo
    Chefe
    À frente
    Suprir
    Servir
A relação da liderança da igreja com a natureza e o caráter de Deus

MARCA SETE: LIDERANÇA ECLESIÁSTICA BÍBLICA

"Todos os animais são iguais, mas alguns animais são mais iguais do que os outros." Com estas palavras, no último capítulo de seu livro *A Revolução dos Bichos*, George Orwell apresentou sua crítica a Karl Marx e ao governo soviético.[1] A história é bem conhecida: os animais crescem, organizam-se e substituem a família Jones (os proprietários humanos da fazenda), começando a administrar a fazenda em seu próprio benefício — daí o nome "A Revolução dos Bichos".

É claro que, depois da queda, esta experiência utópica está fadada ao fracasso, e realmente fracassará. No final, uma nova classe administradora emerge — os porcos — e, na conclusão do livro, eles põem aquela placa: "Todos os animais são iguais, mas alguns animais são mais iguais do que os outros." Em vez de o abuso de autoridade ser meramente uma parte de uma economia pré-comunista, como o ensinou Marx, Orwell afirmou que o problema estava realmente na natureza dos relacionamentos humanos, da realidade e do coração dos homens. A crítica de Orwell referente à autoridade parecia

---

1 George Orwell, *Animal Farm* (Nova York: New American Library, 1963), p. 123 [edição em português: *A Revolução dos Bichos* (São Paulo: Companhia das Letras, 2007)].

penetrante e incisiva, quando apareceu pela primeira vez há cinquenta anos. Hoje, parece óbvia. Tornamo-nos acostumados a pensar em abuso e poder como forças inseparáveis e a respeito de autoritarismo, sempre que pensamos em autoridade.

Não importando qual seja a razão, existe uma latente suspeita de autoridade na sociedade americana. Talvez isso esteja relacionado ao fato de que o governo dos Estados Unidos foi estabelecido durante a revolta contra as exigências e demandas da autoridade do Parlamento inglês. Talvez seja resultado do fato de que, para muitas pessoas, o atual governo, que age para que as pessoas tenham igualdade de condições, seja o mesmo governo que, no passado, agiu para garantir que as pessoas não tivessem essas condições. Talvez esteja vinculada ao entendimento da nobreza do ser humano — o otimismo que crê que todas as pessoas são boas e que, se as deixarmos viver à vontade, "nós, o povo", seríamos o melhor que poderíamos ser.

Ou talvez a nossa explicação para o antiautoritarismo seja mais simples. Talvez seja resultado de nosso egoísmo.

O cristianismo sempre reconheceu a necessidade de autoridade na sociedade, no lar e na igreja. E este última é o assunto deste capítulo: liderança bíblica eclesiástica. Este tópico é particularmente importante, dados os modelos cada vez mais pobres de autoridade que parecemos ter ao nosso redor hoje. Na verdade, um dos fatores que tornou esta nova edição tão importante em minha mente foi o recente desfile de pastores proeminentes se autodestruindo. Embora suas situações tenham variado, o fato de que houve um grande número de desastres pastorais altamente divulgados e desencorajadores é indiscutível.

Parte da maneira como essa crise deve ser abordada é examinando o caráter do pastor.[2] Tal abordagem será tão impopular quanto nunca foi experimentada. Menos popular e ainda menos buscada seria a tentativa de considerar o ensino do Novo Testamento sobre a estrutura da igreja. Será que colocamos muita pressão sobre um determinado membro do corpo? Prestar mais atenção ao ensino do Novo Testamento sobre estrutura (liderança eclesiástica) realmente facilitaria a piedade dos pastores e suas relações com a congregação? O que a Bíblia diz sobre autoridade e liderança na igreja? Ao responder a essas perguntas, vamos nos concentrar em cinco aspectos da liderança eclesiástica:

---

2 Veja Aaron Menikoff, *Character Matters: Shepherding in the Fruit of the Spirit* (Chicago: Moody, 2020).

1. seu contexto congregacional
2. suas qualificações bíblicas
3. sua natureza carismática
4. sua semelhança a Cristo
5. sua relação com a natureza e o caráter de Deus

O CONTEXTO CONGREGACIONAL DA LIDERANÇA DA IGREJA

O primeiro tema que precisamos considerar, quando discutimos a liderança bíblica na igreja, é o papel dos membros, a congregação. O que a Bíblia descreve sobre a liderança da igreja sempre pressupõe o contexto congregacional. Décadas e séculos da vida da igreja já foram gastos em controvérsias sobre exatamente quem Deus tencionava que tivesse a palavra final a respeito do que é ensinado e realizado na igreja. Alguns têm dito que devem ser os bispos; outros, que deve ser um bispo, em especial. E outros têm dito que devem ser os pastores ou um corpo que os representa. Ainda outros têm afirmado que deve ser o pastor local e alguns líderes especialmente dotados que Deus levanta na igreja.

Podemos entender a confusão. Se você começar a examinar o Novo Testamento, para saber como organizar uma igreja, não encontrará um manual de organização da igreja; não há uma constituição ideal para uma igreja. Mas isso não significa que a Bíblia não tem nada a dizer a respeito de como nos organizarmos. Uma das passagens mais importantes sobre a vida da igreja é Mateus 18.15-17, onde Jesus disse:

> Se teu irmão pecar contra ti, vai argui-lo entre ti e ele só. Se ele te ouvir, ganhaste a teu irmão. Se, porém, não te ouvir, toma ainda contigo uma ou duas pessoas, para que, pelo depoimento de duas ou três testemunhas, toda palavra se estabeleça. E, se ele não os atender, dize-o à igreja; e, se recusar ouvir também a igreja, considera-o como gentio e publicano. Em verdade vos digo que tudo o que ligardes na terra terá sido ligado nos céus, e tudo o que desligardes na terra terá sido desligado nos céus.

Observe a quem uma pessoa recorre nessas situações. Que tribunal tem a palavra final? Não é um bispo, um papa ou um presbitério; não é uma assembleia, um sínodo, uma convenção ou uma conferência. Tampouco é um pastor, ou um grupo de presbíteros, uma junta de diáconos ou uma comissão da igreja. É bem simples, é a igreja — ou seja, a assembleia dos crentes individuais que formam a igreja.

Em Atos 6.2-5, lemos sobre um acontecimento da vida da igreja primitiva que é importante para esta discussão. Houve um problema a respeito da distribuição dos recursos da igreja; e esse problema exigia, evidentemente, boa parte da atenção dos apóstolos:

> Então, os doze convocaram a comunidade dos discípulos e disseram: Não é razoável que nós abandonemos a palavra de Deus para servir às mesas. Mas, irmãos, escolhei dentre vós sete homens de boa reputação, cheios do Espírito e de sabedoria, aos quais encarregaremos deste serviço; e, quanto a nós, nos consagraremos à oração e ao ministério da palavra. O parecer agradou a toda a comunidade.

Lucas prossegue citando os nomes daqueles que foram escolhidos para este ministério.

Uma das complexidades de usar o Novo Testamento como guia para estruturar a vida de nossa igreja é a presença dos apóstolos nestas igrejas. Até que ponto nós, presbíteros e pastores da era pós-apostólica, podemos assumir a prática apostólica sendo guias por nós mesmos? Podemos definir a doutrina, descrever o erro ou recordar as palavras de Cristo como os apóstolos podiam, como os que estiveram com Jesus em todo o seu ministério terreno, e que foram ensinados e instruídos por ele e que foram especialmente comissionados por Ele para serem o alicerce da sua igreja? Os nomes daqueles que são hoje presbíteros serão inscritos nos fundamentos da Nova Jerusalém, como estão inscritos os nomes dos apóstolos (Ap 21.14)? A resposta óbvia a todas estas perguntas é não.

Nosso problema com o modelo dos apóstolos é que, se o seguirmos, nós, os líderes de igrejas de nossos dias, atribuiremos muita autoridade a nós mesmos, sem merecermos essa autoridade. Em Atos 6, vemos estes mesmos apóstolos delegando autoridade à congregação. Parece que estavam reconhecendo na assembleia da igreja o mesmo tipo de autoridade final, abaixo da autoridade de Deus, que Jesus reconheceu em sua afirmação, em Mateus 18.15-17.

Finalmente, para aprender mais sobre a vida da igreja, no Novo Testamento, vejamos as cartas de Paulo. Nestas, encontramos uma continuação do ensino de Cristo e da prática dos apóstolos. Nas epístolas de Paulo, vemos que a disciplina e a doutrina de uma igreja local são confiadas, sob a autoridade de Deus, à responsabilidade da igreja. A disciplina e a doutrina são responsabilidade final da igreja, sob a autoridade de Deus.

No que concerne à responsabilidade pela disciplina, veja como Paulo exortou toda a igreja de Corinto:

> Seja, em nome do Senhor Jesus, reunidos vós e o meu espírito, com o poder de Jesus, nosso Senhor, entregue a Satanás para a destruição da carne, a fim de que o espírito seja salvo no Dia do Senhor Jesus (1Co 3.3-5).

Paulo instruiu toda a igreja — não apenas os líderes — a tomar uma atitude. De fato, ele ficou desnorteado com toda a igreja — não apenas com os líderes — pelo fato de que ainda não havia tomado uma atitude e tolerava aquele pecado.

Em 2 Coríntios 2.6, encontramos algo a respeito de como esta igreja respondeu às orientações de Paulo. Aparentemente, um homem que cometera um pecado horrível (talvez seja o mesmo homem ao qual Paulo se referiu em 1 Coríntios) se arrependeu. Mas observe como Paulo descreveu a decisão que eles haviam tomado: "Basta-lhe a punição pela maioria" (2 Co 2.6). A palavra grega parece presumir, literalmente, que deve ter havido certo número de pessoas e que a maior parte deste grupo de pessoas tomou a decisão. Talvez você já ouviu alguém dizer que o Novo Testamento não contém nenhum registro de votos. No entanto, eis aqui uma passagem em que parece ter havido votos (uma "maioria"). Paulo sabia que esta congregação de Corinto era capaz de disciplinar a si mesma.

Paulo acreditava que as igrejas locais tinham a responsabilidade final até sobre o ensino que ouviam. Em Gálatas, Paulo saúda os crentes e apresenta uma oração em favor deles (vv. 1-5) e diz:

> Admira-me que estejais passando tão depressa daquele que vos chamou na graça de Cristo para outro evangelho, o qual não é outro, senão que há alguns que vos perturbam e querem perverter o evangelho de Cristo. Mas, ainda que nós ou mesmo um anjo vindo do céu vos pregue evangelho que vá além do que vos temos pregado, seja anátema. Assim, como já dissemos, e agora repito, se alguém vos prega evangelho que vá além daquele que recebestes, seja anátema (Gl 1.6-9).

Em toda esta carta aos crentes da Galácia, Paulo estava lhes dizendo que tinham a responsabilidade de corrigir a mensagem que lhes era apresentada por outros. Paulo disse que a mensagem que eles estavam ouvindo não era o evangelho. Portanto, Paulo disse que eles tinham de assumir a responsabilidade de rejeitar a mensagem e aqueles que a pregavam.

É importante que, ao combater este falso evangelho, Paulo não escreveu somente aos pastores ou presbíteros, ou ao presbitério, ao bispo, ao sínodo, à convenção ou ao seminário. Não, Paulo escreveu às igrejas. Ele escreveu aos cristãos que formavam as igrejas e conheciam, em sua vida, o poder do evangelho. É por isso que os membros da congregação devem ser aqueles que nasceram de novo. O Espírito de Cristo é necessário para habitar no corpo de Cristo. O Espírito guia a igreja, mas somente quando a igreja é composta daqueles em quem o Espírito habita.

Paulo lhes dirigiu um apelo e deixou bem claro não somente que eles eram capazes de julgar uma mensagem apresentada como evangelho, mas também que eles *tinham de* fazer isso. Se em algum tempo, alguém foi àquela igreja e pregou algo que chamou de "evangelho", a congregação tinha uma decisão a tomar. Tinham o dever irrevogável de julgar até aqueles que se declaravam apóstolos.

Paulo deixa isto bem claro em 2 Timóteo, onde aconselhou a Timóteo, o pastor da igreja de Éfeso, a respeito de como lidar com os falsos mestres. Quando Paulo descreveu a chegada de uma onda de falsos mestres à igreja, ele não fez menção apenas dos próprios mestres. Paulo culpou particularmente aqueles que se cercam "de mestres segundo as suas próprias cobiças, como que sentindo coceira nos ouvidos" (2Tm 4.3). Se você está em uma igreja em que o evangelho não está sendo pregado, espero que você receba novamente deste versículo um forte senso de sua responsabilidade.

Quer em escolher os pastores, quer em orar por eles, ou aprovar seu ensino ou somente em ouvi-los repetidas vezes, com alegria, a congregação que Paulo visualizou neste versículo era culpada por tolerar e patrocinar o falso ensino. Eles deviam ser considerados tão culpados como aqueles que ministravam a falsa doutrina. Vemos novamente que a responsabilidade final pertencia à congregação.

Você já ouviu um sermão que era tão ruim, que você desejou ir embora? Uma vez deixei um sermão, e sai fazendo barulho, porque acreditava que a mensagem era terrivelmente destrutiva ao evangelho e, por isso, não devia ser tolerada. Eu não queria que minha presença física, assentado e de lábios fechados, encorajasse alguém a ouvir aquele pregador (Ele estava contradizendo de modo direto a doutrina do pecado original).

Se você ouvir lixo sendo apresentado como a Palavra de Deus, você será considerado responsável por isso. De fato, se você se assenta e ouve meu ensino, você terá alguma responsabilidade por isso.

Toda igreja local, na cristandade — desde a Igreja Ortodoxa Grega à igreja pentecostal, desde o catolicismo ao movimento batista, desde os episcopais aos luteranos, desde os presbiterianos aos metodistas — é congregacional por natureza. Existem somente enquanto as pessoas continuam a frequentar suas atividades. Quando as pessoas votam — quer em uma assembleia da igreja ou (onde isso não é permitido) com seu dinheiro — os líderes da congregação têm de ouvir. Não têm de concordar, mas têm de ouvir. A congregação tem a sua palavra de decisão. Isto é um fato simples; é como a lei da gravidade. É a maneira como acontece.

Além da simples inevitabilidade do congregacionalismo, a congregação tem uma poderosa responsabilidade que deve ser reconhecida, estimulada e cultivada. Como uma congregação, somos responsáveis por cuidar para que tenhamos ensino correto. Em nosso pacto da igreja, em Capitol Hill, prometemos que trabalharemos para nos assegurar de que manteremos um ministério fiel e evangélico. Temos a responsabilidade de nos assegurar de que Deus será honrado entre nós, ao mantermos a correta pregação de sua Palavra entre nós. Seus mandamentos são obedecidos, e seu caráter é refletido em nossas vidas, em conjunto. Esta é a responsabilidade de nossa igreja e de toda igreja local ao redor do mundo.

Visto que somos igrejas congregacionais, temos de tomar decisões juntos, como o fizeram os primeiros discípulos, a respeito da disciplina e da doutrina. Isto significa que o congregacionalismo é o mesmo que democracia? Em alguns aspectos, sim, uma vez que o *demos*, ou seja, o povo, toma as decisões. Mas uma igreja não é uma democracia no sentido estrito da palavra, porque existe nas igrejas um reconhecimento comum de nosso estado caído, de nossa tendência para o erro e, por outro lado, da *inerrância* da Palavra de Deus.

Não creio, com certeza, na inerrância dos votos da congregação. Antes de vir a ser o pastor da igreja em que agora sirvo, falei abertamente com seus membros, dizendo-lhes que, se viesse a assumir aquele pastorado, precisava saber que não estava trabalhando para eles, e sim para Deus. Eles poderiam dizer ao pastor que fizesse isto ou aquilo, mas o pastor não se enganaria tomando essas sugestões da igreja como, necessariamente, a orientação de Deus.

Como líderes e congregação, nos esforçamos pela unidade do Espírito, no vínculo da paz; trabalhamos juntos em favor do que cremos ser o melhor para a igreja. E trabalhamos juntos, enquanto nossa compreensão da Palavra e da vontade de Deus estão em harmonia — "em sintonia" uma com a outra — para fazermos aquilo.

O congregacionalismo é o mesmo que democracia? Embora congregacionalismo e democracia tenham similaridades importantes e princípios comuns, a resposta simples tem de ser não, não completamente. Talvez a Declaração de Cambridge, de 1648, contenha a melhor afirmação sobre isso:

> O governo da igreja é uma combinação de governos (e assim tem sido reconhecido muito antes de ouvirmos falar do termo Independência). No que diz respeito a Cristo, o Rei e Cabeça da igreja, ao Soberano Poder que reside nele e é exercido por ele, o governo da igreja é uma monarquia. No que diz respeito ao corpo, à irmandade da igreja, e ao poder de Cristo outorgado a eles, o governo da igreja parece uma democracia. No que concerne aos presbíteros e ao poder confiado a eles, o governo da igreja é uma aristocracia (X.3).[3]

---

3 Williston Walker, *The Creeds and Platforms of Congregationalism* (Nova York: Pilgrim, 1991), p. 217-18.

Como indivíduo, isto significa que você tem de assumir a sua parte ativa na igreja, não somente frequentando-a, orando por ela e contribuindo financeiramente (embora deva fazer tudo isso), mas também, acima de tudo, conhecendo ativamente os membros de sua igreja. Deve orar pela lista daqueles que não entraram em um pacto para servir a Deus. Deve ouvir os outros membros do corpo testemunhando o que Deus tem feito por eles ou conhecer suas preocupações — e orar por eles. Você tem de compreender que parte de sua obrigação e privilégio como membro da igreja é conhecer os outros crentes e tornar-se conhecido por eles. Estudem juntos a Palavra de Deus. Aprendam a pensar como igreja na Palavra de Deus. Você mesmo deve estar crescendo na graça e no conhecimento da Palavra de Deus, no conhecimento de seu próprio coração e do coração de seus irmãos e irmãs em Cristo, bem como na conscientização das oportunidades que Deus está colocando diante de sua igreja.

No entanto, Deus não permite à igreja funcionar em todo o tempo apenas como uma "comissão conjunta". Precisamos crer que Deus nos dará pessoas dotadas para ministrar como líderes da igreja. Portanto, devemos ter o desejo de ver em nossas igrejas o equilíbrio correto de autoridade e confiança. Há uma grave deficiência espiritual quando uma igreja tem líderes indignos de confiança ou membros que são incapazes de confiar. Como membros individuais, temos de ser capazes de agradecer a Deus pelos líderes que ele coloca entre nós, de reconhecer aqueles que foram dotados para tal função e de confiar neles. Em Efésios 4, Paulo nos fala desses líderes como dons de Deus à sua igreja. Devemos cultivar uma tradição eclesiástica em que esses líderes são honrados e estimados.

No final da epístola aos Hebreus, há uma passagem que soa muito estranha aos ouvidos modernos. Supliquemos a Deus que nos ajude a entender essa passagem e aplicá-la bem aos nossos ouvintes:

> Obedecei aos vossos guias e sede submissos para com eles; pois velam por vossa alma, como quem deve prestar contas, para que façam isto com alegria e não gemendo; porque isto não aproveita a vós outros (Hb 13.17).

Pense nos pastores que você teve em sua igreja. Você agiu de tal modo que a liderança e a responsabilidade deles sobre você se tornou uma *alegria* para eles? Ou você a tornou um fardo para eles?[4]

Esta passagem de Hebreus contém algumas palavras que não são usadas em referência ao ouvir em nossos dias — "Obedecei... sede submissos". Estas são palavras que não ouvimos com frequência, mas fazem parte da Palavra de Deus. E exigem de nós certa dose de confiança.

Frequentemente se diz que a confiança deve ser conquistada; entendo o que isso significa. Quando se instala uma nova administração governamental, quando temos um novo gerente em nosso trabalho ou mesmo quando começamos uma amizade, queremos ver, por experiência, como as pessoas superarão as dificuldades, como elas perseverarão e se contribuirão para o bem-estar de todas as questões. Por isso, dizemos que a confiança é conquistada. "Mostre-me sua competência em liderar e lhe darei minha confiança, seguindo-o."

Mas esta atitude é, no máximo, meia verdade. É claro que, ao reconhecermos os líderes na igreja, assim como em outras esferas da vida, queremos que os líderes sejam pessoas que pareçam capazes de manter suas responsabilidades. Paulo mesmo estabeleceu algumas qualificações para os presbíteros e os diáconos, quando escreveu a Timóteo e a Tito.

Ao mesmo tempo, o tipo de confiança que somos chamados a demonstrar aos nossos companheiros humanos e imperfeitos, nesta vida, sejam eles de nossa família ou amigos, empregados ou funcionários públicos, ou mesmo líderes eclesiásticos, nunca pode ser conquistada. Tem de ser demonstrada como um dom — um dom de fé, confiando mais no Deus que dá os líderes do que nos líderes que ele nos tem dado (Ef 4.11-13).[5]

Este é o contexto da liderança bíblica na igreja.[6] Consideremos agora os próprios líderes.

---

4 Para uma defesa completa do congregacionalismo e uma explicação de como a autoridade da congregação pode coexistir com a submissão aos presbíteros, veja Jonathan Leeman, *Don't Fire Your Church Members: The Case for Congregationalism* (Nashville: B & H Academic, 2018).
5 Veja Jonathan Leeman, *Entendendo a Autoridade da Congregação* (São José dos Campos: Fiel, 2019).
6 Veja Mark Dever, *Igreja: o Evangelho Visível* (São José dos Campos: Fiel, 2018).

AS QUALIFICAÇÕES BÍBLICAS PARA
A LIDERANÇA DA IGREJA

Como pastor, peço regularmente a Deus que levante bons líderes em nossa igreja local. Em particular, rogo a Deus que coloque em nossa comunhão homens cujos dons espirituais e interesse pastoral indicam que ele os tem chamado a ser presbíteros ou bispos (as palavras são usadas como sinônimos na Bíblia; veja, por exemplo, Atos 20). Se ficar evidente que Deus tem dotado certo homem na igreja e se, depois de oração, a igreja reconhecer os dons desse homem, ele deve ser separado para o ofício de presbítero.

Todas as igrejas têm sido beneficiadas por indivíduos que exercem as funções de presbítero, ainda que não tenham usado essa palavra em referência a eles. As duas palavras mais comuns do Novo Testamento para designar esse ofício são *episcopos* (supervisor) e *presbuteros* (ancião). Quando os evangélicos ouvem a palavra *presbítero*, muitos pensam imediatamente nos "presbiterianos", mas quando os congregacionalistas surgiram no século XVII, eles também enfatizavam o presbiterato.[7] Presbíteros podiam ser encontrados nas igrejas batistas dos Estados Unidos em todo o século XVIII até o século XIX. O primeiro presidente da Convenção Batista do Sul, W. B. Johnson, escreveu um livro sobre a vida eclesiástica em que ele defende com vigor a ideia de uma pluralidade de presbíteros na igreja local.

De algum modo, essa prática — que nunca foi universal — caiu em desuso quase totalmente entre os batistas. Quer seja por desatenção às Escrituras, quer seja por causa da pressão da vida na fronteira (onde as igrejas se multiplicavam a uma taxa admirável), a prática de cultivar essa liderança congregacional cessou entre os batistas. Mas a discussão sobre reavivar este ofício bíblico continuou entre as publicações

---

7 Ostensivamente, o primeiro reformador a articular esses ideais "congregacionalistas" foi Jean Morély (1524-1594), um nobre francês que escreveu um tratado intitulado *Traicté de la Discipline & Police Chrestienne* (1562), argumentando que as "chaves" dos ministros eleitos e a excomunhão pertencia à igreja como um todo e dependia do consentimento da congregação. No entanto, ele insistiu que um "conselho de presbíteros e ministros é necessário" para a boa ordem da igreja (108). Afinal, o governo eclesiástico democrático sem a liderança da igreja será caos e anarquia, deixando a mesma sujeita à vontade de "hipócritas e infiéis" (110). Mas quando uma igreja é governada por "um grande número de pastores e ministros cheios de conhecimento e do Espírito Santo" – uma pluralidade de presbíteros – será "como uma cidade mobiliada e como uma coluna de ferro, e como uma parede de latão resistindo aos inimigos da verdade" (Jean Morély, *Traicté de la Discipline & Police Chrestienne* [Lyon: Ian de Tovrnes, 1562], p. 110). Agradeço a Caleb Morell por fornecer essa referência e tradução.

batistas. No início do século XX, as publicações batistas se referiam aos líderes usando o título de *presbíteros*. Contudo, à medida que o século avançou, a ideia parece ter desaparecido, a ponto de ser muito incomum hoje uma igreja batista ter presbíteros.

No entanto, em nossos dias, há uma tendência crescente de retornar ao uso deste ofício bíblico — e isso, por uma boa razão. Este ofício era necessário na época do Novo Testamento; também é necessário agora.

A Bíblia apresenta, com clareza, o modelo de uma pluralidade de presbíteros em cada igreja local. Embora o Novo Testamento não contenha uma sugestão do número específico de presbíteros para cada igreja, ele se refere aos "presbíteros" usando a forma plural em igrejas locais (por exemplo, At 14.23; 16.4; 20.17; 21.18; Tt 1.5; Tg 5.14).

Para mim, talvez o aspecto mais útil no ministério pastoral tem sido o reconhecimento de um grupo de homens como presbíteros, em nossa igreja local. Saber que a igreja os tem reconhecido como homens dotados e espirituais me tem ajudado imensamente na obra pastoral. Portanto, a minha própria experiência atesta a utilidade de seguir a prática do Novo Testamento, a prática de ter, onde for possível, mais presbíteros em uma igreja, e não somente um único pastor — e de que esses presbíteros sejam homens que tenham raízes na própria congregação, e não administradores contratados de fora da igreja.

Isto não significa que eu não tenha qualquer função distintiva como pastor, mas sou fundamentalmente um presbítero, uma das pessoas que Deus dotou para liderar a igreja junto com outros. Como achamos esses líderes em nossa igreja? Oramos por sabedoria. Estudamos a Palavra de Deus, especialmente 1 Timóteo e Tito. Observamos quem satisfez estas qualificações. Não procuramos pessoas que são influentes na comunidade local.

No Novo Testamento, achamos indícios de que o pregador principal é distinguido do restante dos presbíteros. No Novo Testamento, há várias referências que não se aplicariam a todos os presbíteros da igreja. Por exemplo, em Corinto Paulo se dedicou exclusivamente à pregação, de um modo que os outros presbíteros não o podiam fazer. Talvez a igreja só pudesse sustentar um número limitado de presbíteros de tempo integral (cf. At 18.5; 1Co 9.14; 1Tm 4.13; 5.17). Parece que os pregadores se mudavam para determinada área tão-somente para anunciar o evangelho (Rm 10.14-15), enquanto os presbíteros pareciam ser pessoas que já faziam parte da comunidade local (Tt 1.5).

Temos de recordar que o pregador (ou pastor) também é, fundamentalmente, um dos presbíteros de sua igreja. Isto significa que várias decisões que envolvem a igreja e não exigem a atenção de todos os membros não devem recair somente sobre o pastor, e sim sobre os presbíteros como um todo. Embora isto seja, às vezes, embaraçoso, tem o imenso benefício de aperfeiçoar os dons do pastor, compensar algumas de suas deficiências, suplementar o seu discernimento e criar o apoio congregacional para as decisões, deixando os líderes menos expostos às críticas injustas. Isto também torna a liderança mais firme e permanente, possibilitando uma continuidade mais amadurecida. Encoraja a igreja a assumir mais responsabilidade pelo crescimento espiritual de seus próprios membros e faz a igreja depender menos de seus empregados.

Muitas igrejas modernas tendem a confundir os presbíteros com os diáconos ou com o corpo de administradores da igreja. Os diáconos também cumprem um ofício neotestamentário, fundamentado em Atos 6. Embora seja difícil estabelecer qualquer distinção absoluta entre os dois ofícios, os interesses dos diáconos são os detalhes práticos da vida da igreja: administração, manutenção e cuidado dos membros da igreja que têm necessidades físicas. Hoje, em muitas igrejas, os diáconos têm uma função espiritual, embora mais simples do que a função delegada ao pastor. Seria benéfico à igreja distinguir novamente o ofício de presbítero do ofício de diácono.

Em vez de procurar líderes que tenham qualificações seculares, devemos procurar pessoas que tenham caráter, reputação, habilidade de lidar com a Palavra de Deus e que manifestem o fruto do Espírito em sua vida. Esse é o tipo de pessoa que devemos reconhecer e em cujas mãos devemos entregar a responsabilidade de liderar a igreja. Parte do encontrar bons líderes consiste em achar homens em quem possamos confiar e que possam confiar em nós como congregação — que possam ter bastante confiança nas decisões da igreja e nos compromissos que eles sentem ter condições de assumir conosco e uns com os outros.

Penso que essa foi a razão por que Paulo enfatizou, em 1 Timóteo 3, como o presbítero lida com sua família — porque isso revela muito a respeito dele e de como ele pode trabalhar como presbítero. É interessante observar como muitas destas qualificações dizem respeito a dar-se a si mesmo em serviço aos outros. Os presbíteros têm de ser centrados nos outros. Têm de ser irrepreensíveis, particularmente em sua conduta observável. Precisam ter um casamento e vida familiar que sejam exemplares; devem ser moderados em tudo, exercer autocontrole, ser hospitaleiros e aptos para ensinar, não violentos, inimigos de contendas, não avarentos e não neófitos. Devem ser bem respeitados pelos de fora da igreja.

Esse deve ser o caso daqueles que desejam ser pastores da igreja de Deus. Como bons pastores, eles não devem tosquiar o rebanho por interesse próprio, mas sim apascentar e cuidar de cada uma das ovelhas.

Uma outra qualificação para pastores ou presbíteros é que sejam homens (1Tm 2.12; 3.1-7; Tt 1.6–9). Essa afirmação não deve ser mal interpretada. Certamente todos os cristãos são dotados por Deus para a edificação do corpo (1Pe 4 e 1Co 14). Todos os cristãos ensinam uns aos outros cantando e nos relacionamentos que Paulo descreve em Tito 2.

E quanto à questão de gênero nas funções de liderança da igreja? Com nossa prática, corremos o risco de tornar nossa doutrina arbitrária? Isto é, será que guardamos assiduamente a ordenação de presbíteros (por causa de 1Tm 3 e Tt 1), mas obscurecemos a pedagogia divina no símbolo coerente que apresentamos ao permitirmos mulheres como professoras em pequenos grupos e aulas de escola dominical?

As mulheres são altamente honradas nas Escrituras. Homens e mulheres são feitos à imagem de Deus. Além disso, Deus usou mulheres de maneira singular para expressar a verdade sobre ele. Miriã cantou (Êx 15); Ana orou (1Sm 2); e Maria glorificou ao Senhor (Lc 1.46-51). Débora foi criada como juíza no Israel do Antigo Testamento (Jz 5) (embora essa não fosse uma nomeação normal para uma mulher). Isabel e Ana profetizaram publicamente sobre a vinda de Cristo (Lc 1.42-45; 2.38). (É interessante observar como muitos desses casos têm a ver com o parto, parte do papel especial de Deus para as mulheres; veja 1Tm 2.15.) As Escrituras não apresentam impedimentos para as mulheres ensinarem os homens por meio de orações e profecias ocasionais (1Co 12), nem em conversas pessoais (como com Áquila e Priscila e Apolo em Atos 18.26).

Mas a escolha de homens como pregadores públicos da Palavra de Deus é coerente com o papel que Deus lhes designou para levarem sua imagem como presbíteros e maridos. A maioria dos homens não são presbíteros. Muitos homens (como Paulo e até o próprio Jesus) não são casados. Mas maridos e presbíteros devem espelhar algo da própria autoridade de Deus, de modo que isso é ecoado — em vez de contradito — quando o ministério de ensino de adultos de uma igreja é conduzido por homens qualificados e talentosos.

Em nossa era igualitária, devemos abraçar sem intimidação o gênero como um com de Deus, como Gênesis 1 e 2 demonstram claramente. Além disso, os dois gêneros em seus papéis complementares são um sinal e uma pista sobre o sentido maior da vida. Isso é o que Paulo diz em Efésios 5. Na verdade, ele parece dizer que Deus não nos deu a igreja para nos ensinar sobre o casamento; ele nos deu o casamento para nos ensinar sobre o amor de Cristo pela igreja.

Hoje, o igualitarismo costuma estar tão intimamente aliado ao antiautoritarismo que a própria autoridade é condenada. Contudo, a Escritura apresenta a autoridade como vinda de Deus. Somente ele é o Senhor soberano, e toda a soberania é confiada por ele (ver Ef 3.15). O abuso de algo bom não mostra que isso, em si, é ruim. A própria autoridade, como Deus pretende que seja, é boa, até mesmo vivificante. E a submissão bíblica adequada também pode dar vida. A submissão dos filhos aos pais, das esposas aos maridos, dos membros aos presbíteros — tudo aponta para a submissão dos humanos a Deus. E, finalmente, temos vida porque, em sua humanidade, o Filho eterno encarnado se submeteu à vontade de seu Pai celestial. É uma mentira de Satanás dizer que a submissão é inerentemente degradante.

Portanto, é apropriado que as igrejas limitem o papel do ensino público aos homens, simbolizando algo da autoridade que Deus os chamou a carregar normalmente.[8] E, de acordo com 1 Timóteo 2.12, é especialmente importante que os homens demonstrem sua autoridade na igreja no ensino público da Palavra: "Não permito que a mulher ensine, nem exerça autoridade de homem; esteja, porém, em silêncio."

A questão se apenas homens devem ser pastores ou presbíteros está se tornando cada vez mais um divisor de águas, distinguindo entre aqueles que acomodam as Escrituras à cultura e aqueles que tentam moldar suas vidas de acordo com as Escrituras.

Eu comparo o erro do igualitarismo (a ideia de que não há distinções de gênero nos ofícios bíblicos da igreja) com o que eu, como batista, considero outro erro: o batismo infantil. O batismo infantil não é uma ideia nova. Se for de fato um erro, é muito antigo! Tem um longo histórico. Por mais de quinhentos anos, muitos cristãos evangélicos que creem que a Bíblia ensina o batismo de crianças têm continuado fiéis.

---

8 Para uma discussão mais aprofundada sobre o complementarismo, veja *9Marks Journal*, "Complementarianism: A Moment of Reckoning" (dezembro de 2019), disponível em https://www.9marks.org/journal/complementarianism-a-moment-of-reckoning/.

De fato, muitas vezes, a fidelidade deles é um tapa na cara daqueles dentre nós que talvez tenham uma doutrina melhor sobre o batismo!

O igualitarismo não é assim. É uma ideia nova. Não tem um histórico tão longo. E as ocorrências que acumulou nas últimas décadas não são animadoras.

Por óbvio, outras questões são mais centrais para o evangelho do que o gênero. No entanto, poucas (se houver) minam a autoridade das Escrituras nas igrejas evangélicas hoje tanto quanto o igualitarismo. E, quando a autoridade das Escrituras for minada, o evangelho não será reconhecido por muito tempo. Portanto, o amor a Deus, ao evangelho e às gerações futuras exige que apresentemos cuidadosamente o ensino da Bíblia de que a liderança da igreja local — pastores, presbíteros — seja homens.

A NATUREZA CARISMÁTICA DA LIDERANÇA DA IGREJA

Em terceiro lugar, devemos observar a natureza carismática da liderança bíblica da igreja. Ao usar o termo "carismático" não estou falando sobre uma experiência sobrenatural, como o falar em línguas. A palavra grega *charisma* (no plural, *charismata*) significa apenas um dom da graça — um dom da graça de Deus. Na Bíblia, é claro que o Espírito de Deus outorga à sua igreja dons, a fim de edificar-nos na fé. Até nossa salvação é referida como um desses dons da graça, um *charisma*. Os dons do Espírito Santo são exemplos específicos da graça de Deus, seja nossa salvação ou qualquer outro dos dons de Deus aos seus filhos. Paulo falou sobre o dom da justiça de Cristo (Rm 5.17) e o dom da vida eterna em Cristo (Rm 6.23). A justiça de Cristo é um *charisma* de Deus para nós.

No entanto, também encontramos mais exemplos dos dons de Deus. Em Romanos 11, Paulo falou sobre os dons que Deus outorgou especificamente ao seu povo de Israel (Rm 11.29; cf. 9.4-5). Em Romanos 12.6-8, ele mencionou alguns dons específicos de Deus para a igreja:

> Tendo, porém, diferentes dons segundo a graça que nos foi dada: se profecia, seja segundo a proporção da fé; se ministério, dediquemo-nos ao ministério; ou o que ensina esmere-se no fazê-lo; ou o que exorta faça-o com dedicação; o que contribui, com liberalidade; o que preside, com diligência; quem exerce misericórdia, com alegria.

Observe que todos estes dons servem ao benefício dos *outros* cristãos.

Em 1 Coríntios, Paulo se referiu a ensinar, a encorajar, a contribuir generosamente, a liderar e demonstrar misericórdia como dons da graça. Paulo se dirigiu aos cristãos de Corinto como aqueles que haviam sido "enriquecidos" em tudo e que não tinham falta de "nenhum dom" espiritual (1Co 1.5, 7). Quando lemos toda esta epístola, achamos uma lista destes dons espirituais. Em 1 Coríntios 7.7, Paulo até chamou o celibato e o casamento de dons espirituais.

De fato, uma das razões por que Paulo escreveu esta epístola foi para instruir esses cristãos a respeito dos "dons espirituais", conforme ele disse em 1 Coríntios 12.1. E prossegue este capítulo dando uma lista de dons (que começa no versículo 7). Esta é uma lista de "dons extraordinários", como os chamou John Owen, o escritor puritano do século XVII. Conforme Paulo disse, no versículo 11: "Mas um só e o mesmo Espírito realiza todas estas coisas, distribuindo-as, como lhe apraz, a cada um, individualmente". Nos versículos 27 a 31, Paulo apresentou outra lista de dons espirituais e conclui instruindo os cristãos de Corinto a procurarem os "melhores dons".

Em 2 Coríntios 1.11, Paulo se referiu ao seu livramento físico como um *charisma*, um dom da graça. Em 1 Timóteo 4.14 e 2 Timóteo 1.6, Paulo falou a Timóteo qualificando o ministério como um dom. Conforme ele disse aos cristãos de Éfeso, nós temos "toda sorte de bênção espiritual... em Cristo" (Ef 1.3).

Todos estes dons têm um objetivo em comum. Em Romanos 1.11-12, vemos que Paulo entendeu que esses dons espirituais haviam sido dados para encorajamento e edificação mútuos. Em 1 Coríntios 12.4-7, percebemos com clareza que estes dons são dados "visando a um fim proveitoso".

O ensino mais óbvio sobre o propósito dos dons se acha em 1 Coríntios 14. Observe o versículo 4, que é frequentemente mal-entendido: "O que fala em outra língua a si mesmo se edifica, mas o que profetiza edifica a igreja". Alguns o entendem como uma afirmação neutra, como se Paulo estivesse apenas comentando que existem dois tipos diferentes de boa edificação — se você deseja edificação pessoal, deve falar ou orar em línguas; se deseja a edificação da igreja, deve buscar a profecia. Mas não penso que Paulo estava ensinando isso. Veja o versículo 1, no qual ele encoraja esses cristãos a desejarem especialmente o dom de profecia. Agora, observe o versículo 12, onde Paulo disse: "Visto que desejais dons espirituais, procurai progredir, para a edificação da igreja". Depois, considere o versículo 19: "Contudo, prefiro falar na igreja cinco palavras com o meu entendimento, para instruir outros, a falar dez mil palavras em outra língua". Paulo estava dizendo que você tem de ser capaz de entender algo para ser edificado. A inteligibilidade é necessária para a edificação da igreja! E este, disse Paulo, é o objetivo dos dons espirituais.

Em cada caso em que a palavra *charisma* é usada, o fato que não muda é que estes dons são dados para a edificação do corpo. Quer sejam o escape de Paulo de um naufrágio ou os dons sobre os quais ele escreve em 1 Coríntios 14, estes são todos *charismata* e servem ao propósito de edificar a igreja.

O objetivo de todos os dons espirituais, Paulo afirmou com clareza, é a "edificação" da igreja (1Co 14.26). Esta é a razão por que o Espírito dá estes dons à igreja. Então, retornando a 1 Coríntios 14.4, Paulo não estava mencionando dois tipos de edificação, e sim criticando aquele tipo de uso dos dons em que o cristão beneficia a si mesmo. Paulo estava redefinindo o objetivo destes dons, harmonizando os propósitos daqueles cristãos ao propósito do Espírito Santo, que é a edificação da igreja.

Comentando 1 Coríntios 14.12, João Calvino disse: "Paulo deseja que uma pessoa que se mostra bastante ansiosa em dedicar-se à edificação seja considerada digna de maior honra".[9] Conforme Pedro escreveu: "Servi uns aos outros, cada um conforme o dom que recebeu, como bons despenseiros da multiforme graça de Deus" (1Pe 4.10).

Se a edificação é o objetivo espiritual dos dons que Cristo deu à sua igreja, o que isso significa para nós e nossas igrejas? Significa que temos de valorizar especialmente os dons que edificam as igrejas. Além disso, esta é uma chamada a compreendermos que a edificação da igreja deve ser uma parte importante de nossa vida cristã — não apenas no sentido organizacional, mas no sentido de edificar uns aos outros em nosso amor, interesse e oração mútuos. Como já mencionei, na Capitol Hill Baptist Church, fizemos um pacto para trabalhar e orar juntos pela unidade, andar juntos em amor, exercer cuidado e vigilância uns pelos outros, admoestar e exortar fielmente uns aos outros quando a ocasião exigir, reunir-nos para orar uns pelos outros, alegrar-nos e suportar uns aos outros, e rogar a ajuda de Deus em tudo isso.

Imagine duas igrejas: uma que tem muitas pessoas falando em línguas; a outra está cheia de jovens assistindo a um funeral de um idoso que eles chegaram a conhecer

---

9 John Calvin, *Commentary on the Epistles of Paul the Apostle to the Corinthians*, trad. John Pringle (Grand Rapids: Baker, 1981), 20:442–43 [edição em português: João Calvino, *Comentário de 1 Coríntios* (São José dos Campos: Fiel, 2017)].

como um dos irmãos da igreja. A segunda igreja parece ser mais "carismática" no sentido bíblico dessa palavra. A segunda igreja parece mais com o que entendo ser aquilo a que o Novo Testamento está chamando a igreja — uma comunidade em que as pessoas aprenderam a amar e a cuidar uns dos outros. Essa é a nova sociedade da qual Deus nos chama, como cristãos, a fazer parte.

O cristianismo não é meramente uma decisão individualista para frequentarmos uma igreja, a fim de perceber o que posso obter dela. "Usarei o pregador como um palestrante público, como meu treinador espiritual; e, à medida que ele me beneficia, terei uma vida melhor". Isto não é cristianismo. Pode até parecer um pouco com o cristianismo, mas este, conforme o Novo Testamento, tem muito a ver com a sua reação para com as pessoas que estão ao seu redor. O cuidado e o interesse que você assume ao tomar parte num grupo de pessoas que entraram em um pacto, sua disposição de fazer um compromisso com Deus que se concretiza em seu compromisso com os outros — isso parece ser o resultado, quando examinamos o Novo Testamento.

A natureza carismática da igreja significa que o Espírito Santo de Deus age em nós de tal maneira que amaremos e nos interessaremos uns pelos outros. Levantar-se e dirigir os louvores é um dom da graça (um *charisma*) para alguns. Ir e ler as Escrituras para enfermos nos hospitais é um dom da graça para outros. É um dom da graça passar momentos em reuniões da igreja. Ensinar grego é um dom da graça. Telefonar ao seu pastor e dizer-lhe que você está orando por ele é um dom da graça. Essas ações são dons carismáticos, conforme o Novo Testamento. Paulo nunca tencionou apresentar uma lista exaustiva dos *charismata* quando alistou os dezessete dons. Sempre que a igreja está agindo pelo poder do Espírito Santo em benefício da edificação do corpo, ali os dons do Espírito estão presentes. Qualquer entendimento que tenhamos sobre a liderança bíblica na igreja tem de ser visto nesse contexto.

Em uma igreja, a liderança é exercida em um contexto congregacional pactual, especialmente capacitada por Deus. Essa é a natureza carismática da liderança bíblica da igreja.

A SEMELHANÇA DA LIDERANÇA DA IGREJA COM CRISTO

É claro que o próprio Cristo é "a cabeça do corpo, a igreja" (Cl 1.18; veja Ef 1.22, 23). Somente ele é a pedra angular (1Pe 2.6-7). Jesus Cristo é, em última análise, o líder da igreja universal e de cada congregação local em particular.

Não é nenhuma surpresa, então, que, dentro das congregações locais, os líderes devam refletir o caráter de Cristo, algo de seus papéis e responsabilidades. Desenvolvi um método de memorização para ajudar a lembrar quatro aspectos da liderança de Cristo. Eu o denomino CASS; pode ser ilustrado por quatro triângulos apontados em direções diferentes. O CASS representa quatro papéis que Jesus cumpriu como líder e que ele chama os líderes da igreja de hoje a cumprir.

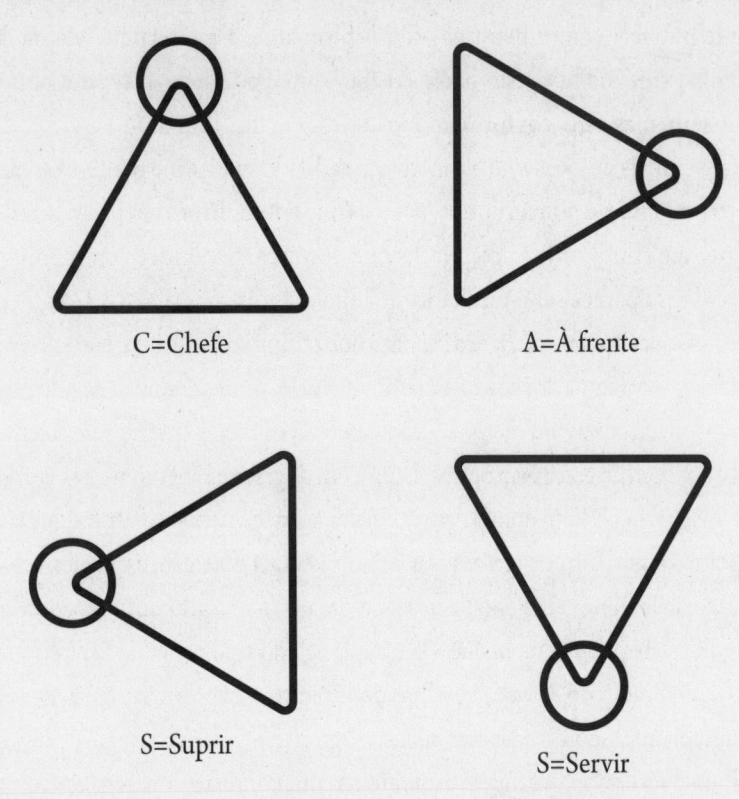

C=Chefe

A=À frente

S=Suprir

S=Servir

Embora estes aspectos da liderança sejam verdadeiros em muitas áreas da vida, eu os menciono particularmente em referência à vida cristã e ao exercício da liderança em um contexto congregacional.

Chefe

Cristo mesmo deu muitas ordens. Por exemplo, ele mandou que instruíssemos a outras pessoas (Mt 28.20). Paulo também deu ordens. Ele disse aos cristãos que ensinassem a outros o que fazer. Ele instruiu os presbíteros a decidirem o que deveria ser ensinado, e que fizessem isso com mansidão (2Tm 2.24-25), paciência e persistência (2Tm 4.2). Nós, que somos presbíteros, temos de ensinar com cuidado, porque Deus nos tratará como responsáveis pela medida da fidelidade à sua Palavra (ver Tg 3.1). É evidente que os líderes da igreja — assim como quaisquer outros líderes — às vezes, têm de mandar, tomar decisões e assumir a responsabilidade.

Hoje alguns se sentem incomodados com isso. Mas percebemos com clareza que Jesus deu ordens e instruiu seus discípulos (e isso nos inclui) a fazerem o mesmo — ensinar, dar instruções, dispor-se em exercer autoridade, quando ele nos chama a fazer isso. Este tipo de liderança não deve ser evitado. Embora a autoridade possa ser abusada, a autoridade em si mesmo é algo bom, e podemos recuperar um respeito piedoso pela autoridade, se a exercermos com prudência.

À frente

Se você observar o triângulo intitulado "à frente", verá um triângulo apontando à direita, com um círculo em sua ponta. Isto representa outra parte da liderança — ser aquele que está à frente, toma a iniciativa e dá o exemplo. Muito da liderança envolve o dar o exemplo e o tomar a iniciativa. Na clássica obra de John Keegan, *The Mask of Command*, Alexandre, o Grande, é apresentado como "grande" basicamente porque ele liderou pessoalmente e sem medo suas tropas nas zonas mais perigosas da batalha.[10] Talvez o oficial mais temido em toda a Segunda Guerra Mundial era o comandante de blindados alemão, Erwin Rommel, a "Raposa do Deserto". Quando uma batalha que envolvia as suas forças começava, a mensagem soaria: "Rommel à frente!" Essa mensagem estimulava as tropas a segui-lo.

Outro aspecto da liderança bíblica é ser um exemplo. Jesus disse: "Novo mandamento vos dou: que vos ameis uns aos outros; assim como eu vos amei, que também vos ameis uns aos outros" (Jo 13.34). Paulo escreveu: "Tende em vós o mesmo sentimento que houve também em Cristo Jesus" (Fp 2.5). Pedro exortou alguns dos primeiros cristãos a recordarem que "Cristo sofreu em vosso lugar, deixando-vos exemplo para seguirdes os seus passos" (1Pe 2.21). Aos cristãos de Corinto, Paulo escreveu: "Sede meus imitadores, como também eu sou de Cristo" (1Co 11.1). E disse especificamente aos crentes de Tessalônica que havia trabalhado para tornar-se um

---

10 John Keegan, *The Mask of Command* (Nova York: Viking, 1987).

exemplo que eles poderiam seguir (2Ts 3.7-9). Paulo se empenhou deliberadamente em ter uma vida que fosse exemplar — não uma vida perfeita, mas sim uma vida exemplar. Ele ofereceu sua própria vida como exemplo, indo à frente para mostrar-nos como isso deve ser feito.

E isto é o que temos de fazer. Como parte de nossa liderança, devemos ser exemplo (ver Jo 13.15; Fp 3.17; 1Tm 4.12; Tt 2.7; Tg 5.10).

Suprir

Observando agora o desenho intitulado "Suprir", você percebe um triângulo apontando à esquerda, com um círculo na ponta. Isto nos recorda que outro aspecto da liderança é o suprimento.

Pense em um exército com uma linha de suprimento vital que chega até às tropas que estão na linha de frente. Muito do que é feito na boa liderança consiste em trabalhar estrategicamente para dar forma, ênfase e liberdade à obra que outros são chamados a realizar.

Se devemos ser supridores, voltemos à retaguarda e ofereçamos às pessoas as ferramentas que elas precisam para avançar por si mesmas. Conforme Lucas 9 e 10, Jesus enviou seus discípulos depois de prepará-los. Em Lucas 9, eles falharam; mas, quando Jesus os enviou novamente, conforme Lucas 10, eles foram bem-sucedidos. Neste exemplo, Jesus estava na retaguarda, suprindo e equipando outros.

É claro que somos um pouco diferentes, porque não podemos ir com aqueles que enviamos, como Jesus pode mediante seu Espírito. Por isso, a nossa situação assemelha-se mais com a de Paulo, quando, em sua última carta, instruiu Timóteo a ensinar aqueles que podiam ensinar a outros (2Tm 2.2). Paulo entendia que poderia multiplicar grandemente seu ministério, à medida que suprisse os recursos para que outros realizassem seu próprio ministério.

Servir

O triângulo intitulado "Servir" está apontando para baixo, com um círculo na ponta. Isto representa o papel de servir. Este é, talvez, o mais distinto tipo de liderança cristã. Nós o vemos exemplificado mais plenamente em Cristo, quando deu sua vida por nós, na cruz, morrendo em nosso lugar, a fim de que vivamos para ele. Descrições comoventes deste serviço autossacrificial se encontram em cada um dos evangelhos; e estas descrições se refletem em todo o Novo Testamento. Filipenses 2 e 1 Pedro 2 são passagens bastante claras e comoventes.

Este é o exemplo de liderança que Cristo nos deixou. E isto se aplica especialmente a nós, se fomos chamados a ser líderes em uma igreja. Pedro escreveu:

> Rogo, pois, aos presbíteros que há entre vós, eu, presbítero como eles, e testemunha dos sofrimentos de Cristo, e ainda co-participante da glória que há de ser revelada: pastoreai o rebanho de Deus que há entre vós, não por constrangimento, mas espontaneamente, como Deus quer; nem por sórdida ganância, mas de boa vontade; nem como dominadores dos que vos foram confiados, antes, tornando-vos modelos do rebanho. Ora, logo que o Supremo Pastor se manifestar, recebereis a imarcescível coroa da glória (1 Pe 5.1-4).

Todos esses quatro aspectos — o chefe ordenando, o exemplo de ir à frente, o suprimento do que é necessário e o servir — serão parte de uma liderança bíblica na igreja.

A RELAÇÃO DA LIDERANÇA DA IGREJA COM A NATUREZA E O CARÁTER DE DEUS

Ao concluir nossas considerações sobre a liderança da igreja, devemos falar a respeito de como o exercício dessa liderança se relaciona com a natureza e o caráter de Deus.

Liderança não é apenas uma questão de governo da igreja. Certa vez, quando eu estava em Cambridge, jantava fora com um amigo, quando ele expressou sua raiva por uma decisão recente do conselho da cidade de vender terrenos ao lado de uma escola, perto de sua casa. Enquanto ele falava, lembro-me como isso lhe era característico. Ele estava sempre expressando raiva a respeito disso ou daquilo que alguma autoridade havia feito. Perguntei-lhe de forma simples, franca e direta: você acha que toda autoridade é má? Pensei que ele me daria uma resposta cuidadosamente elaborada, cheia de significados sutis. Mas fiquei chocado com sua resposta simples, direta e irrestrita: "Sim. Autoridade é algo ruim".

Reconhecer a natureza caída da autoridade humana e o fato de que esta autoridade pode sofrer abusos é bom e saudável. Por certo, o poder à parte dos propósitos de Deus é sempre demoníaco. Mas suspeitar de toda autoridade também é algo ruim. Frequentemente isso revela mais sobre aquele que suspeita do que sobre a autoridade questionada. Para vivermos como Deus tencionou que vivamos, temos de ser capazes de confiar nele e naqueles que ele criou à sua imagem. Abusar dessa autoridade é um mal particularmente terrível porque esse pecado difama o próprio Deus.

Isto não significa que a piedade consiste apenas em culpa, mas significa que a capacidade de confiar é um componente essencial do reflexo da imagem de Deus e do agir nos relacionamentos desta vida, nos quais esta imagem se manifesta e se expressa.

Em Efésios 3.14-21, enquanto o apóstolo ora pelos cristãos de Éfeso, começa a dizer-lhes que orava ao "Pai, de quem toma o nome toda família, tanto no céu como sobre a terra". O argumento de Paulo é que não somente Deus é o Pai de sua família, a igreja universal, mas também que Deus é o criador, que nos fez à sua imagem e que até as estruturas sociais de autoridade, que temos em nossas famílias, se derivam dele e de sua autoridade. Portanto, autoridade e liderança não são assuntos indiferentes para nós, que somos cristãos. São assuntos de grande interesse, porque são parte da imagem de Deus que temos de refletir em nossa vida.

Um mundo sem autoridade seria um mundo sem restrições, um carro sem direção, um cruzamento sem semáforo, um jogo sem regras, um lar sem pais, um mundo sem Deus. Poderia subsistir por um tempo, mas logo pareceria sem sentido; depois, se tornaria cruel e indizivelmente trágico.

Em seu livro *Authority: the Most Misunderstood Idea in América*, Eugene Kennedy e Sarah Charles argumentam que "o caráter estabilizador de uma autoridade saudável é o que nos tem faltado. O seu retorno é o que nos tornará mais confiantes e menos ansiosos em administrar nossa vida".[11] Eles sugerem que "a autoridade saudável satisfaz as necessidades e objetivos de relacionamentos sérios e íntimos, porque o interesse dessa autoridade não é vencer os outros, e sim fomentar o desenvolvimento de pessoas que se sentem seguras umas com as outras".[12] De acordo com estes autores, em filmes como *A Vida em Preto e Branco*:

---

11 Eugene Kennedy e Sarah Charles, *Authority: the most misunderstood idea in America* (Nova York: Free Press, 1997), p. 2.
12 Ibid., p. 35.

Maior liberdade sexual é vista como o fruto de uma rebelião saudável contra forças repressivas e cruéis. Isso é validado na cultura popular como um fim em si mesmo. Liberdade sexual absoluta, ou seja, sexo desvinculado de relacionamentos humanos torna-se a tônica central da sabedoria popular.[13]

E manter essa intimidade fora de uma estrutura de compromisso, autoridade, submissão e pacto de amor equivale a destruir algumas das mais importantes lições que podemos aprender como criaturas feitas à imagem de Deus — lições a respeito de como devemos nos relacionar uns com os outros e com Deus.

Lembro-me de uma vez pregar em 1 e 2 Samuel e encontrar as últimas palavras de Davi em 2 Samuel 23. Fiquei impressionado com essas palavras e me perguntei por que não as havia notado mais anteriormente: "Aquele que domina com justiça sobre os homens, que domina no temor de Deus, é como a luz da manhã, quando sai o sol, como manhã sem nuvens, cujo esplendor, depois da chuva, faz brotar da terra a erva" (2Sm 23.3-4). Que bela descrição da autoridade saudável e seus frutos!

Acho que percebi mais as palavras de Davi naquela época porque eu era um homem exercendo uma autoridade crescente, tanto em minha família quanto em minha igreja. Isso tornou tal verdade mais óbvia para mim, além de mais importante e preciosa.

A família deve ser nosso campo de treinamento nesta autoridade amável. É um lugar de "crescimento" que Deus nos tem dado para aprendermos o amor, o respeito, a honra, a obediência e a confiança, a fim de preparar-nos para nos relacionarmos uns com os outros e com Deus mesmo.

Quando exercemos autoridade de maneira correta e boa — por meio da lei, no ambiente da família, em nosso trabalho, em nosso grupo de amigos, em nosso lar e, especialmente, na igreja —, estamos ajudando a revelar a imagem de Deus à sua criação.

Nossa condição na igreja, em referência a este assunto de liderança, deve ser tal que o evangelho não seja levado à má fama; pelo contrário, ele é mantido como aquela luz gloriosa de esperança e verdade no mundo. Nossa vida conjunta tem de ser tão pura quanto possível, para que o amor de Deus pelo mundo resplandeça claramente por meio de dele.

---

13 Ibid., p. 30.

Esta é a tremenda chamada que Deus nos deu, para reconhecermos e respeitarmos com temor a autoridade na igreja. Isto é um sinal de saúde na igreja e de cristãos saudáveis. Esta é a nossa chamada. Este é o nosso privilégio. E há um mundo que precisa ver pessoas feitas à imagem de Deus vivenciando assim essa imagem. Oremos a Deus pedindo-lhe que façamos isso juntos em nossas igrejas — para a saúde delas e para a glória de Deus.

OUTROS RECURSOS

- Para grupos de estudo: Bobby Jamieson, *Leading One Another: Church Leadership* (2012), um estudo bíblico indutivo de seis semanas do ministério 9Marks.
- Para aplicação pastoral: *Encontrando Presbíteros e Diáconos Fiéis* (2018), de Thabiti Anyabwile.
- Veja também: Charles Bridges, *The Christian Ministry* (1830); Mark Dever, *Igreja: o Evangelho Visível* (2012) e *Entendendo a Liderança da Igreja* (2016); Jeremy Rinne, *Church Elders: How to Shepherd God's People Like Jesus* (2013); Phil A. Newton, *Pastoreando a Igreja de Deus: Redescobrindo o Modelo Bíblico de Liderança na Igreja* (2007); Jonathan Leeman, *Understanding the Congregation's Authority* (2016) e *One Assembly: Rethinking the Multisite and Multiservice Church Models* (2020); Aaron Menikoff, *Character Matters: Shepherding in the Fruit of the Spirit* (2020); Mark Dever e Paul Alexander, *Como Edificar uma Igreja Saudável: um Guia Prático para Liderança Intencional* (2024).

A SEGUIR...

Marca Oito: Um entendimento e uma prática bíblica da oração
O que é a oração?
Como a oração opera?
      Orações que Deus não ouve
Como orar juntos como igreja local

MARCA OITO: UM ENTENDIMENTO E UMA PRÁTICA BÍBLICA DA ORAÇÃO

Todo mundo pensa que propagandas estão cheias de mentira, mas não é bem assim. Os fatos apresentados nos anúncios são quase sempre exatos, não porque os anunciantes são pertinazes, mas porque seus anúncios são rigorosamente regulados. Se fizer uma alegação falsa em um comercial divulgado em rede de televisão, a Comissão Federal de Comércio a notará. Alguém sempre denuncia. A verdadeira mentira na propaganda — alguns o chamariam de a "arte" da publicidade — é mais difícil de detectar. O que é falso na publicidade está na apresentação das situações, dos valores, das crenças e das normas culturais que formam o pano de fundo para a mensagem de venda. A propaganda — incluindo filmes, TV e vídeos musicais — nos apresenta um mundo que não é o nosso mundo, mas, antes, uma coleção de imagens e ideias criadas com o propósito de vender. Essas imagens pintam um quadro da família ideal, do lar perfeito.[1]

Isso foi o que o falecido pioneiro e executivo de publicidade, Jay Chait, escreveu anos atrás na revista *Forbes*. É verdade que anúncios não mentem, apenas informam erroneamente?

Nestes dias, parece que marketing, propaganda e publicidade são não somente para diamantes e filmes, mas também para igrejas. Com um pano de fundo de jornalista, um ex-membro da igreja Capitol Hill Baptist Church publicou um livro intitulado *Publicidade eclesiástica bem-sucedida*, quase 80 anos atrás.[2] Nesse livro, ele instruía pastores sobre como tornar melhor a publicidade de sua igreja e a obra que ela realiza. No entanto, seu conselho parece simples, comparado à cultura em que vivemos hoje. Igrejas têm aprendido princípios de marketing e mais.

Até nomes de igrejas são elaborados para serem vagos, não ameaçadores e inclusivos. Abandonam-se distintivos, como metodista ou presbiteriana, que poderiam fazer pessoas se sentirem excluídas. Nomes populares são palavras como *comunidade* ou *comunhão* ou, melhor ainda, palavras que parecem misteriosas e sedutoramente sugestivas como *o ramo, mosaica, nexos* ou *imago*. Igreja Batista da Rua Principal — ou seja, a igreja batista que se reúne na Rua Principal — soa sem graça.

Um website de uma igreja descreve seu prédio como tendo "beleza deslumbrante". Outra igreja se descreve como uma igreja de "compaixão, convicção e conexão". E ainda outra promete àqueles que vão lá "um encontro íntimo com Cristo". A "igreja" que está a apenas um quarteirão a leste de nossa igreja tem uma placa na frente que diz "Melhor em DC", citando uma apreciação escrita por uma revista secular, sem deixar claro que são uma seita um tanto recente que, entre outras heresias, negam a Trindade e dizem que Maria é divina.

Qual é o papel da autopromoção mesmo entre igrejas bíblicas? Não estou tentando ser a pessoa negativa. Não tenho nenhuma objeção a chamarmos *boas* as novas (notícias) que temos para comunicar! Mas não posso deixar de pensar em Provérbios 27.2: "Seja outro o que te louve, e não a tua boca; o estrangeiro, e não os teus lábios".

---

1 Jay Chait, "Illusions Are Forever", *Forbes ASAP*, 2 de outubro de 2000, p. 139.
2 Carl F. H. Henry, *Successful Church Publicity* (Grand Rapids: Zondervan, 1943).

Como igreja, será que devemos nos promover por meio de nossos próprios anúncios? De que maneira uma igreja pode fielmente divulgar suas atividades sem tentar distinguir e exaltar erroneamente sua empolgação, sucesso ou eficácia em contraste com outras igrejas que afirmam promover as mesmas boas novas? Como nossa igreja pode ter certeza de que nossos esforços e honras louvam alguém melhor do que nós mesmos, alguém que é realmente digno que lhe direcionemos atenção e digno do nosso louvor?

Isso nos leva ao tema deste capítulo. Aqui desejamos pensar sobre um entendimento e uma prática bíblica da oração como um dos elementos que descrevem uma igreja saudável — e não a oração principalmente na vida do indivíduo cristão, mas o que fazemos quando nos reunimos como igreja.

RECOMENDAÇÕES DE LIVROS SOBRE ORAÇÃO

R. C. Sproul, *The Prayer of the Lord* (2009), é um livro curto e incrível que lida com a Oração do Pai Nosso e discute a oração em geral.

D. A. Carson, *Praying with Paul* (2015), examina as orações de Paulo ao longo do Novo Testamento. Quando você as estudar, verá que ele ora principalmente pelas igrejas.

Também recomendo Paul Tautges, *Teach Them to Pray: Cultivating God-Dependency in Your Church* (2010).

John Onwuchekwa, *Prayer: How Praying Together Shapes the Church* (2018), é curto e fácil de ler. Ele aborda a oração nas vidas de indivíduos (que é o assunto de livros sobre oração), bem como as orações na vida da congregação, à medida que oramos juntos.

Se você gostaria de ler mais sobre oração, pode ir ao website de minha igreja e ouvir alguns sermões sobre esse assunto. Vá até a seção "resources" e procure por "prayer". Os primeiros dois sermões que aparecerem podem ser úteis para você.

> Também recomendo que se ouça "The Role of Desperate Prayer in Relenting Wrath" (2014), de David Platt, disponível no website do Together for the Gospel (t4g.org).

Neste capítulo, daremos três passos. Em primeiro lugar, definiremos a oração. Em segundo lugar, consideraremos como a oração opera. Em terceiro lugar, examinaremos como a oração deve funcionar na vida da igreja local.

O QUE É A ORAÇÃO?

Embora muitas definições da oração possam ser apresentadas, direi simplesmente que a oração é falar com Deus. Esse "falar" pode ser em cântico ou em escrita. Pode ser pensamento não falado e, de acordo com Romanos 8, pode até ser, às vezes, algo difícil de colocar em palavras. Mas tipicamente, na Bíblia, orar é falar. É Davi nos Salmos e Jonas no peixe. É a maneira como Jesus nos instruiu a amar os inimigos — devemos falar com Deus em favor deles e para o bem deles (Mt 5.44). Devemos orar por eles, como Jesus o fez na cruz (Lc 23.34). Oração é o que os discípulos estavam fazendo quando Deus derramou seu Espírito no Pentecostes — eles estavam juntos falando com Deus (At 1.14). Deus valoriza as expressões de seus santos. Ele vê as orações de seus santos como incenso (Ap 5.8; 8.3-4).

A oração não é alguma energia misteriosa do universo. De acordo com a Bíblia, orar não é beneficiar-se de uma força impessoal que está por aí, como o vento, para ser utilizada por quem iça a vela de uma oração "cheia de fé". A oração não é um tipo de caixa eletrônico cósmico, ou meditação superficial, ou apenas falar consigo mesmo. Orar é falar com Deus. E é eficaz porque o Deus da Bíblia é real, e ele realmente ouve! Jesus ensinou seus discípulos a orar pelo nosso pão diário; considere quão frequentemente Deus tem respondido *essa* oração em sua vida.

A oração pode ser feita em qualquer lugar, em qualquer tempo, por qualquer pessoa. No entanto, para sermos claros, devemos dizer que, de acordo com a Bíblia, Deus tanto ouve *todas* as orações quanto ouve somente *algumas* orações. Ele ouve todas as orações porque sabe o que diremos antes mesmo que o digamos. Mas Deus se obrigou a ouvir — *no sentido de obrigar-se a responder* — somente as orações daqueles que adotou como seus filhos pela fé em Cristo. Deus se deleita em responder as orações daqueles que não são seus inimigos espirituais, mas seus queridos e adquiridos filhos.

Porque o Deus da Bíblia é o Deus vivo e verdadeiro, ele fala. Deus não é semelhante aos ídolos feitos pelo homem que podem ter nariz esculpido, mas não podem cheirar; olhos esculpidos, mas não podem ver; ouvidos esculpidos, mas não podem ouvir; boca esculpida, mas não podem falar. Deus é real. Sua existência não depende dos argumentos que podemos dar a amigos para tentar fazê-los crer. Todas as pessoas no mundo poderiam parar de acreditar em Deus, e ele continuaria a existir. E a nossa adoração mais fundamental a Deus é ouvir sua Palavra. Devemos ouvir e estudar a Palavra de Deus, para crer nele e obedecer-lhe.

Porque Deus nos fez à sua própria imagem, ele nos chama não somente para ouvi-lo, mas também para falar com ele. Na própria forma de nossa oração — criar ideias e palavras que depois expressamos para Deus — nós o imitamos e o refletimos. Manifestamos a própria natureza comunicadora de Deus. Nós nos engajamos com ele em um relacionamento. Deus fala por meio de seu Espírito em sua Palavra. Nós ouvimos e falamos de volta na forma de nossas orações. Isso está muito longe de ser meramente um "tipo de" relacionamento, num sentido religioso e imaginário. O nosso relacionamento com o nosso Criado é o relacionamento mais verdadeiro e mais profundo para o qual todos os outros relacionamentos destinam-se a apontar e levar. E a oração é uma parte vital desse relacionamento.

A ORAÇÃO FUNCIONA?

O Deus soberano usa a instrumentalidade de nossas orações para realizar seus propósitos. Nós lhe pedimos o que somente ele pode fazer.

A Bíblia está cheia de relatos em que Deus ouve e responde as orações de seu povo. Lemos repetidas vezes no Salmo 107 que "clamaram ao Senhor, e ele os livrou das suas tribulações" (Sl 107.6, 13, 19, 28). Quando Ana não tinha filho, ela orou. Quando Jonas estava no ventre do peixe, ele orou. Quando os primeiros cristãos se deparavam com perseguição, eles oravam, conforme Atos dos Apóstolos registra.

Moisés, Gideão, Samuel, Salomão, Elias, Cornélio, Paulo — todos oraram. Supremamente, Jesus Cristo orou. Todos eles oravam quando queriam se comunicar com Deus. Não estavam simplesmente desempenhando rituais religiosos vazios. Queriam que Deus fizesse algo!

Entretanto, por quanto tempo devemos continuar orando pelo mesmo assunto? Jesus ensinou a seus seguidores que nunca devemos desistir em oração. Suponho que ele ensinou isso exatamente porque sabia que seríamos tentados a fazê-lo! Talvez você esteja pensando: "Tentei isso. A oração não funciona. Orei por necessidades, confiei em Deus antes, e não funcionou". Eu lhe perguntaria: a igreja em Jerusalém orou apenas uma única vez? Ou somente por 15 minutos? Ou por meia hora? Jonas esteve na baleia uma hora ou um dia? Durante quanto tempo você acha que Ana orou por um filho? Dias? Meses? Anos?

Não me entenda mal. Nem sempre recebemos o que pedimos em nossas orações e, mesmo quando recebemos, nunca "merecemos" as respostas às nossas orações pela quantidade de tempo ou repetição. Entretanto, Deus nos instrui vez após vez a sermos persistentes em nossas orações (veja em Lucas 18 uma história que Jesus contou a respeito disso). Portanto, se você já orou. E orou. E orou — a Palavra de Deus mantém a esperança.

Talvez você seja Jonas naquele terceiro dia. Continue a orar.

Talvez você seja aquela igreja que orou na duodécima hora, a hora final.

Talvez você seja Ana, que ofereceu a Deus a sua última oração por um filho.

Temos um Deus que se deleita em ouvir o nosso coração. É por meio de orar que experimentamos muito de nosso relacionamento com Deus.

Para alguns de nós, o navio zarpou, o tempo passou, a pessoa querida morreu, o dia de oportunidade se foi. Não podemos mais esperar que Deus mude a história, mas continuamos a esperar na esperança, porque conhecemos o caráter de Deus e sabemos o que ele fez por nós em Cristo. Cremos que ele é bom e que um dia entenderemos mais completamente por que ele fez o que fez. Embora não vejamos a resposta de uma oração específica, cremos que a oração mais ampla de nossa vida com Deus será plenamente respondida de uma maneira que é mais satisfatória para nós.

Portanto, você está convencido, cristão? Ou acha que a oração é opcional e não é realmente necessária? Amigo, a oração é tão necessária quanto falar com seu cônjuge, com seus parentes ou com seus filhos, se você quer ter um relacionamento com eles. Continue a orar. A oração sem perseverança é em vão. Quando você entender a oração, conhecerá melhor a Deus e confiará mais nele.

Orações que Deus não ouve

Às vezes, Deus responde regularmente a oração; às vezes, ele se recusa a responder a oração; e, às vezes, não quer nem mesmo ouvi-las. No Antigo e no Novo Testamento, às vezes Deus se recusa a ouvir orações. Em Ezequiel 20, os anciãos de Israel foram inquirir ao Senhor, mas o Senhor se recusou a ouvi-los. Em um sentido, os presbíteros oraram para orar. Perguntaram: "Podemos orar a ti?", e Deus respondeu: "Não". Por quê? "Rebelaram-se contra mim e não me quiseram ouvir" (Ez 20.8). Depois de recontar uma série de rejeições deles para com Deus, Ezequiel diz: "Ao oferecerdes os vossos dons sacrificiais, como quando queimais os vossos filhos" — isso era adoração falsa em que eles estavam envolvidos, pensando que poderiam simplesmente se voltar para Deus com oração em meio à idolatria — "vós vos contaminais com todos os vossos ídolos, até ao dia de hoje. Porventura, me consultaríeis, ó casa de Israel? Tão certo como eu vivo, diz o SENHOR Deus, vós não me consultareis" (Ez 20.31).

Mas, como cristãos, podemos estar certos de que nosso sábio Pai celestial ama ouvir as nossas orações. Lembre-se da oração de Paulo em 2 Coríntios 12: "Três vezes pedi ao Senhor que o afastasse de mim. Então, ele me disse: A minha graça te basta, porque o poder se aperfeiçoa na fraqueza" (2Co 12.8-9). Por que a oração de Paulo não foi respondida? Por que a sua oração não "funcionou"? Foi por causa do pecado na vida de Paulo? Ele estava sendo desobediente, como os anciãos de Israel o foram? Sem dúvida, Paulo era imperfeito. Ele não era sem pecado e sabia muito bem disso. Paulo era um pecador salvo pela graça. Mas sua vida não era caracterizada pelo tipo estado impenitente de pecado, que Deus odeia. Paulo era um cristão. Sugerir que ele devia estar nutrindo algum pecado oculto para o qual essa era a punição é ser idêntico aos consoladores de Jó.

Então, pergunte a si mesmo: a oração de Paulo funcionou? O espinho não foi removido. O tormento não acabou. Mas Paulo chegou a conhecer melhor o Deus vivo. O mundo chegou a conhecer melhor o Deus vivo. A oração dos anciãos de Israel, em Ezequiel 20, funcionou? Eles não conseguiriam inquirir o Senhor, mas Deus se tornou conhecido. Em ambos os casos, homens foram a Deus com seu pedido. Em ambos os casos, Deus recusou o pedido deles. Por meio de ambas as orações, Deus se tornou conhecido. Aos anciãos de Israel, essa não era a resposta pela qual buscavam.

Mas, para Paulo, o que ele mais desejava, até mais do que a remoção do espinho na carne, era que Deus se tornasse conhecido.

Deus falou a Paulo: "A minha graça te basta, *porque o [meu] poder se aperfeiçoa na fraqueza*". Em outras palavras, Paulo e aqueles para os quais ele ministrava conheceriam a Deus melhor por meio da fraqueza de Paulo. E isso era o Paulo queria mais profundamente. Isso era a oração da sua vida.

O grande puritano Joseph Hall disse certa vez: "Boas orações nunca vieram trazendo tristeza para o lar. Estou certo de que receberei, quer seja o que eu peço, quer seja o que deveria pedir".[3] Paulo recebeu aqui melhor do que o que havia pedido. "De boa vontade, pois", escreveu Paulo, "mais me gloriarei nas fraquezas, para que sobre mim repouse o poder de Cristo. Pelo que sinto prazer nas fraquezas, nas injúrias, nas necessidades, nas perseguições, nas angústias, por amor de Cristo. Porque, quando sou fraco, então, é que sou forte" (2Co 12.9-10). Paulo se gloriava em suas fraquezas. Ele se deleitava em suas provações porque entregara em oração seu sofrimento ao Senhor, e, assim mesmo, o Senhor quisera não o remover.

O mesmo Deus soberano que permitiu Jó ser tentado tão admiravelmente, o mesmo Deus soberano que chamou Abraão a oferecer de maneira espontânea o filho que buscara por tanto tempo, o mesmo Deus soberano que deu seu único Filho em favor daqueles que o odiavam, esse é o Deus que chamou Paulo a levar seu espinho, a suportar seus tormentos *por um momento*.

Refletindo de maneira pessoal, esse é o Deus que tem ouvido as nossas orações em favor da conversão de nossos amados, do crescimento de nossas igrejas, da propagação do evangelho por meio de igrejas restauradas e novas, localmente e além. Deus determinou tornar-se conhecido por meio dessas respostas e até por meio de suas recusas em responder orações. Tanto no que diz respeito à evangelização quanto à pregação do evangelho ou mesmo à escrita deste livro, Deus determinou não somente os fins, mas também os meios. Deus predestinou antes da fundação do mundo operar por meio de nossas orações. Por meio da oração, Deus outorgou ao relativamente incrédulo Jonas vida e arrependimento. Deu a Pedro a libertação da cadeia. E deu a Ana um filho. Deus queria Jonas vivo. Deus queria Pedro livre. E Deus queria dar a Ana um filho. Mas não sem as orações deles.

---

3 Joseph Hall, *Devotional Works*, vol. 6, *The Works of Joseph Hall*, ed. Josiah Pratt (Londres: C. Whittingham, 1808), p. 13.

Essa confiança em Deus leva uma igreja local a dedicar muito tempo à oração em nossa vida juntos.

COMO ORAR JUNTOS COMO IGREJA LOCAL

Pessoas que visitam nossa congregação pela primeira vez comentam frequentemente sobre quanto tempo gastamos em orar juntos e ficar em silêncio enquanto outros oram.

De muitas maneiras, essa prática de oração não deveria nos surpreender. Desde os primeiros cristãos em diante, orar juntos é um padrão no Novo Testamento. Os primeiros cristãos se reuniam para orar (At 1.1, 24; 2.42). Um dos resultados de Deus derramar o seu Espírito em pessoas, no Pentecostes, foi que pessoas se reuniam para orar. As circunstâncias das orações no Novo Testamento são variadas — oferecidas íntima ou exteriormente, em diferentes horas do dia e da noite, às vezes com cântico, às vezes com jejum, às vezes de joelhos, às vezes com olhos e mãos erguidos ou impondo as mãos sobre alguém. Essa grande variedade parece ilustrar o mandamento bíblico de orar sem cessar, por meio de uma multiplicidade de circunstâncias (1Ts 5.17). Creio que essa grande variedade se aplica à prática de oração na igreja local. Pessoas podem ser legalistas em relação a maneiras específicas de orar, como se a oração pudesse assumir somente uma forma. No entanto, muitas das diferenças em como as igrejas oram não são problemáticas, são apenas reflexos maravilhosos dos aspectos singulares dos caráteres individuais de diferentes congregações.

Podemos, entretanto, fazer algumas afirmações sobre a oração que se aplicam a *cada* igreja. No restante deste capítulo, farei várias dessas afirmações.

Nossa vida de oração pública juntos, como igreja, deve resultar de nossa vida de oração individual. A instrução de Deus em 1 Tessalonicenses 5.17 para orarmos sem cessar deve nos estimular a separar algum tempo diariamente para orar. Todos os aspectos básicos da oração devem estar presentes em nosso tempo de oração pessoal — louvar a Deus por quem ele é, agradecer-lhe pelo que ele tem feito, confessar quem somos e o que temos praticado, fazer pedidos por nós mesmos e pelos outros. Às vezes, pessoas se lembram desses aspectos servindo-se do acrônimo ACAS: Adoração, Confissão, Ações de graça, Súplica.

Você pode integrar *o assunto* e a *pessoa* pelos quais você ora em particular, em sua casa, à vida de oração de toda a congregação. Considere estudar em seu tempo de oração pessoal a passagem da Escritura que será pregada no Dia do Senhor seguinte. Permita que seus pedidos em favor de José, Maria, João e outros membros de sua igreja sejam moldados por essa passagem da Escritura. Isso pode também ajudá-lo a orar em favor de outras pessoas que você não conhece e opera em preparar seu coração para a mensagem por vir dessa parte da Palavra de Deus.

Considere orar seguindo o diretório de membros da sua igreja. Em nossa igreja, temos um diretório que lista todos os membros. Seções especiais na parte de trás incluem ex-alunos internos e ex-membros da equipe de líderes, para que os nossos membros saibam onde eles estão. Há uma seção que inclui todos os filhos dos membros da igreja. Há também uma seção que lista os obreiros sustentados por nossa igreja. Visto que o nosso diretório de membros contém cerca de 60 páginas, pode-se orar facilmente cada mês pelas pessoas listadas nele por se orar seguindo duas páginas cada dia. Isso é o que eu mesmo tenho feito e encorajo outros a fazer. Se amamos uns aos outros, como somos ordenados a fazê-lo (Jo 13.35; 1Ts 3.12; 2Ts 1.3) e nos pactuamos a fazê-lo como membros, certamente isso incluirá o orar em favor de cada membro (Tg 5.16).

Algumas de nossas práticas na oração mudarão com o passar do tempo. Assim como as circunstâncias mudaram no Novo Testamento, elas mudarão na igreja em nossos dias. Por exemplo, trinta anos atrás a nossa igreja era muito menor, e muitos de nossos membros eram mais velhos; isso tinha implicações em quão frequentemente podíamos nos reunir para orar e em que tempo do dia podíamos nos reunir. Uma reunião de oração mais recente é realizada por alguns dos membros da igreja em favor da conversão de estudantes internacionais; eles se reúnem nos domingos à tarde. A nossa reunião de oração que abrangia toda a igreja costumava ser às quartas-feiras à noite, mas agora nos reunimos nos domingos à noite. Às vezes, na vida de nossa igreja, tivemos reuniões especiais para oração extraordinária, como na época em que escolhemos o nosso primeiro grupo de presbíteros. Depois que o nosso país foi atacado em 2001, realizamos uma reunião pública especial. O fato permanente é que nos dedicamos em orações bíblicas a Deus em favor de sua obra aqui e ao redor do mundo. Há uma grande liberdade em exatamente como fazemos isso como igreja local.

Algumas palavras específicas podem ser especialmente úteis em conduzir bem uma igreja em oração. Por exemplo, usar o plural *nós* nas orações que oferecemos em voz alta ao redor uns dos outros é exemplificado para nós quando Jesus nos ensinou a orar "Pai nosso". Quando você ou eu conduzimos a igreja em oração publicamente, precisamos lembrar que não estamos tendo nossas devoções pessoais em público com outros nos ouvindo; em vez disso, temos a oportunidade de levar todo um grupo de pessoas à presença de nosso Pai celestial. Em tal situação, raramente devemos usar a palavra *eu*. Quase sempre, nos referimos a "nós" e "nosso" precisamente porque tencionamos falar com Deus não simplesmente sobre assuntos que nos interessam, mas sobre assuntos que interessam à igreja como um todo. Por isso, oramos por *nossa* alegria, não por minha alegria; por *nosso* trabalho, não por meu trabalho. Achamos assuntos de interesse e preocupação comuns, e juntos vamos a Deus em oração, com uma pessoa que nos conduz por vocalizar interesses no lugar de toda a congregação.

Ora, se, por assim dizer, *nós* é a mão daquele que conduz em oração, nós, a congregação, pegamos verbalmente "em sua mão" quando dizemos "Amém" no fim da oração. *Amém* é a palavra hebraica que significa "isso é verdadeiro" ou "eu concordo". É nessa altura que reconhecemos verbalmente, para todos os que nos ouvem, que a oração proferida não é apenas a oração de quem a verbalizou, é a nossa oração também. Dizemos "Amém" a ela, concordamos com o que foi orado, aceitamos e afirmamos publicamente isso como nos representando para Deus.

Nas igrejas que visitei tempos atrás na China, a declaração de "Amém!" na conclusão das orações soavam como rugidos de trovão. Um irmão orava por algum momento, levando-nos a perguntar-nos se as pessoas estavam realmente prestando atenção. Mas, na conclusão da oração, todos "reconheciam" clara e enfaticamente a oração quando era concluída com um altissonante "Amém". Ninguém ficava em dúvida quanto à unidade que a oração representava. Essa unidade é o que devemos comunicar e experimentar na igreja local quando oramos juntos de uma maneira que evidencia *sabermos* que estamos orando juntos. O oferecimento da oração no plural e a sua aceitação com um claro "Amém" ajudam os membros da igreja a orarem juntos melhor.

Diferentes tipos de orações públicas nos ajudam como igreja local. Algumas igrejas podem ter orações longas e espontâneas dirigidas por um pastor ou por outro membro. Outras igrejas podem ter várias orações breves e planejadas, como em liturgias escritas de algumas igrejas. Em nossa igreja, as nossas orações mais longas tendem a ser planejadas e escritas, enquanto as nossas orações públicas tendem a ser espontâneas. Ambos os tipos de oração servem muito bem à nossa vida comunitária.

As nossas orações mais longas e planejadas em nossos cultos de domingo pela manhã são oportunidades para darmos atenção cuidadosa, constante, reverente e esperançosa aos atributos de Deus, à sua bondade para conosco, aos nossos pecados ou às nossas necessidades ou à obra do evangelho em outros lugares. Nas orações dos profetas do Antigo Testamento, a audiência das orações se alterna, para lá e para cá, de Deus para as pessoas que ouvem (ou leem) a oração e ao contrário. Na oração pública, isso é compreensível. Temos de compreender que parte do que fazemos quando abrimos a boca em público é ensinar outros; do contrário, os líderes não precisariam de um microfone, e a congregação não precisaria ouvir.

Algumas pessoas ficam surpresas com o pensamento de preparar uma oração antecipadamente. Aprenderam a associar espontaneidade com sinceridade e preparação com formalismo e até mesmo hipocrisia. Ainda que essas atitudes sejam perigos, não são inevitáveis. A preparação não precisa de insinceridade.

Robert Baillie relata sobre um dos dias de oração ao qual ele esteve presente na Assembleia de Westminster. "O Dr. Twisse, começou o culto com uma oração breve, o Sr. [Stephen] Marshall orou longamente por duas horas, confessando mui divinamente os pecados dos membros da Assembleia, de uma maneira maravilhosa, patética [significando "comovente"] e prudente. Depois, o Sr. Arrowsmith pregou por uma hora; depois, um salmo, após o qual o Sr. Vines orou durante quase duas horas, o Sr. Palmer pregou por uma hora, e o Sr. Seaman orou por quase duas horas, depois, um salmo. Em seguida, o Sr. Henderson falou sobre os males do tempo e como deveriam ser remediados. E o Dr. Twisse concluiu o culto com uma breve oração e bênção."[4] Esses pastores se preparavam para suas orações, tanto quanto se preparavam para seus sermões.

Pastores ou membros que dedicam antecipadamente atenção e pensamento àquilo sobre o que orarão não demonstram, de modo algum, falta de sinceridade em oração! O cuidado que tomamos em preparar-nos para guiar outros em oração nos

---

4 *Robert Ballie's Letters*, 2:18-19, citado por James Reid, *Memoirs of the Westminster Divines* (Edimburgo: Banner of Truth, 1982), vol. 2, p. 77-78.

ajuda a fazer isso melhor. Geralmente eu preciso de cerca de 45 minutos para preparar a oração pastoral ou uma das outras orações mais longas em nosso culto da manhã.

Mas orações espontâneas podem ter muito a oferecer também. Elas são flexíveis. Podemos responder a algo que acabamos de aprender. Podemos orar sobre mais eventos, situações ou pessoas diferentes. Em nossa igreja, as orações breves de intercessão nos domingos à noite não são preparadas, porque as pessoas às quais peço que as façam não recebem nenhum aviso antecipado. Pessoas que talvez sejam relutantes em orar em público na frente do auditório são mais dispostas a fazer orações breves a partir de seus assentos. Fazer uma pessoa saber que eu a chamarei para orar diante de mim ou deixar que alguém mais compartilhe com ela o pedido de oração possibilita que tal pessoa anote os nomes e os detalhes específicos, e, depois, quando o momento chegar, nos guie em orações breves e diretas de petição a Deus. A variedade de pessoas que compartilham pedidos e que oram, a variedade de assuntos sobre os quais devemos orar e a brevidade das orações nos ajudam a cobrir uma ampla variedade em um tempo comparativamente breve. Portanto, diferentes tipos de oração — breves ou longas, planejadas ou espontâneas — nos ajudam como igreja local.

Uma das nossas orações mais longas nos domingos de manhã é dirigida especificamente a louvar a Deus. Jesus ensinou seus seguidores a começarem sua oração com "Santificado seja o teu nome". No Salmo 145, Davi exalta e elogia especificamente a Deus, refletindo sobre sua graça, misericórdia e bondade. É bom ouvirmos orações de louvor, inspiradas ou não inspiradas. Há tanto bem que podemos falar sobre Deus! É maravilhoso falarmos isso de volta para ele. Considere a semana que passou. Você gastou muito tempo pensando sobre Deus? Você o reconheceu e o louvou como o Deus único e autoexistente? Ninguém o criou. Ninguém poderia, porque ele era antes de qualquer outro ser. Somente ele está em todos os lugares. Deus tem todo o poder e toda a autoridade. Ele é o Deus todo-poderoso! É o Senhor Altíssimo! É o soberano Senhor, o Ancião de Dias, vingador e terrível, bendito e compassivo, gracioso e eterno, fiel e santo, Criador e perdoador. Ele é o Deus de conforto e glória, do céu e da terra, de justiça e amor, de paz e verdade.

Não somente louvamos a Deus, o Pai de nosso Senhor Jesus Cristo, por causa de seu caráter, mas também lhe *agradecemos* por seu caráter em si mesmo e pelo que ele tem feito por nós: supremamente, Deus nos salvou! Isso é o que os coros no céu fazem, conforme o livro de Apocalipse, dia e noite: "Tu és digno, Senhor e Deus nosso, de receber a glória, a honra e o poder, porque todas as coisas tu criaste, sim, por causa da tua vontade vieram a existir e foram criadas". O ponto principal de muitas orações que lemos na Bíblia é apenas o louvor a Deus. Atos 4.24-30 é um exemplo:

> Ouvindo isto, unânimes, levantaram a voz a Deus e disseram: Tu, Soberano Senhor, que fizeste o céu, a terra, o mar e tudo o que neles há; que disseste por intermédio do Espírito Santo, por boca de Davi, nosso pai, teu servo: Por que se enfureceram os gentios, e os povos imaginaram coisas vãs? Levantaram-se os reis da terra, e as autoridades ajuntaram-se à uma contra o Senhor e contra o seu Ungido;
>
> porque verdadeiramente se ajuntaram nesta cidade contra o teu santo Servo Jesus, ao qual ungiste, Herodes e Pôncio Pilatos, com gentios e gente de Israel, para fazerem tudo o que a tua mão e o teu propósito predeterminaram; agora, Senhor, olha para as suas ameaças e concede aos teus servos que anunciem com toda a intrepidez a tua palavra, enquanto estendes a mão para fazer curas, sinais e prodígios por intermédio do nome do teu santo Servo Jesus.

Embora a ênfase da oração pareça ser o pedido nos versículos 29 e 30, a maior parte da oração afirma a verdade sobre esse Deus ao qual suplicavam. Atos 4.24-28 é somente louvor e agradecimento, reconhecendo a Deus em suas ações bondosas e soberanas. Lembramos que esses irmãos específicos que oravam estavam temerosos. Pedro acabara de ser preso. É possível que tenham ficado com medo de se reunir. Mas, em vez de gastarem a maior parte do seu tempo intercedendo, gastaram-no louvando e agradecendo a Deus.

Como igreja, devemos gastar tempo agradecendo regularmente a Deus por tudo que ele fez em nos salvar. Deus se tornou um esposo fiel para os infiéis, nos adotou quando havíamos empobrecido a nós mesmos e nos deu seu próprio ser como herança. Podemos agradecer-lhe pelo julgamento que ele executou e Cristo assumiu por nós. Podemos agradecer-lhe por nos guardar e nos governar. Podemos agradecer-lhe por sua segurança de que a boa obra que começou em nós ele a completará. Podemos agradecer-lhe por sua bondade para conosco em sua soberania, pela visão esperançosa do céu, pelo consolo que podemos ter em sua soberania sobre todos os reis e todas as nações na terra. Podemos agradecer-lhe pelo dom de sua Palavra e pela luz que ele nos dá por meio dela. Podemos agradecer-lhe, como o faz o salmista no Salmo 119, pela sua lei. Podemos agradecer-lhe por engajar-se conosco, guiar-nos e amar-nos.

Vamos olhar firmemente para Deus — Pai, Filho e Espírito Santo — e agradecer-lhe por sua amorosidade, sua imutabilidade, sua retidão, sua paciência conosco e sua plena confiabilidade que nos permite voltar-nos prontamente a ele em oração. Gastamos tanto tempo em oração em nossos cultos públicos, que algumas pessoas ficarão entediadas de falar com o Deus que elas fingem conhecer. Vamos louvá-lo como o Deus vivo, bondoso e sempre imutável que ele é. E em nosso culto dedicamos tempo para fazer isso.

Uma das orações mais longas em nosso domingo de manhã é dirigida a levar-nos em confissão de nossos pecados a Deus. O Senhor nos ensinou a orar "Perdoa-nos as nossas dívidas". Somos ordenados a confessar nossos pecados em Tiago 5.16 e 1 João 1.9. Davi fez isso em Salmo 32.5. Às vezes, pessoas questionam se confessarmos os nossos pecados é algo que fazemos uma única vez, quando começamos a nossa vida cristã. Em um sentido, isso é correto. Certamente, não temos de observar e confessar cada pecado que cometemos a fim de sermos salvos pela fé em Cristo. Se assim fosse, ninguém seria salvo. Não temos esse nível de autoconhecimento. Quando somos nascidos de novo, somos transportados da morte espiritual para a vida espiritual, adotados como filhos de Deus e unidos a Cristo pela fé. Somos aceitos no Amado. Isso é um privilégio outorgado a nós de uma vez por todas; e louvado seja Deus porque é assim! Mas, da mesma maneira que o arrependimento e a fé não são eventos de uma única ocorrência, mas são uma parte contínua da vida cristã, também é necessário os cristãos confessarem seus pecados a Deus em oração. A palavra grega traduzida por *confessar* significa basicamente "dizer o mesmo que". Quando confessamos os nossos pecados, passamos para o lado de Deus em todas as nossas disputas com ele. Admitimos que ele está certo e que nós erramos. Ao fazer isso, continuamos a lembrar-nos de que precisamos de Cristo.

Quando temos uma oração pública de confissão, deixamos claro para todos os presentes que não nos vemos como as "boas pessoas" reunidas hoje ou que podemos salvar a nós mesmos por meio de nossa própria virtude. Salientamos o evangelho. Deixamos claro que somos o tipo de pessoas que precisam ser salvas.

Ao confessarmos os nossos pecados séria e publicamente, continuamos a exultar na misericórdia de Deus. Às vezes, pessoas acham que fazer isso é negatividade mórbida. "Por que ser assim tão depressivos?" "Apenas tomem uma pilulazinha de Joel Osteen!" "Falem de maneira positiva, feliz!" Mas essa atitude está muito longe da verdade e da verdadeira alegria do evangelho. A verdadeira alegria não é o resultado de ignorar o pecado, e sim de abraçar a verdade do evangelho apesar do pecado.

Observe a alegria de uma igreja quando ela canta a terceira estrofe de "Sou feliz com Jesus". "Meu pecado, não em parte, mas no todo, está cravado na cruz, e eu não o carrego mais; louva o Senhor, louva o Senhor, ó minha alma!"[5] Sempre que nossa igreja canta essas palavras, ela se sente como se o teto estivesse prestes a desgrudar-se de nossa velha casa de reunião! Corações redimidos conhecem a alegria do fardo de Cristão cair e rolar para dentro do sepulcro. Conhecemos a alegria de havermos sido perdoados. Confessar nossos pecados publicamente não é um exercício em negatividade espiritual e autocondenação. É uma oportunidade de lembrarmos a nós mesmos a misericórdia de Deus e nos admirarmos novamente da sua graça, à medida que sondamos a profundeza de nossos próprios pecados e consideramos a amplitude do perdão e da misericórdia de Deus. Isso é a razão por que é bom que nossas orações públicas incluam confissão de nossos pecados.

É bom que uma de nossas orações seja dedicada a pedir a Deus que ajude outras pessoas e nos ajude como igreja. Isso é o que às vezes é chamado de oração pastoral. O Senhor nos ensinou a orar: "Venha o teu reino... o pão nosso de cada dia dá-nos hoje". Durante a oração pastoral em nossa igreja, pedimos a Deus que nos ajude, e, embora os detalhes possam mudar semana após semana, as categorias básicas são geralmente apresentadas. Não queremos ser como a igreja que John Stott descreveu certa vez. "Lembro-me de que anos atrás visitei uma igreja de maneira discreta. Sentei-me na última fileira... Quando chegou o momento da oração pastoral, ela foi proferida por um irmão leigo, porque o pastor estava de férias. Em primeiro lugar, ele orou que o pastor tivesse boas férias. Bem, isso é ótimo. Pastores devem ter boas férias. Em

---

5 Horatio G. Spafford, "It Is Well with My Soul", 1873.

segundo lugar, ele orou por uma senhora membro da igreja que estava perto de dar à luz um filho; orou que ela tivesse um parto seguro. Isso também é ótimo. Em terceiro lugar, ele orou por outra senhora que estava doente. E, depois, a oração acabou. Isso foi toda a sua oração. Levou vinte segundos. Eu disse para mim mesmo: esta é uma igreja de vilarejo com um Deus de vilarejo. Eles não têm interesse pelo mundo lá fora. Não há nenhum pensamento quanto aos pobres, aos oprimidos, aos refugiados, aos lugares de violência, à evangelização mundial..."[6]

Na oração pastoral, começo por orar em favor dos que estão presentes e têm necessidades específicas ou sentem a sua necessidade (os dois não são os mesmos). Oraremos sobre assuntos contidos no texto que será exposto. Oramos juntos por aqueles que estão em posição de autoridade, como Paulo instruiu Timóteo: "Antes de tudo, pois, exorto que se use a prática de súplicas, orações, intercessões, ações de graças, em favor de todos os homens, em favor dos reis e de todos os que se acham investidos de autoridade, para que vivamos vida tranquila e mansa, com toda piedade e respeito. Isto é bom e aceitável diante de Deus, nosso Salvador" (1Tm 2.1-3). Isso pode às vezes significar que oraremos pelo presidente, por líderes governamentais ou por aqueles que se acham em posição de responsabilidade e influência em nossa cultura. E, depois, geralmente oramos por nossa própria congregação, incluindo categorias de membros e alguns membros por nome.

Eu oro por outras igrejas locais, porque somos mais interessados em que os espiritualmente famintos se alimentem do verdadeiro evangelho do que em que apenas o ouçam em nossa igreja. Queremos que pessoas ouçam e creiam nas boas novas. E agradecemos a Deus por outras igrejas que ele levantou para fazer isso. De fato, uma das grandes respostas às nossas orações, na Capitol Hill Baptist Church, é a bondade de Deus derramada no estabelecer de muitas igrejas novas, bem como na revitalização de congregações irmãs mais velhas que agora estão sendo fiéis e prosperando. Conduzo a igreja em oração por aqueles que saíram de entre nós a fim de pregar o evangelho, pelos nossos irmãos e irmãs perseguidos, pela obra do evangelho em lugares ao redor do mundo, pelos cristãos nos Estados Unidos e, depois, por nossa própria congregação. Em tudo isso, rogamos pela ajuda de Deus e mostramos publicamente

---

6 Bill Turpie, ed., *Ten Great Preachers* (Grand Rapids: Baker, 2000), p. 117.

que precisamos dele. Em nossa igreja, essa oração é sempre feita por um de nossos presbíteros, geralmente pelo pastor que logo pregará.

A oração deve caracterizar não somente os nossos cultos públicos, mas também as nossas reuniões de presbíteros, as reuniões do nosso staff e as nossas interações pessoais. Não deve ser incomum em nossas igrejas ouvir que pessoas estão orando por você, ou até mesmo ver dois ou três membros orando juntos após um culto ou talvez organizando uma reunião durante a semana para oração. Em nossas reuniões de presbíteros e em nossas reuniões do staff, usualmente temos tempo de oração em favor de nossa congregação como um todo e de membros individuais. Quando problemas surgem, oramos. Quando começamos e terminamos ocasiões em que estamos juntos, oramos. Queremos que a oração caracterize a nossa vida juntos.

Tenha um tempo de oração programado regularmente toda semana e espere que os membros da igreja estejam presentes nele. Um de nossos ex-pastores (que saiu para liderar outra congregação) perguntava se muitas das bênçãos que aconteciam à nossa igreja, no passar dos anos, eram resultado de tantos membros se reunindo regularmente para orar. Ele nos exortava a não negligenciarmos os nossos tempos de oração pública como igreja.

Procuramos tornar essa expectativa bem clara em nossos momentos juntos, em nossas conversas, em nossas aulas de membresia e em nossas entrevistas de membresia. Embora fiquemos contentes com visitantes que frequentam qualquer de nossos cultos públicos, *esperamos* que os membros estejam presentes nos domingos de manhã para o nosso principal culto de adoração, quando discipulamos uns aos outros na Palavra e na oração e quando nos reunimos em devoção coletiva no começo de cada semana que Deus nos dá. Também esperamos que os membros de nossa igreja retornem e se reúnam para o culto de oração de domingo à noite, para ouvirem algo do que Deus está fazendo na vida de nossos membros ou na vida de outras pessoas que conhecemos, amamos e damos apoio e para orarem uns pelos outros.

Alguém pode objetar: "Isso não é uma expectativa extrabíblica?" Minha resposta é: "Até certo ponto". Em Hebreus 10.24-25, lemos: "Consideremo-nos também uns aos outros, para nos estimularmos ao amor e às boas obras. Não deixemos de congregar-nos, como é costume de alguns; antes, façamos admoestações e tanto mais quanto vedes que o Dia se aproxima." Em nossa igreja, decidimos que reunir-nos duas vezes no Dia do Senhor nos edifica, e, visto que temos a liberdade para fazer isso, escolhemos fazê-lo. Afinal de contas, temos muito pelo que orar!

Em um domingo à noite na Capitol Hill Baptist Church, o pastor que dirige a oração organiza os itens pelos quais oraremos. Costumamos dizer não a muitos itens, apenas por causa de tempo. Alguns itens podem ser compartilhados entre famílias, ou amigos, ou um grupo pequeno. Podemos ter outro pastor da região que vem à nossa igreja e compartilha como a sua congregação está indo. Tentamos limitar o nosso tempo a itens que julgamos especialmente edificantes e apropriados para a igreja como um todo. Por isso, sempre oramos pela pregação regular da Palavra de Deus aqui e pelas reuniões de presbíteros vindouras. Sempre queremos dar a devida importância às bênçãos de Deus. Oramos por igrejas irmãos que plantamos e tivemos um investimento especial. Oramos por nosso testemunho de unidade e diversidade, que a nossa comunidade aja para demonstrar e revelar o evangelho. Oramos por nossa evangelização, por conversões e por aqueles que foram batizados no culto da manhã. Oramos pelos relacionamentos em nossa igreja, sobre transparência, humildade e piedade. Oramos que a atitude de servo caracterize os membros de nossa igreja. Oramos pelos nossos adolescentes, por uma cultura de discipulado em nossa igreja, pelo nosso contribuir com recursos financeiros e por vários ministérios de misericórdia nos quais estamos envolvidos. Amamos ouvir sobre e orar por obreiros que sustentamos quando estão em nossa região. Oramos por eventos especiais de evangelização que estão por vir. Temos muitos assuntos pelos quais devemos orar!

Esses são alguns dos assuntos pelos quais oramos juntos todo domingo à noite, quando discipulamos uns aos outros na vida cristã por meio da oração. Afinal de contas, se as pessoas perdem o domingo de manhã, podem sempre ouvir o sermão online mais tarde. Mas, se perdem o domingo à noite, terão perdido a oportunidade de desfrutar o tempo de família semanal.

Sem dúvida, nenhum cristão tem de se unir a esta igreja específica. Há abundância de muitas outras igrejas em nossa área às quais cristãos que creem na Bíblia podem se unir a fim de obedecer à Palavra de Deus. Mas entendemos que temos a liberdade de decidir, como um grupo, que esse tipo de expectativa beneficia a todos nós, e assim o fazemos. Nossos hábitos de oração são edificantes para a vida de nossa igreja reunida, para os seus membros — e até para aqueles que são providencialmente impedidos de vir — e certamente para a minha própria alma. Muitos domingos à noite parecem marcados por um senso especial da presença de Deus no cantar dos seus louvores, nos testemunhos da graça de Deus que são compartilhados, na comunicação de uma necessidade ou em Deus prover a resposta, em ouvir a congregação orar, na Palavra e na alegria profunda do cântico final, quando terminamos o Dia do Senhor juntos na iminência de uma nova semana de vida. A expectativa da frequência regular do membro à reunião de oração da igreja no Dia do Senhor contribui grandemente para a saúde de nossa igreja local.

***

Vamos revisar essas nove afirmações simples a respeito do papel da oração na vida de uma igreja local:

1. Nossa vida de oração juntos, como igreja, deve se desenvolver a partir de nossa vida de oração individual.
2. Algumas de nossas práticas de oração mudarão com o passar do tempo.
3. Algumas palavras específicas podem ser especialmente proveitosas em conduzir bem uma igreja em oração.
4. Diferentes tipos de orações públicas nos ajudam como igreja local.
5. Uma das orações mais longas no domingo de manhã é direcionada especificamente a louvar a Deus.
6. Uma das orações mais longas no domingo de manhã é direcionada a guiar-nos em confessar os nossos pecados a Deus.
7. É bom dedicar uma de nossas orações a pedir a Deus que ajude outras pessoas e nos ajude como igreja.
8. A oração deve caracterizar não somente nossos cultos públicos, mas também nossas reuniões de presbíteros, reuniões do staff e nossas relações interpessoais.
9. Tenha um tempo de oração programado de maneira regular toda semana e espere que os membros da igreja estejam presentes nele.

CONCLUSÃO

Alec Motyer, erudito em Antigo Testamento, disse que abandonar a oração é abraçar o ateísmo.[7] Mas, falando de modo prático, não é isso o que muitíssimas igrejas

---

7 Alec Motyer, *Psalms of the Day: A New Devotional Translation* (Fern: Christian Focus, 2016), p. 246.

têm feito em nossos dias? Quanto tempo é gasto em oração no culto da igreja evangélica normal hoje? Consideramos como estamos vivificando a nós mesmos e ao nosso testemunho quando fazemos isso? Se não nos reunimos ao redor de Deus, por que, então, estamos nos reunindo?

Um amigo chamou a oração "choques de realidade". Gastar tempo juntos em oração a Deus lembrou aos cristãos, em Atos 4, que o soberano não era o governo que podia fustigar Pedro e João, mas, em vez disso, o soberano era Deus que estava acima de todos os governos! Quanto mais o cristianismo for rejeitado abertamente pelo mundo ao nosso redor, tanto mais precisaremos dos "choques de realidade" da oração para nos lembrar o que será a realidade no último dia.

A coragem de Moses Hall era alimentada por oração. Hall era um pastor afro-jamaicano na Jamaica no início dos anos 1800. Alguns cristãos africanos que eram escravizados na Jamaica se reuniam regularmente para orar, até que as suas reuniões de oração foram proibidas por seus senhores. Este é um relato de uma ocasião:

> Determinados a acabar com as reuniões de escravos [na Jamaica], alguns senhores de escravos interromperam uma reunião de oração que estava sendo liderada por um escravo chamado David, um dos auxiliares de [Moses] Hall. Prenderam David, mataram-no, deceparam sua cabeça e a colocaram num poste no centro do vilarejo, como advertência para os outros escravos.
>
> Sinistramente, como a crucificação de Jesus, para servir de advertência pública.
>
> Levaram Moses Hall à força até ao objeto horrendo.
>
> "Agora, Moses Hall, de quem é isso?", o líder dos assassinos perguntou.
>
> "De David", Moses respondeu.
>
> "Você sabe por que ele está aqui?"
>
> "Por orar, Senhor", disse Moses.
>
> "Mais nenhuma de suas reuniões de oração", ele disse. "Se pegarmos vocês em reunião de oração, nós lhe faremos o mesmo que fizemos a David".

À medida que a multidão observava, Moses se ajoelhou ao lado do poste e disse: "Vamos orar". Os outros [cristãos] negros se reuniram ao redor e se ajoelharam com ele, quando orou pela salvação dos assassinos [de David].[8]

Quando oramos, invocamos ao Deus do universo que nos ajude a glorificá-lo. E lembramos a nós mesmos quem é que devemos temer, considerar e amar realmente.

Você entende um pouco mais sobre como Deus pode usar o tempo que gastamos juntos em oração como igreja? Sem dúvida, muito de como Deus usará a oração será de maneiras discretas. No passar dos anos, vários membros da igreja têm compartilhado gratidão pelo modo como nossa igreja os ensinou a orar. Talvez estejam tentando ensinar seus filhos e se lembrem do que, tempos atrás, ouviram num domingo à noite. Ou talvez sejam solicitados a orar num evento público e se lembrem de como nos ouviram, tempos atrás, guiá-los em oração num domingo à noite. Talvez estivessem num período de aridez espiritual e simplesmente anelassem pelo tipo de tempo espiritual tranquilo e guiado que os nossos cultos de domingo de manhã são para eles: fisioterapia para a alma, quando está machucada, ferida ou esgotada espiritualmente.

Eu me regozijo com esses testemunhos. Uma igreja que é conhecida por sua vida de oração não se satisfaz em promover a si mesma, e sim em promover a Deus. Compreendemos que toda vez que oramos, estamos anunciando a nossa própria insuficiência. Precisamos de alguém mais. Moses Hall não estava apregoando sua própria coragem — estava manifestando abertamente sua total dependência de Deus, que era apto para a tarefa! Quando gastamos tempo em oração juntos, mortificamos ideias errôneas, legalistas ou moralistas de cristianismo. Em dar a conhecer a nossa carência, distinguimos o evangelho do falso ensino de "confissão positiva" tão prevalecente em nossos dias. Exaltamos o Deus que nos perseguiu fielmente em amor maravilhoso em Cristo. Mostramos que ele é a nossa esperança. Quando nossas orações anunciam a nossa dependência de Deus e o fato de que podemos depender dele, nossas orações se tornam louvor. E esse tipo de

---

8 Mark Sidwell, *Free Indeed: Heroes of Black Christian History* (Greenville: BJU Press, 2001), p. 29.

OUTROS RECURSOS

Arthur G. Bennett, *O Vale da Visão* (1975); R. C. Sproul, *The Prayer of the Lord* (2009); Paul Tautges, *Teach Them to Pray: Cultivating God-Dependency in Your Church* (2010); D. A. Carson, *Praying with Paul: A Call to Spiritual Reformation* (2014); Donald S. Whitney, *Praying the Bible* (2015); John Onwuchekwa, *Oração: Como a Oração Comunitária Molda a Igreja* (2018), *What If I Don't Desire to Pray?* (2020).

A SEGUIR...

Marca Nove: Um entendimento e uma prática bíblica de missões
O que as igrejas devem crer sobre missões?
O que as igrejas devem fazer em missões?
1. Aprender sobre a Palavra de Deus e o mundo de Deus
2. Orar pela propagação do evangelho em outros lugares
3. Planeje tornar sua igreja cada vez mais útil à propagação do evangelho
4. Ore para sustentar financeiramente os que saem para missões por causa ao Nome e não podem ou não devem sustentar a si mesmos
5. Envie pastores e outros para ajudarem a estabelecer igrejas em lugares distantes necessitados do evangelho
6. Cuide daqueles que você enviar
7. Espere que um testemunho fiel seja bem-estabelecido e ajude os que foram enviados a perseverar

MARCA NOVE: UM ENTENDIMENTO E UMA PRÁTICA BÍBLICA DE MISSÕES

Maior e mais rápido são sempre melhores do que menor e mais devagar?

Era uma vez uma bebida deliciosa com poderosos efeitos colaterais positivos. Quando essa bebida foi introduzida em um novo país, todos que a bebiam amavam-na! Não somente a bebida era boa, mas também era *boa para* eles. Quando alguns consultores de negócio se depararam com essa nova bebida, viram possibilidades maravilhosas. "Você não quer que mais pessoas bebem esse líquido maravilhoso?", perguntaram ao homem que detinha a franquia da bebida. "Não quer que mais pessoas sejam ajudadas por ela?" "Sim", disse o homem. "Então, deixe isso conosco", eles responderam.

Em poucas semanas, garrafas da bebida começaram a aparecer em números imensos em cidades do país. Rumores quanto ao excelente sabor da bebida e aos seus efeitos benéficos já haviam circulado, e uma campanha nacional de propaganda fora lançada. Mas, quando as garrafas foram compradas entusiasticamente, abertas e bebidas, as pessoas ficaram desapontadas. A bebida era boa. Mas não era realmente o que tinham ouvido de seus amigos ou visto nos anúncios em outdoors. Era apenas mais uma bebida, como as outras nas prateleiras de suas lojas.

Quando o dono da franquia original ouviu a reação das pessoas, não pôde acreditar nela. Seu produto nunca falhou antes. O que estava acontecendo? Ele foi a uma loja, abriu uma de suas bebidas e tomou um gole. E entendeu o problema. A fim de vender a bebida mais depressa e em grande escala, alguém mudou a fórmula em algo que podia ser produzido mais rápido e mais barato. Não era mais a bebida que ele vendeu inicialmente a algumas pessoas que a amavam e foram ajudados por ela. Agora, porém, sua oportunidade de introduzi-la na nação estava perdida! Seu problema não era o mesmo que tivera quando começou — ninguém sabia a respeito da bebida. Agora, ele tinha um problema muito pior — todos sabiam! Ou, pelo menos, *pensavam* que sabiam! Mas o que não sabiam e do que seria muito difícil convencê-los era que o que sabiam a respeito da bebida era uma falsificação. A oportunidade do homem se perdeu para sempre? Tudo que ele fizesse seria visto cinicamente como uma tentativa desesperada de mudar a imagem do produto?

Graças a Deus o cristianismo não é uma bebida de sabor agradável com efeitos colaterais benéficos. Mas, sem dúvida, existe o fato de que a nossa comissão de levar as boas novas de Jesus Cristo ao redor do mundo se tornou mais desafiante por causa dos que, em nome de fazerem-no mais rápido e maior, têm *realmente* substituído o produto verdadeiro por um produto diluído. Embora esse produto tenha crescido rapidamente, não é muito claro o que ele é realmente. É pensamento positivo ou boas vibrações? É uma herança cultural religiosa? Quão frequentemente igrejas "cristãs" e missões "cristãs" têm envolvido apenas pessoas perdidas dizendo a outras como ter uma religião, em vez de pessoas nascidas de novo e perdoadas falando a outras como Deus as salvou por meio de Jesus Cristo?

Podemos ser tentados a dizer que a obra missionária de nossa igreja é empolgante e solene, mas o que é *realmente* empolgante e solene é o nosso Deus e o que ele fez por nós em Jesus Cristo. Às vezes, igrejas sentem a necessidade de exagerar a empolgação de sua obra específica. Mas o que é verdadeiramente maravilhoso nessa obra é o seu todo, não o nosso papel específico nela. O que conseguimos fazer não é evangelizar o mundo nesta geração. Conseguimos transmitir a verdade sobre Jesus Cristo a todos os que nos dão oportunidade.

Um verdadeiro entendimento bíblico de missões é extraordinário; sua prática se traduz na normalidade de aprender uma língua, correr o risco de ser rejeitado, compartilhar o evangelho ou saber o horário de uma linha de ônibus em outro lugar. Estou convencido de que uma das marcas de uma igreja saudável é um *entendimento* e uma *prática* bíblica de missões. Esses são os dois assuntos que pretendemos considerar neste capítulo. Oro que, ao ler este capítulo, Deus o ajude a entender o que ele tenciona para suas igrejas e que sua igreja específica seja ajudada.

O QUE AS IGREJAS DEVEM CRER SOBRE MISSÕES?

Missões não é uma palavra que achamos na Bíblia, mas é uma ideia bíblica. Missões é levar o evangelho além das fronteiras — especialmente a fronteira do idioma. Enquanto evangelizar é comunicar o evangelho, às vezes, a pessoas que não o conhecem; *missões* é evangelizar em um lugar e entre um povo inteiro em que o evangelho é amplamente desconhecido. Essa missão é nada menos que "transformar a natureza da humanidade".[1] Transformar de que maneira? Levar-nos a um relacionamento reconciliado com Deus, nosso Criador e Juiz.

Isso é o enredo fundamental de toda a Bíblia. No princípio, o escopo da Bíblia é cósmico. É mundial. Deus cria um mundo que ele chama bom, a humanidade cai, e Deus promete redenção. Em seguida, a história parece recomeçar em uma escala bem pequena. Deus chama um homem do atual Iraque, Abrão. Em Gênesis 12, Deus lhe diz que por meio dele todas as famílias da terra seriam abençoadas. Assim, a trajetória para o Antigo Testamento é estabelecida — Deus abençoará Israel, a nação descendente de Abrão, como um precursor e meio para abençoar todo o mundo. O protagonismo de Deus no mundo é mostrado em sua vitória decisiva sobre o poderoso império egípcio, quando ele liberta da escravidão o seu povo, Israel.

No entanto, como o Senhor disse por meio do profeta Isaías a seu servo especial, em Isaías 49.6:

> Pouco é o seres meu servo, para restaurares as tribos de Jacó e tornares a trazer os remanescentes de Israel; também te dei como luz para os gentios, para seres a minha salvação até à extremidade da terra.

---

1 Rosaria Butterfield, *Openness Unhindered* (Pittsburgh: Crown & Covenant, 2015), p. 18.

Portanto, o servo vem: Jesus Cristo é crucificado e ressuscita. E o Filho de Deus ensina a seus discípulos: "Toda a autoridade me foi dada no céu e na terra. Ide, portanto, fazei discípulos de todas as nações, batizando-os em nome do Pai, e do Filho, e do Espírito Santo; ensinando-os a guardar todas as coisas que vos tenho ordenado. E eis que estou convosco todos os dias até à consumação do século". Em outras palavras, Jesus disse: "Não importa o que essa tarefa exija, nem o tempo que ela dure, estou com vocês até ao fim". Vemos os discípulos se espalhando no livro de Atos dos Apóstolos e o evangelho se expandindo pelo mundo mediterrânico e além, cumprindo a ordem de Jesus. E vemos seu cumprimento final no livro de Apocalipse, que está cheio de cenas como esta:

> Depois destas coisas, vi, e eis grande multidão que ninguém podia enumerar, de todas as nações, tribos, povos e línguas, em pé diante do trono e diante do Cordeiro, vestidos de vestiduras brancas, com palmas nas mãos; e clamavam em grande voz, dizendo: Ao nosso Deus, que se assenta no trono, e ao Cordeiro, pertence a salvação (Ap 7.9-10).

A história básica da Bíblia nunca foi meramente étnica, local, nacional ou paroquial — sempre foi tão abrangente quanto a criação e as reivindicações do Criador.

Isso não é a invenção de algum especialista em missiologia posterior. É a ideia básica da Bíblia. Portanto, temos de ser especialmente claros quanto ao evangelho, as boas novas, que é o âmago de toda essa ideia básica. As boas novas sobre Jesus Cristo são tão importantes, que Paulo invoca a condenação de quem mudar a mensagem essencial do evangelho (ver Gl 1.8). Essa mensagem é o meio pelo qual Deus reconciliará consigo mesmo o mundo e, deste modo, trará redenção a todos os que crerem no Senhor Jesus.

O evangelho de Jesus Cristo é o único meio de sermos convertidos da morte espiritual para a vida espiritual, de sermos livres da condenação e sermos salvos. Foi assim que o apóstolo Paulo entendeu todo o seu ministério. Ele relatou as palavras que o Cristo ressuscitado lhe falou na estrada para Damasco:

> Por isto te apareci, para te constituir ministro e testemunha, tanto das coisas em que me viste como daquelas pelas quais te aparecerei ainda, livrando-te

do povo e dos gentios, para os quais eu te envio, para lhes abrires os olhos e os converteres das trevas para a luz e da potestade de Satanás para Deus, a fim de que recebam eles remissão de pecados e herança entre os que são santificados pela fé em mim (At 26.16-18).

Estas boas novas são o instrumento que causou a nossa conversão! E são essas boas novas que compartilhamos com os outros quando evangelizamos.

Isso é o âmago de tudo que fazemos. A natureza de crermos verdadeiramente inclui arrepender-nos dos nossos pecados. Portanto, no verdadeiro cristianismo há uma qualidade de autonegação. Não é a atitude madura, extra, opcional e complementar que se deve praticar — "Se você se sente realmente culpado, comece a viver de maneira radical". Não, você não é um cristão se não toma a sua cruz. O arrependimento e a fé são partes dessa mensagem básica do evangelho à medida que seguimos a santidade, amamos a Deus e os outros. É nessa combinação de morte de si mesmo e amor a Deus e aos outros que achamos a semente de missões em nossas igrejas. Se essa semente de entendimento do evangelho está ausente, então, todos os programas de missões no mundo não farão nada por nós. Missões começam com o nosso entendimento do evangelho e da conversão.

Você poderia dizer que missões começa no lar, com um interesse pela conversão de sua família. Seja amigo de seus filhos, ensine-os, evangelize-os e torne-os discípulos. Tenha interesse por seus amigos; amigos compartilham o evangelho com amigos. O que significa para você estar preparado para compartilhar o evangelho no trabalho para alguém nesta semana?

Estabelecer um estudo bíblico evangelístico em seu local de trabalho pode não ser tão diferente de evangelizar em Singapura ou Moscou. Evangelizar requer os mesmos componentes básicos, independentemente do contexto. Portanto, não espere para começar a evangelizar. Por que você não acha um amigo muçulmano em sua vizinhança e não lhe propõe lerem o alcorão, se ele quiser ler a Bíblia com você? Quando você compartilha as boas novas com pessoas reais, você prepara a si mesmo para fazê--lo em qualquer lugar para onde Deus o chamar.

À medida que crescemos em nosso entendimento do grande quadro da Bíblia, discipular cristãos se torna naturalmente mais importante para nós. Por isso, em nossa igreja, trabalhamos por uma cultura de evangelização e discipulado. Essa cultura é o fundamento de uma cultura de missões. Não subestime o quanto você obstrui missões em uma igreja por fazer a evangelização parecer opcional na vida cristã. Incluso em nosso discipulado básico uns dos outros na Escritura e em santidade, deve haver um interesse por evangelização e missões. O modo de gastarmos, como pessoas, o nosso dinheiro é uma parte do programa de missões de nossa igreja. Como gastamos o nosso tempo, também. Você tem sido um bom modelo disso? Está sendo obediente em compartilhar o evangelho? Está sendo um exemplo de oração e contribuição financeira, especialmente para que o evangelho seja levado a todas as nações? É assim que temos parte na grande história da Bíblia.

Quando vamos a Cristo, Deus nos move de sermos focalizados no ego para focalizados nele. Isso nos faz perceber as outras pessoas como seres espirituais, pensar no futuro de nossos filhos e jovens, dilatar-nos para evangelizar outros que ainda não conhecem o Senhor, e, em última análise, ir por todo o mundo, ensinando aqueles que nunca ouviram as boas novas. Portanto, missões não é algo ocasional e opcional; é uma extensão essencial do que Deus sempre tem realizado neste mundo, produzir glória para si mesmo por meio de nós. Igrejas saudáveis são caracterizadas por um entendimento e uma prática bíblica de missões. Mas, se essas sementes do evangelho estão no devido lugar em nossa igreja, como será isso na prática?

O QUE AS IGREJAS DEVEM FAZER EM MISSÕES?

Vamos considerar sete maneira pelas quais uma igreja local pode viver uma prática bíblica de missões.

1. Aprender sobre a Palavra de Deus e o mundo de Deus

Começamos com a Palavra e o grande quadro que já consideramos. Na Capitol Hill Baptist Church, isso é algo que os pastores ensinam deliberadamente à congregação. Nossos "seminários essenciais" de domingo de manhã, que incluem uma classe específica sobre missões, ajudam os membros a compartilhar o evangelho. Temos um grupo de leitura sobre missões nos domingos à tarde. E, em cada sermão, queremos aprender o que Deus nos ensina em sua Palavra sobre o seu mundo.

A principal maneira pela qual uma igreja se torna uma igreja que envia missionários é por meio da pregação da Palavra de Deus. As nossas exposições da Escritura deveriam mostrar claramente que as Escrituras apontam para a Cristo como o centro da história humana. Deveriam incluir todo o mundo, como o alvo da obra de Cristo. Cada domingo, tentamos mostrar aos nãos cristãos o evangelho em sua oferta e intimações gloriosos; e aos cristãos, tentamos mostrá-lo em seu escopo e extensão que envolvem toda a vida. Ore que sua igreja aplique bem a Palavra em sua pregação.

A igreja presbiteriana que frequentei quando eu estava na faculdade tinha encartes nos boletins que informavam sobre a igreja ao redor do mundo, para que orássemos melhor. Eu o incentivo a achar fontes que lhe falem sobre países diferentes para ajudá-lo a orar de maneira bem fundamentada em termos de informações.

Você já considerou servir-se das mídias sociais para oração? O seu fluxo de conteúdo nas redes sociais pode dar informações à sua lista de oração diária. Por exemplo, você poderia seguir no Instagram algumas contas de amigos que trabalham com universitários ou fontes de notícias nacionais ou internacionais. Aprenda a orar a respeito de tudo, desde desemprego a terrorismo, desde o presidente à mais recente conferência 9Marks em espanhol. Você não pode orar por um lugar se não desenvolve amor por aquele lugar ou se nem mesmo sabe a respeito dele! Agradeça a Deus pelo fato de que sua igreja tem um foco voltado para fora e ore que, ao estudar a Palavra de Deus e crescer espiritualmente, seu próprio foco voltado para fora aumente sempre.

2. Orar pela propagação do evangelho em outros lugares

Queremos que o evangelho seja central não somente em nossos sermões, mas também em nossas orações. Como vimos no capítulo anterior, não podemos considerar o que significa ser uma igreja que envia missionários se não pensamos especificamente sobre a oração. Na Capitol Hill Baptist Church, a nossa obra missionária está interligada à nossa vida de oração — em nossas orações individuais, na oração pastoral no domingo de manhã e em nossa reunião de oração no domingo à noite.

Em primeiro lugar, orar em favor das pessoas listadas no diretório de membresia é a maneira básica pela qual amamos uns aos outros, além da frequência e da contribuição financeira regulares. E isso é fundamental à nossa obra em missões. Ore seguindo o diretório de membros de sua igreja. Ore que os membros de sua igreja tenham sabedoria para discernir como Deus quer usar cada um de nós em reunir aquele coro internacional que achamos no livro de Apocalipse. Torne o diretório de membros de sua igreja uma ferramenta para missões. Nosso diretório de membros tem uma seção especial para incentivar a oração em favor de pastores que saíram de nossa congregação, dos missionários que sustentamos financeiramente e dos que nos serviram no staff ou dos que foram alunos internos.

Em nossa oração pastoral de domingo de manhã, tentamos ser modelo de como pensar neste mundo e no que está acontecendo nele, à luz de uma perspectiva centrada no evangelho. (Isso contribui para que as conversas sobre tais assuntos se tornem evangelísticas mais naturalmente.) Oramos em favor de outras igrejas, da obra de Deus em pastores enviados a partir de nossa igreja, por cristãos perseguidos e pela disseminação, ao redor do mundo, de igrejas que pregam o evangelho. Oramos especialmente em favor da propagação do evangelho em áreas não alcançadas.

A nossa igreja também faz o esforço para terminar cada Dia do Senhor congregada a fim de ouvir informações recentes e orar. A nossa reunião de oração de domingo à noite se tornaria naturalmente focalizada para dentro da própria igreja se não nos empenhássemos para torná-la o contrário. Como eu faço isso? Por cuidar diligentemente para que tenhamos tempo de ouvir e orar sobre os assuntos de missões. Quase todo domingo, deixo pelo menos um membro de nossa igreja com raiva de mim por dizer não a um pedido de oração em favor da saúde de uma pessoa de sua família. Eu oro pessoalmente por esses itens e encorajo os membros de nossa igreja a usarem seus pequenos grupos para orarem em favor de pedidos pessoais. Mas o nosso tempo de oração no domingo à noite se tornaria uma lista de hospital, se todos os 900 membros compartilhassem pedidos pessoais. Em vez disso, trabalhamos arduamente para manter esses tempos de oração no domingo à noite focalizados na expansão do evangelho. Às vezes, ouviremos sobre um estudo bíblico evangelístico que está em atividade, ou sobre a obra de ministério de nossa faculdade na Universidade Howard, ou sobre um obreiro que sustentamos e labuta no exterior. Quer seja Merob compartilhando sobre a Etiópia, quer seja Rob compartilhando sobre o Sudão, quer seja Johab compartilhando sobre o Brasil, eu amo começarmos cada semana banhando-nos na propagação do evangelho, em oração. Se membros da igreja estão envolvidos em oportunidades evangelísticas vindouras, convido-os a falar sobre isso, para que oremos a respeito do assunto como igreja. Membros de igrejas, não privem seus pastores de, pelo menos, terem a opção de informar aos outros os seus esforços. Algumas igrejas perguntam aos membros se há histórias de evangelização a serem compartilhadas espontaneamente. Adoro pressupor que a evangelização está sempre acontecendo.

Se isso não é a sua igreja local, ore Deus a transforme numa igreja que envia missionários. Se isso é a sua igreja, agradeça a Deus e ore que ele lhes dê o exultante privilégio de participarem ainda mais de sua grande obra mundial.

3. Planeje tornar sua igreja cada vez mais útil à propagação do evangelho

Queremos cuidar de outras igrejas. Um entendimento bíblico da igreja como uma assembleia é proveito nisso.[2] Quando cometemos o erro de pensar que ter uma igreja significa ter um pregador e não uma assembleia, incutimos de maneira inconsciente uma competitividade egocêntrica em nosso relacionamento com outras igrejas irmãs. Algumas igrejas que se reúnem em tempos ou lugares diversos se opõem a isso, mas posso dizer-lhe, por experiência pessoal, que reunir-nos, como temos feito por quase 150 anos, todos no mesmo lugar é não apenas biblicamente fiel ao que significa ser uma igreja — congregar-se regularmente — mas também um poderoso estímulo no sentido de que tenhamos um maior foco voltado para fora. Quando algumas igrejas ficam muito cheias, apenas começam outro culto ou outro local de culto. No entanto, a menos que queiramos construir um prédio maior ou fazer nada, não temos outra escolha, senão tentar ajudar outras igrejas em nossa área e até mesmo trabalhar para começarmos novas igrejas.

À medida que tentamos ajudar outras igrejas por suprir pregação ou por incentivar comunhão entre pastores, também procuramos ajudar, de maneira concentrada, a revitalizar congregações locais que estavam reduzidas a dez ou quinze pessoas. E, pela graça de Deus, temos visto isso acontecer. Isso é relevante para nós quando consideramos missões, porque esse tipo de trabalho com outras igrejas nos ensina a olhar para o cristianismo na região em que estamos e não apenas em nossa igreja. E isso é a mesma habilidade que necessitamos ao trabalharmos para ver o evangelho sendo propagado às nações.

O que é necessário para que o evangelho seja propagado em sua área? Pense nas pessoas com quem você trabalha, com as quais vive e com as quais compartilham refeições. O que você está fazendo para alcançá-las? Alguma delas apreciaria um convite para ir à igreja com você e, depois, à sua casa para um jantar? Você ajuda na obra de

---

2 Veja Jonathan Leeman, *One Assembly: Rethinking the Multisite and Multiservice Church Models* (Wheaton: Crossway, 2020).

evangelização em campi de universidades? Universitário, você compreende as amizades internacionais singulares que lhe são oferecidas durante os anos de estudo? Você poderia considerar ensinar inglês como segunda língua e compartilhar o evangelho com aqueles que você chegar a conhecer? Poderia se unir a um ministério internacional para alunos de faculdade, talvez hospedando alunos de intercâmbio, e trabalhar para compartilhar o evangelho com aqueles que vindos do exterior estão em nosso país? Faça amigos de pessoas de outros países, convide-os para ir à igreja e leve-os para comer um lanche depois do culto, para falar sobre ele. Quais comunidades internacionais sua igreja poderia chegar a conhecer e amar? Turcos? Afegãos? Chineses?

Perto de sua localidade, há outras comunidades internacionais nas quais você poderia se envolver com o evangelho? Você poderia alcançar lugares que não têm o evangelho nas proximidades de sua área? Poderia se voluntariar para servir num centro de cuidados de gestação inesperada local? Há uma obra de evangelização a ser feita nas cadeias? Alguns dos membros de nossa igreja vivem em abrigos para sem-teto, e outros estão envolvidos em servir nesses abrigos. Isso é algo em que você talvez deveria ajudar? Em sua área, há refugiados com os quais você poderia trabalhar e ajudar outros cristãos a se conectarem com eles?

Parte do que *planejamos* para tornar nossa igreja útil em missões talvez o surpreenda — é o que *não* fazemos. É termos pouquíssimos programações que exijam a presença de nossos membros. Exigimos muito de nossos membros nos domingos, e, depois, os deixamos sozinhos no restante da semana. Queremos que os membros tenham, durante a semana, tempo para servir a outras pessoas, construir relacionamentos com não cristãos e prestar ajuda em sua comunidade. Algumas igrejas, com as melhores intenções, realizam tantos eventos que fazem a piedade parecer semelhante a vir ao prédio da igreja para uma programação, em vez de procurarem conhecer e amar seus vizinhos, colegas de trabalho ou membros da sua família. Portanto, até no que *não* fazemos como igreja, estamos permitindo tempo para que mais ministério prático aconteça.

Qual é a situação da sua igreja? Ore que sua igreja seja útil, como Paulo pressupôs que a igreja de Roma seria. Considere Romanos 15.24: "Penso em fazê-lo quando em viagem para a Espanha, pois espero que, de passagem, estarei convosco e que para lá seja por vós encaminhado, depois de haver primeiro desfrutado um pouco a vossa companhia". Paulo pressupôs que a igreja local em Roma (onde ele nunca estivera) seria um núcleo para atividade missionária. Esse é o tipo de utilidade em missões pelo qual podemos orar e planejar em nossas igrejas.

4. Contribua financeiramente para sustentar os que saem para missões por causa do Nome e não podem ou não devem sustentar a si mesmos

A expressão "por causa do Nome" vem de uma das epístolas de João:

> Amado, procedes fielmente naquilo que praticas para com os irmãos, e isto fazes mesmo quando são estrangeiros, os quais, perante a igreja, deram testemunho do teu amor. Bem farás encaminhando-os em sua jornada por modo digno de Deus; pois por causa do Nome foi que saíram, nada recebendo dos gentios. Portanto, devemos acolher esses irmãos, para nos tornarmos cooperadores da verdade (3Jo 5-8).

Assim como os filipenses sustentaram financeiramente Paulo, a fim de que ele labutasse entre os coríntios, também é nosso privilégio, dever e honra sustentar os que estão envolvidos em missões hoje. Isso é uma das razões por que o contribuir financeiramente e o nosso orçamento são tão importantes. Os presbíteros da Capitol Hill Baptist Church têm um acordo informal de que 15% do total de nosso orçamento será dado a missões internacionais. É semelhante ao que fazemos quando damos, individualmente, a primeira parte de nosso dinheiro para a obra do Senhor e semelhante ao que fazemos quando, mesmo na estrutura de nosso calendário semanal, separamos o primeiro dia para o Senhor. Da mesma maneira, tencionamos dar os primeiros 15% de nosso contribuir para a obra do evangelho onde ele é especialmente necessitado no estrangeiro. Assim como você pode usar seu diretório de membresia da igreja para orar por missões, também pode orar pelo orçamento de sua igreja. Você ora por aqueles obreiros que sua igreja sustenta? Sempre tente orar em favor daquilo para o que você contribui. Nunca mande dinheiro sem orações.

Outras contribuições financeiras que a nossa igreja faz ajuda outras causas de missões mundiais. Nosso apoio financeiro ao ministério 9Marks contribui para que treinem pastores e enviem materiais ao redor do mundo. Até mesmo alguns dos salários de pessoas do nosso staff são usados realmente para ajudar outras igrejas, quando eles dedicam seu tempo para fazer isso. Queremos contribuir com discernimento, com generosidade e com alegria. Pensemos sobre cada uma dessas atitudes apenas por um momento.

Sem dúvida, temos de contribuir com discernimento. Quem sustentaremos para levar o evangelho no estrangeiro? Em nossa igreja, nos focalizamos em pessoas que estão saindo para levar o evangelho a povos não alcançados, que se acham, em maior parte, na janela 10/40. A obra específica que eles querem fazer resultará em pessoas ouvirem o evangelho e igrejas serem plantadas? Eles trabalharão bem? Nós os conhecemos bem? Foram levantados aqui mesmo? São ativos na igreja? Queremos usar o dinheiro da igreja com discernimento.

Também queremos contribuir com generosidade, para que pessoas se preparem bem, vão, permaneçam e ministrem lá. Assim como as igrejas devem ser generosas em prover recursos financeiros para seus pastores, se você confiará em pessoas para levarem o evangelho a outros povos, deve certamente pagar-lhes suficientemente bem para o fazerem. Isso é o ensino de Paulo quando ele exorta Tito a assegurar-se de que para dois obreiros cristãos enviados "não lhes falte coisa alguma". Deus tem sido tão bondoso para conosco; queremos ser generosos com o que ele nos confiou. A nossa prática na Capitol Hill Baptist Church é focalizar o nosso sustento em pouco obreiros e sustentá-los fortemente. Se nos tornamos uma dentre cem igrejas que dão 500 dólares anuais para uma família, não nos sentimos conectados com eles e sua obra e os deixamos sem responsabilidade para conosco. Por isso, tendemos a enviar sustento financeiro apenas para alguns e sustentá-los bem.

Por último, devemos contribuir com alegria! Deus ama quem dá com alegria (2Co 9.7). E por que não devemos ser cheios de alegria em nosso contribuir? O que temos que não tenhamos recebido? Tudo que temos, nós o recebemos. Somos administradores temporários; por isso, queremos enviar adiante as nossas ofertas com *alegria*.

5. Envie pastores e outros para ajudarem a estabelecer igrejas em lugares distantes necessitados do evangelho

Queremos que todos os membros entendam que o evangelho foi confiado a todos nós *aqui*, e esse entendimento nos leva mais perto de alguns de nós se tornarem missionários *lá fora*. Todos os membros compartilharam verbalmente o evangelho em sua entrevista de membresia. E, se foram batizados em nossa igreja, compartilharam publicamente seu testemunho antes de serem batizados. Isso contribui para nos prepararmos para compartilhar o evangelho com outras pessoas. Queremos que todos os membros de nossa igreja saibam que devem orar, contribuir, evangelizar e considerar ir.

Às vezes, membros de igrejas evangélicas sentem um pouco de culpa por saberem que *algumas pessoas* precisam ir ao exterior em favor da causa de missões mundiais. E, então, de vez em quando, louvado seja Deus, um casal jovem aparece que deseja realmente ir! Assim, a igreja sacrifica o casal jovem para os "deuses de missões" e oram para que estes sejam aplacados. Enquanto isso, todos soltam um suspiro silencioso de alívio, agradecendo a Deus pelo fato de que não tiveram de ser eles, ao mesmo tempo que se congratulam intimamente, pensando: "Somos uma igreja que envia missionários!"

Sem dúvida, não há de errado em enviar missionários. Mas o que é ainda melhor é criar em sua igreja uma cultura em que todos os membros considerem seriamente — quer acabem ficando, quer acabem indo — como podem orientar sua vida ao redor da Grande Comissão.

Se você está começando a pensar com seriedade em ir para missões no exterior, talvez queira fazer uma experiência. Depois do culto no domingo vindouro, apresente-se a alguém que você não conhece. Veja se você pode ser de alguma ajuda para essa pessoa no aspecto espiritual. Ou fale com outro membro da igreja sobre como ele ou ela está indo. Nosso amor uns pelos outros é uma parte fundamental de nosso testemunho (Jo 13.34-35). Pratique essa habilidade e peça a Deus que seu falar seja proveitoso aos outros.

Sabemos que cada pessoa que enviamos para missões é como uma pedra lançada num lago, que causa ondas circulares que se espalham para fora. Mas queremos pegar as pedrinhas certas e lançá-las nas partes mais necessitadas do lago.

Não encorajamos tipos de missionários solitários. Não tome sozinho decisões que mudam a vida. Converse com seus pastores e outros membros que o conhecem bem. Busque conselho.

O padrão bíblico é a evangelização do mundo por meio de plantação de igrejas. No Antigo Testamento, Deus pega toda a nação de Israel. Em Apocalipse, lemos que os redimidos consistem em um povo inteiro. Entre aquele e este, achamos Jesus dizendo a seus discípulos que o mundo inteiro saberá que somos seus discípulos por seu amor uns aos outros. O testemunho da igreja local congregada é o modo pelo qual Cristo é revelado ao mundo. Portanto, quando Jesus dá a Grande Comissão, em Mateus 28.18-20, o que os discípulos fazem? Examine o livro de Atos dos Apóstolos. Gastam toda a sua vida em evangelizar e plantar igrejas. Isso é o padrão normal de propagação do cristianismo. Jesus o inventou. Não é usualmente rápido. Não atrai, usualmente, as manchetes. Mas, apesar disso, é o meio pelo qual chegamos a Apocalipse 7, em que vemos uma "grande multidão que ninguém podia enumerar, de todas as nações, tribos, povos e línguas, em pé diante do trono e diante do Cordeiro, vestidos de vestiduras brancas, com palmas nas mãos; e clamavam em grande voz, dizendo: Ao nosso Deus, que se assenta no trono, e ao Cordeiro, pertence a salvação" (Ap 7.9-10). É assim que toda igreja cristã tem chegado à existência desde a ressurreição de Jesus Cristo.

Visto que a Grande Comissão é realizada por meio de plantar igrejas, *treinar pastores é essencial a missões*. Considere Atos 15.36 e Tito 1.5:

> Alguns dias depois, disse Paulo a Barnabé: Voltemos, agora, para visitar os irmãos por todas as cidades nas quais anunciamos a palavra do Senhor, para ver como passam (At 15.36).
> Por esta causa, te deixei em Creta, para que pusesses em ordem as coisas restantes, bem como, em cada cidade, constituísses presbíteros, conforme te prescrevi (Tt 1.5).

Plantar igrejas implica levantar pastores que liderarão essas novas igrejas plantadas, ou aqui nos Estados Unidos, ou no exterior. Isso é a razão por que treinar pastores é essencial a missões.

Quem nós enviamos? Enviamos ao estrangeiro pessoas que já compartilham ativamente o evangelho aqui. Alguns foram membros de nossa igreja por anos. Outros vieram por um breve período para serem treinados no internato ou, por tempo, no staff.

Pela graça de Deus, podemos ver os efeitos de algumas das pedrinhas que lançamos. Listamos abaixo algumas dessas pedrinhas e dos efeitos evidentes dos quais Deus nos permitiu participar. Quero notar dois pontos. Primeiro, podemos ser tentados a querer que os resultados de nossa atividade missionária sejam grandes e aconteçam rapidamente. Mas os efeitos que vemos podem aparecer muito lentamente.

Segundo, a nossa participação em missões não é nada extraordinária. É o modo pelo qual o cristianismo se propaga naturalmente.

Portanto, aprenda e ore. Planeje e contribua financeiramente. Envie pastores e plantadores de igrejas. E, depois, cuide daqueles que você enviar.

6. Cuide daqueles que você enviar

Só podemos cuidar bem dos obreiros que sustentamos se soubermos como eles estão. Embora nos comuniquemos com eles virtualmente, procuramos também fazer os arranjos para que obreiros tenham períodos sabáticos conosco, para que os membros da igreja os conheçam. Quando nos visitam, ouvimos os testemunhos deles. Quando não estão conosco, separamos um tempo durante o nosso culto vespertino para que membros compartilhem informações atualizadas a respeito de como podemos orar pelos obreiros que sustentamos e como podemos ajudá-los. Também tentamos visitar cada um dos obreiros que sustentamos em seu local de ministério no intervalo de alguns poucos anos.

Outra maneira pela qual mostramos cuidado por aqueles que enviamos é o nosso currículo de Escola Dominical.[3] Nossas crianças aprendem em suas próprias classes sobre os obreiros que sustentamos. Toda semana, uma parte de nosso ministério infantil se focaliza na Pessoa de Oração Muito Importante daquela semana. Em nosso Clube da Grande Comissão, nos sábados à noite, aprendemos mais sobre a história de missões e as necessidades do mundo ao nosso redor.

Também enviamos alguns dos nossos membros em viagens de curta duração para darem apoio a obreiros de longa permanência em seu campo. Só fazemos as viagens que os obreiros nos pedem.[4] Por isso, fazemos muito trabalho de auxílio a missionários de longa permanência durante as conferências que eles realizam. Organizamos também viagens que visam à distribuição das Escrituras. Em um ano normal, viajo para o estrangeiro pelo menos duas vezes. Tenho reuniões com pastores e falo em conferências em diferentes partes do mundo.

---

3 Veja os nossos recursos de Escola Dominical desenvolvidos por Connie Dever em The Praise Factory, https://praisefactory.org.
4 Veja J. Mack Stiles e Leeann Stiles, *Mack & Leeann's Guide to Short-Term Missions* (Downers Grove: InterVarsity Press, 2000).

Às vezes, incentivamos membros a se mudarem com seus trabalhos seculares para certo lugar em que podem apoiar um ministério que usaria o auxílio de sabedoria, encorajamento, oração e, provavelmente, sustento financeiro de outro membro dizimista. De todas essas maneiras, tentamos cuidar daqueles que enviamos, estimulando-os de maneiras práticas.

7. Espere que um testemunho fiel seja bem-estabelecido e ajude os que foram enviados a perseverar

Propagar o evangelho ao redor do mundo não é como talvez você tenha visto nos filmes. Se você já ouviu falar de propagação rápida do evangelho, pressuponha que a pessoa tencionou falar a verdade, mas possivelmente estava mal-informada. Não estou dizendo que o evangelho nunca se propaga de modo rápido. O fato é que isso não acontece com frequência. Propagação real e rápida acontece raramente. Deus usa meios comuns. Como Michael Horton disse: "Todos querem mudar o mundo, mas ninguém quer lavar as louças".[5] Viver a vida cristã no exterior tem os seus desafios, mas, em sua natureza, não é fundamentalmente diferente de vivê-la aqui. A vida cristã tem seus desafios na paternidade ou no local de trabalho, tanto quanto em missões. Bom trabalho exige tempo. Filhos assim são formados em famílias; e igrejas cristãs assim são formadas em décadas, não em uma semana.

Queremos que nossos obreiros sejam fiéis ao evangelho e não sintam a pressão de produzir números. Frutos abundantes surgem apenas depois de anos de trabalho árduo. Louve a Deus pelos grandes esforços de missões que acontecem agora nas igrejas evangélicas nos Estados Unidos. Mas ore que Deus nos proteja da idolatria do rápido, porque ela obstruirá a propagação do evangelho, tão certamente quanto o evangelho social o fez um século atrás.[6] Falsos convertidos serão chamados convertidos. O cristianismo será confundido com o que não é cristianismo. E o evangelho será obscurecido.[7]

---

5 Michael Horton, *Ordinary: Sustainable Faith in a Radical, Restless World* (Grand Rapids: Zondervan: 2014), p. 19-20 [edição em português: *Simplesmente crente: Por uma vida cristã comum* (São José dos Campos: Fiel, 2016)].
6 Veja Matt Rhodes, *No Shortcut to Success: A Manifesto for Modern Missions* (Wheaton, IL: Crossway, 2022).
7 Veja Mark Dever, "Endurance Needed: Strength for a Slow Reformation and the Dangerous Allure of Speed" (Together for the Gospel, Louisville, KY, 2016), http://t4g.org/resources/mark-dever/asl-endurance-needed-strength-slow-reformation-dangerous-allure-speed.

Em vez disso, queremos sustentar trabalho *genuíno*. Queremos que todos os membros de nossa igreja esperem com grande perspectiva no agir de Deus e apoiem pacientemente aqueles que vão. O amor e as orações de apoiadores permanentes de missionários ajudam aqueles que foram a esperar com paciência resultados visíveis no tempo de Deus.

Então, o que as igrejas devem fazer para serem fiéis em missões? Aprender e orar, planejar e contribuir. Enviar pastores e cuidar deles. E esperar.

CONCLUSÃO

Quero concluir compartilhando o trecho de um e-mail que recebi de alguém que visitou nossa igreja num domingo recentemente.

> Agradeço-lhe por me enviar uma mensagem de texto no sábado, incentivando-me a voltar para o culto da manhã. A mensagem que você me enviou era exatamente o que eu precisava ouvir.
>
> Em minhas orações, ontem à noite, lancei-me aos pés de Deus, e me arrependi de meu pecado, e me entreguei completamente a ele. Senti o fardo do meu pecado sendo retirado de mim, e foi o sentimento mais maravilhoso que já tive. Coloquei minha confiança em Deus, ele ouviu minhas orações e abriu meu coração para receber o Espírito. A alegria que sinto agora não se compara a nada do que já tenho experimentado, e não posso parar de agradecer a Deus por sua misericórdia generosa e formidável.
>
> Peço apenas que você continue a orar para que Deus continue a me revelar sua glória e seu poder e que ele continue a guiar meus passos para eu andar na luz com o Espírito Santo.

Queremos trazer glória a Deus de muitas maneiras; e essa é, sem dúvida, uma das mais sublimes e mais importantes, porque é aqui onde tudo começa e onde nós todos começamos. Deus é glorificado por essas conversões! E essas conversões nunca serão experimentadas por muitos ao redor do mundo hoje, porque desconhecem a mensagem do evangelho. Assimilemos isso plenamente! "Como, porém, invocarão aquele em quem não creram? E como crerão naquele de quem nada ouviram? E como ouvirão, se não há quem pregue?" (Rm 10.14).

Você lembra o que é missões? Missões é levar o evangelho além das fronteiras — especialmente a fronteira do idioma. Se evangelizar é comunicar o evangelho, às vezes, a pessoas que não o conhecem, missões é evangelizar, comunicar o evangelho, em um lugar e entre um povo inteiro em que o evangelho é amplamente desconhecido.

Ninguém é salvo sem ouvir o evangelho de Jesus Cristo (veja Romanos 10.17). E isso acontece normalmente por meio do ministério da Palavra. Essa é a razão por que o encarcerado Paulo escreveu esta mensagem encorajadora para um pastor que servia numa região da Turquia moderna: "Até à minha chegada, aplica-te à leitura, à exortação, ao ensino... Tem cuidado de ti mesmo e da doutrina. Continua nestes deveres; porque, fazendo assim, salvarás tanto a ti mesmo como aos teus ouvintes" (1Tm 4.13, 16).

Em um sentido, todas as marcas de uma igreja saudável levam até este ponto. Certa vez perguntei a um obreiro num país fechado como poderíamos apoiá-lo melhor. Ele disse: "Continuem a trabalhar em tornar [sua] igreja saudável e labutem para produzir mais igrejas semelhantes a ela, porque, se não fizerem isso, não haverá nenhuma igreja que enviará missionários como nós!" Isso é, em última análise, como amamos a Deus e aos outros, não é?

Portanto, membresia numa igreja local saudável — o reflexo normal de nos identificarmos com Cristo pela fé — é o primeiro passo em enviar missionários para plantarem igrejas locais saudáveis.

Se você quer ver igrejas do século XXI enviando a missões pregadores do mesmo evangelho como o fizeram no século passado, então, precisa dar atenção à pregação expositiva, à doutrina do evangelho, à conversão e à evangelização, à membresia na igreja, à disciplina eclesiástica, a discipulado e crescimento, à liderança eclesiástica, à oração e a missões. Isso ajudará as igrejas a permanecerem fiéis até que Cristo volte.

E o que nos encherá dessa perseverança e paciência, ao trabalharmos com expectativa, à medida que esperamos? Alguns podem sugerir-nos planos magníficos, como o homem na Índia que me disse conseguiria evangelizar todo o país durante a sua vida se apenas tivesse dinheiro suficiente. Mas creio que esses planos de "cristianizar" essa nação podem causar mais danos do que benefícios, disseminando mais confusão do que clareza sobre o evangelho. Alguns talvez nos mostrem a grandeza da necessidade e citem números do que estão perdidos. Certamente, nenhum coração de amor pode considerar friamente pecadores que perecem sob o julgamento de Deus e não querer compartilhar o evangelho com eles. Mas aqui, também, eu temo que as necessidades excedam em muito o que qualquer pessoa — ou mesmo qualquer igreja — possa fazer. Essas estatísticas devem ser usadas frugalmente, mais para orações, reflexão pessoal e resoluções do que simplesmente para instigar pessoas a tomar decisões.

Que motivação nos resta? O amor ao próximo, que flui do nosso amor a Deus. Muito fundamentalmente, o grande amor de Deus mostrado a nós é a nossa motivação. Penso que, ao se passarem os anos, o meu entendimento da graça e da misericórdia de Deus se torna mais maravilhoso para mim. Uma vez que tenho visto e feito muito que clama por perdão e uma vez que meu histórico de testemunho da bondade de Deus se torna mais extenso e mais notável, a minha admiração dele aumenta cada vez mais. Certamente, nossa motivação para labutar pacientemente está em sermos mais plenamente absorvidos com Deus e seu grande amor por nós em Cristo. Penso ser dessa maneira que ouvimos melhor o chamado de Cristo para tomarmos a nossa cruz e lhe darmos o nosso tudo.

Em *Príncipe Caspian*, obra de C. S. Lewis, Lúcia Pevensie consegue, por fim, ver de novo Aslan, depois de uma longa ausência.

– Aslam! Querido Aslam! – soluçou. – Até que enfim!

O grande animal deitou-se de lado, de modo que Lúcia caiu, ficando meio sentada e meio deitada entre as suas patas dianteiras. Ele inclinou-se e com a língua tocou o nariz da menina, que se sentiu envolvida pelo seu bafo quente. Ela levantou os olhos e fixou-os no grande rosto sério.

– Foi bom ter vindo – disse ele.

– Aslam, como você está grande!

– É porque você está mais crescida, meu bem.

– E você, não?

– Eu, não. Mas, à medida que você for crescendo, eu parecerei maior a seus olhos.[8]

---

8 C. S. Lewis, *As crônicas de Nárnia*, 2ª ed., trad. Paulo Mendes Campos, Silêda Steuernagel (Martins Fontes: São Paulo, 2009), p. 358.

Quanto mais conhecemos Deus, tanto mais ele absorve corretamente a nossa visão, o nosso coração e toda a nossa vida. O Deus de todo o mundo quer tudo de nós e tudo de quem somos. Uma igreja local saudável mostra sua devoção a Deus por sua devoção total à obra dele.

OUTROS RECURSOS

- Robert E. Coleman, *O Plano Mestre de Evangelismo* (1969); John Piper, *Alegrem-se os Povos: a Supremacia de Deus nas Missões* (2019); Iain H. Murray, *Revival and Revivalism* (1994); Michael Reeves, *A Chama Inextinguível: Descobrindo o Cerne da Reforma* (2017); Andy Johnson, *Missões: Quando a Igreja Local se Torna Global* (2018); Jim Osman, *Truth or Territory: A Biblical Approach to Spiritual Warfare* (2015); e Matt Rhodes, *No Shortcut to Success: Why 21st Century Missions Doesn't Need a Revolution* (2021).
- Quanto a autobiografias e biografias de missionários, veja: *John G. Paton: An Autobiography* (1889); S. Pearce Carey, *William Carey* (1923); Courtney Anderson, *To the Golden Shore: The Life of Adoniram Judson* (1956); William Blair, *The Korean Pentecost and the Sufferings Which Followed* (1977); Mark Sidwell, *Free Indeed: Heroes of Black Christian History* (1995); Peter Masters, *Missionary Triumph Over Slavery: William Knibb, and Jamaican Emancipation* (2006).

APÊNDICE 1: CONSELHOS PARA LIDERAR A IGREJA NUMA DIREÇÃO SAUDÁVEL

A DIREÇÃO SAUDÁVEL

Quando podemos admitir corretamente que muitas das pessoas que estão numa igreja são nascidas de novo e comprometidas com a igreja, a figura do Novo Testamento que apresenta a igreja como um corpo e uma família pode se tornar uma realidade vívida e essencial.

Em sua bondade, Deus nos chamou para vivenciarmos juntos a vida cristã. Ao fazer parte de uma igreja, tenho crescido na vida cristã por causa da obra de Deus por meio de meus irmãos e irmãs. Acho isso normal. Não creio que Deus planejou que isso fosse algo incomum. Ele quer trabalhar em nós, por meio de seu Espírito, servindo-se de cada um de nós. No mundo, relacionamentos implicam compromisso; e, com certeza, não implicam menos do que isso na igreja.

No terceiro mandamento (Êx 20.7; Dt 5.11) Deus advertiu seu povo a não tomar o nome dele em vão. Por meio dessa advertência, Deus não tenciona apenas evitar a profanação. Mais do que isso, ele está dizendo: "Não tome o meu nome sobre você mesmo; não diga que é meu seguidor, se você não vive como um dos meus". Isso, não menos do que a profanidade, é tomar o nome de Deus em vão.

Esse mandamento aplica-se a nós como igreja. Muitas igrejas de hoje confundem proveito egoísta com crescimento espiritual. Confundimos mero entusiasmo com verdadeira adoração. Valorizamos a aceitação do mundo, em vez de vivermos de um modo que incitará a oposição do mundo (ver 2Tm 3.12). Desconsiderando suas próprias estatísticas, muitas igrejas de nossos dias parecem despreocupadas quanto às marcas bíblicas que devem distinguir uma igreja crescente e cheia de vida.

A saúde da igreja deve ser a preocupação de todos os cristãos, porque envolve a vida espiritual de todos os que são crentes e membros de uma igreja, especialmente daqueles que são chamados para ser líderes na igreja. Nossas igrejas devem manifestar o glorioso evangelho de Deus à sua criação em uma variedade admirável, servindo-se de todas as diferentes personalidades que ele coloca na igreja e das maneiras pelas quais ele permite que os membros se relacionem e mostrem a sua glória. É para isto que somos chamados — somos chamados a manifestar a Deus e seu caráter à sua criação de um modo glorioso (Ef 3.10). Devemos trazer-lhe a glória por vivermos juntos.

DICAS PARA LIDERANÇA

Pensei em escrever um livro para pastores intitulado "Como ser demitido... e rápido!" Posso resumir a ideia básica deste livro não escrito numa sentença de proporções paulinas: o pastor poderia ir a uma assembleia da igreja questionando a salvação de alguns dos membros da igreja, recusando-se a batizar crianças, defendendo a prioridade do canto congregacional acima do desempenho musical e pedindo autorização para remover as bandeiras cristã e nacional, acabar com os apelos de vir à frente, substituir as comissões (até a comissão nomeadora) por presbíteros, ignorar a celebração de dias como o dia das mães, o dia dos pais, o dia do trabalho, o dia das bruxas, o dia de ano novo, o dia dos namorados, a formatura de alunos do ensino médio e o dia da independência, começar a praticar a disciplina eclesiástica, remover as mulheres que assumiram a posição de presbíteros na igreja e afirmar que tem oposição teológica à realização de diversos cultos no domingo pela manhã. Esse pastor não iria mais longe do que a próxima assembleia da igreja.

Embora eu tivesse condições de escrever aquele livro, achei que primeiramente deveria usar uma abordagem mais construtiva. Temo que alguns podem ler este livro e chegar à sua igreja impacientes por mudanças radicais. Mas, com um pouco de sabedoria, paciência, instrução cuidadosa e amor, podemos ficar surpresos com o ponto até onde podemos ir com nossas igrejas. A história da tartaruga persistente e da lebre apressada deve se tornar uma parábola para os pastores.

Aqui estão quatro características que você, como pastor, deve cultivar para ajudá-lo a implementar as mudanças que acha são necessárias em sua igreja:

1. Seja verdadeiro

Peça a Deus que o mantenha fiel à sua Palavra escrita. Nunca subestime o poder de ensinar a verdade. Peça a Deus que você tenha integridade em seu coração, em sua maneira de pensar. Suplique-lhe que você seja honesto com todos — em responder perguntas e, de um modo mais ativo, em trabalhar para ajudar pessoas a conhecê-lo.

2. Seja digno de confiança

Confie em Deus e não em suas próprias habilidades e dons. Gaste tempo em oração particular, com os outros e com a igreja. Seja paciente. Lembre as palavras de Paulo a Timóteo: "Prega a palavra, insta, quer seja oportuno, quer não, corrige, repreende, exorta com toda a longanimidade e doutrina" (2Tm 4.2).

Entregue suas ambições ao Senhor. Esteja disposto a confiar nele com toda a sua vida e a rogar-lhe que o mantenha no lugar de seu ministério atual durante o resto dos seus dias. A longevidade foi levada em conta por Deus em trazer crianças à maturidade; essa longevidade tem caracterizado muitos ministérios frutíferos. William Gouge, pastor puritano, dizia frequentemente que sua maior aspiração consistia em ir de Blackfriars (sua igreja) para o céu. Gouge foi o pastor da mesma igreja de junho de 1608 até sua morte em 12 de dezembro de 1653. Ele pastoreou a mesma igreja por 46 anos. Ore a Deus para que a sua fé aumente e o ajude a ver que a preocupação dele pela igreja é maior do que a sua própria.

3. Seja positivo

Peça a Deus que você não seja fundamentalmente um crítico, nem seja percebido como tal. Estabeleça uma agenda positiva. Esclareça seus planos e a visão de Deus para a igreja, em termos de objetivos imediatos e de longo prazo. Suplique ao Senhor que o ajude a construir relacionamentos pessoais firmes e, em especial, que o ajude a desenvolver mais líderes em sua igreja (2Tm 2.2). Peça-lhe que o torne um exemplo pessoal e um grande defensor de evangelização e missões. Ore a Deus para que o seu zelo aumente — e o de sua igreja — para a glória dele.

4. Seja minucioso

Contextualize o interesse de Deus pela sua igreja. Use os bons recursos da história de sua própria igreja. Aprenda dos membros mais velhos a história de sua igreja. Seja um dendrologista (aquele que se dedica ao estudo de árvores) eclesiástico. Na catedral de Lincoln, um guia turístico me disse que dendrologistas haviam coletado amostras do miolo das vigas de carvalho de 14 metros que têm sustentado o teto da catedral por séculos e determinado quando a árvore fora plantada e quando fora colhida. Os carvalhos que ele nos mostrou tinham mais de 150 anos quando foram colhidos; muitos haviam sido plantados nos anos 900 e colhidos nos anos 1100.

Torne-se o principal estudante da história de sua própria igreja. Ao fazer isso, você mostra respeito e aprende.

Que você se torne o agente para redescobrir o que foi melhor no passado de sua igreja e o agente para conduzi-la às grandiosidades que Deus tem para ela no futuro, enquanto ela manifesta o caráter de Deus à sua criação. Este encargo de manifestar a glória de Deus é nossa maravilhosa responsabilidade e sublime privilégio. Que Deus faça de sua igreja uma igreja saudável e derrame seu Espírito em igrejas em nosso país e ao redor do mundo a fim de cumprirem essa responsabilidade, para a sua própria glória. Que Deus o abençoe em sua tentativa!

APÊNDICE 2: "NÃO FAÇAM ISSO!" POR QUE VOCÊS NÃO DEVEM PRATICAR DISCIPLINA ECLESIÁSTICA

"Não façam isso." É o primeiro conselho que dou a pastores ao descobrirem que disciplina eclesiástica está na Bíblia. Digo-lhes: "Não façam isso, pelo menos não ainda". Por que esse conselho?

Pensemos no que acontece no processo de descoberta. Quando pastores ouvem, pela primeira vez, sobre a disciplina eclesiástica, pensam frequentemente que a ideia é ridícula. Parece falta de amor, contrária à evangelização, bizarra, controladora, legalista e propensa a julgamentos. Certamente parece inexequível. Até se questionam se é ilegal.

ELES ABREM SUA BÍBLIA

Talvez, quando ninguém estiver olhando, esses pastores examinem novamente sua Bíblia. Deparam-se com passagens como 2 Tessalonicenses 3.5, ou Gálatas 6.1, ou o texto clássico sobre disciplina, 1 Coríntios 5. Consideram o pano de fundo de excomunhão do Antigo Testamento e se lembram de que Deus sempre teve o propósito de que seu povo fosse um retrato de sua santidade (Dt 17.7; Lv 19.2; Is 52.11; 1Pe 1.16). Depois, chegam ao ensino do próprio Jesus e descobrem que, no mesmo capítulo em que Jesus condena o julgamento (cf. Mt 7.1), também adverte os discípulos a se acautelarem dos falsos profetas e dos que afirmam segui-lo, mas não obedecem à sua Palavra (Mt 7.15-20; 21-23). Por fim, chegam a Mateus 18, em que leem sobre Jesus instruindo seus discípulos a excluir o pecador impenitente, em certas situações (v. 17). Talvez as igrejas *devam* praticar disciplina eclesiástica?

O que, por fim, leva ao ponto decisivo esses pastores excelentes em outros aspectos, normais, sensatos e anteriormente populares é a sua descoberta de que algumas igrejas praticam realmente a disciplina eclesiástica. Não igrejas estranhas e desorganizadas, mas igrejas felizes, crescentes, enormes e orientadas por graça como a Grace Community, em Sun Valley, na California, ou a Tenth Presbyterian na cidade de Filadélfia, ou a First Baptist Church em Durham, na Carolina do Norte, ou a Village Church perto de Dallas.

Agora esses pastores se veem em dificuldade. Compreendem que precisam ser obedientes. Sentem-se compelidos pelo quadro bíblico de uma igreja santa, amorosa e unida, uma igreja que reflete o Deus único, santo, amoroso. Entendem que seu fracasso em praticar a disciplina prejudica sua igreja e o testemunho dela para o mundo.

É nesta altura que uma resolução mal-humorada parece se introduzir frequentemente. "Eu guiarei esta congregação para que seja bíblica neste aspecto, se essa for a última medida que deva tomar!" E, muito frequentemente, é mesmo!"

COMO UM RAIO NUM DIA DE CÉU AZUL

O raio da disciplina eclesiástica começa a atingir a vida pacífica e bem-intencionada de uma congregação inocente. Pode ser num sermão. Pode ser numa conversa do pastor com um diácono. Pode ser numa moção arranjada apressadamente numa assembleia de membros. Mas, em algum momento, o raio de disciplina atinge a congregação, acompanhado geralmente de muita seriedade e uma torrente de citações das Escrituras. Depois, a ação sincera é tomada. A resposta vem. Incompreensão e sentimentos feridos resultam. Contra-acusações são feitas. O pecado é atacado e

APÊNDICE 2: "NÃO FAÇAM ISSO!" POR QUE VOCÊS NÃO DEVEM PRATICAR DISCIPLINA ECLESIÁSTICA

defendido. Nomes são citados. Azedume transborda! A sinfonia da congregação local se transforma numa cacofonia de argumentos e acusações. Pessoas berram: "Onde isso vai parar?" e: "Vocês acham que *são* perfeitos?"

O que o pastor deve fazer? Meu conselho seria: "Não caia nessa situação de imediato. Se você descobriu que disciplina eclesiástica corretiva é bíblica, adie por algum tempo o praticá-la". (A disciplina eclesiástica é tanto corretiva quanto formativa, referindo-se esta última à obra da igreja de ensinar e formar cristãos.)

Ora, talvez você esteja pensando: "Mark, você está nos dizendo que desobedeçamos à Bíblia?"

De fato, não. Estou tentando ajudá-lo a fazer o que Jesus instruiu seus discípulos a fazerem (veja Lc 14.25-33): calcule o custo antes de você começar. Assegure-se de que sua congregação entende e aceita suficientemente este ensino bíblico. Seu alvo não é concordância imediata seguida de uma explosão, mas, em vez disso, seu alvo é uma igreja sendo transformada pela Palavra de Deus. Você quer que eles andem na direção correta. E isso exige pastoreio paciente.

COMO PASTOREAR SUA IGREJA COM VISTAS À DISCIPLINA

Primeiramente, *encoraje a humildade*. Ajude pessoas a ver que podem estar enganadas quanto a sua própria condição espiritual. Considere o exemplo do homem referido em 1 Coríntios 5, bem como a exortação de Paulo aos cristãos de Corinto mais amplamente em 2 Coríntios 13.5. Paulo nos exorta a examinarmos a nós mesmos para ver se estamos realmente na fé. Os membros de sua igreja reconhecem que devem ajudar uns aos outros a fazer isso?

Em segundo lugar, *assegure-se de que sua congregação tem um entendimento bíblico de membresia*. Pessoas não entendem a disciplina porque não entendem o que é ser membro de igreja. Ser membro de igreja é um relacionamento congregacional. Não é algo criado, sustentado ou terminado meramente pelo ato da própria pessoa; uma pessoa não pode se unir a uma igreja unilateralmente, sem o consentimento da congregação. Semelhantemente, uma pessoa não pode continuar na membresia ou deixar a membresia de uma congregação específica sem a aprovação explícita ou implícita da congregação (exceto em caso de morte). Isso é uma frase difícil de falar, mas basicamente o que estou dizendo é que compete à igreja decidir quem são os seus membros.

E os membros não podem simplesmente deixá-la quando estão em pecado do qual não se arrependem.[1]

No entanto, essa visão de membresia deve ser, antes de tudo, apresentada de maneira positiva. Entenda o que a Bíblia ensina sobre membresia de igreja. Tenha certeza de que você se familiarizou com vários pontos e passagens cruciais que poderá lembrar aos membros quando fizerem perguntas. Procure oportunidades em seus sermões para ensinar sobre a distinção entre a igreja e o mundo e como essa distinção é importante para a natureza e a missão da igreja. Ajude sua congregação a formar um quadro tão claro do plano de Deus para a sua igreja, que as diretrizes gerais da disciplina comecem se tornar evidentes pela ausência delas na prática de sua igreja. Lembre-se de que os membros precisam entender a membresia e a disciplina porque são eles que têm de realizá-la.

Em terceiro lugar, *ore que Deus o ajude a ser um modelo de servir aos outros cristãos de sua igreja por meio de seu ensino público e de seu trabalho pessoal com famílias e pessoas*. Trabalhe em direção a criar uma cultura de discipulado e responsabilidade de uns pelos outros em sua igreja, uma cultura em que os cristãos entendam que uma parte fundamental de seu seguir a Jesus é ajudar os outros a seguirem a Jesus (tanto por evangelização quanto por discipular outros cristãos). Ajude-os a entender as responsabilidades especiais que eles têm para com os outros membros de sua congregação específica. Ensine-lhes que a vida cristã é pessoal, mas não é privativa.

Em quarto lugar, *prepare o estatuto e o pacto escritos de sua congregação*. Consulte um advogado para conselhos jurídicos gerais. Comece a ministrar classes de preparação de membros em que assuntos concernentes à membresia da igreja sejam ensinados abertamente.

Em quinto lugar e finalmente, *em seu ministério de púlpito nunca se canse de ensinar o que é um cristão*. Defina regularmente o evangelho e a conversão. Ensine claramente que uma igreja deve ser constituída de pecadores arrependidos que creem somente em Cristo e fazem afirmações confiáveis dessa crença. Ore que você seja centrado no evangelho. Resolva que, com a ajuda de Deus, você guiará devagar mas

---

[1] Quanto a uma discussão mais completa sobre este assunto, ver Jonathan Leeman, "The Preemptive Resignation — A Get Out of Jail Free Card?", *9Marks Journal* (novembro/dezembro de 2009), https://www.9marks.org/article/preemptive-resignation-get-out-jail-free-card.

consistentemente sua congregação à mudança. Ore que, em vez de ser uma igreja em que é estranho perguntar às pessoas como elas estão indo espiritualmente, ela se torne uma igreja em que comece a parecer estranho se alguém *não lhe perguntar* sobre a sua vida espiritual.

VOCÊ SABE QUE ESTÃO PRONTOS QUANDO...

Você sabe que sua congregação está pronta para praticar a disciplina eclesiástica quando:

- Os líderes de sua igreja entendem a disciplina eclesiástica, concordam com ela e percebem sua importância. (Liderança madura compartilhada entre vários presbíteros é o modelo de liderança mais coerente com a Escritura e muito proveitoso em conduzir uma igreja em meio a decisões potencialmente voláteis.)
- A sua congregação está unida em entender que a disciplina eclesiástica é bíblica.
- A membresia de sua igreja é formada amplamente de pessoas que ouvem com frequência os seus sermões.
- Um caso de disciplina muito claro surge e os membros percebem razoavelmente unidos que a exclusão é a ação correta. (Por exemplo, exclusão por adultério deve produzir concordância entre os membros de sua igreja mais provavelmente do que exclusão por não frequência.)

Portanto, meu amigo pastor, embora você pensasse que a ideia de disciplina eclesiástica era ridícula, oro que Deus o ajude a guiar sua congregação a entender que disciplina eclesiástica é um ato de obediência e misericórdia amável, provocativo, cativante, distinto, respeitoso e gracioso que contribui para edificação de uma igreja que glorifica a Deus. Mas lembre-se: quando a princípio você se torna convencido do argumento em favor da disciplina eclesiástica, seu primeiro passo em direção a uma congregação saudável é provavelmente começar *não* por praticar essa disciplina, para que um dia você possa fazê-lo.

APÊNDICE 3: A CARTA ORIGINAL DE 9MARCAS

Esta é a carta que escrevi aos presbíteros de uma igreja que plantei e pastoreei anos antes em Massachusetts, que agora está à procura de um pastor. É nesta carta que descrevi pela primeira vez as "Nove Marcas de uma Igreja Saudável".

Queridos irmãos e irmãs,

Por algum tempo, tenho pensado e orado sobre escrever-lhes esta carta. Dirigirei esta carta aos presbíteros, porque biblicamente vocês são os responsáveis pelo bem-estar espiritual do rebanho; mas não tenho receios quanto a ser lida de maneira mais abrangente.

Deleito-me com a estabilidade e o crescimento que Deus lhes deu graciosamente nestes últimos cinco anos. Eu acho que isso tem sido, em grande parte, dado por meio de um presbitério fiel e comprometido e, em especial, por meio do comprometimento de Zane com a pregação bíblica e correta. Ao lidarem com este tempo difícil de transição, tenho alguns pensamentos a respeito do que deveriam procurar em um pastor. Observação: aderir aos nove itens que tenciono delinear aqui não garantirá que ele é um bom pastor, mas acho que a falta de qualquer desses itens seria uma deficiência que pouco a pouco, mas cumulativamente, afetaria a igreja de maneira negativa. Portanto, considero todos esses itens essenciais, mas não suficientes em ou de si mesmos. Por exemplo, vocês poderiam ter alguém que fosse leal a todos esses pontos interrelacionados, mas, apesar disso, não fosse dotado nem chamado para ser um pastor. De fato, creio que esta é a situação com a vasta maioria dos membros em New Meadows. Por outro lado, suponham que um homem fosse muito talentoso em relações e comunicações pessoais, até mesmo um forte adepto da autoridade da Escritura e da prática de oração pessoal, mas não tivesse um ou dois dos itens abaixo, estou convencido de que, com o passar do tempo, New Meadows se tornaria o balde furado que muitas igrejas o são hoje — retendo água viva não mais do que o mundo ao seu redor. Destaco esses itens depois de muito pensamento e oração, porque, para nossa tristeza, quase não são valorizados entre os que hoje se declaram chamados para serem pastores e guias. Então, para resumir, não estou dando aqui uma lista de verificação do que acho vocês deveriam procurar em um pastor. Há muitos outros fatores que terão seu papel nessa escolha. Estou, porém, lhes dando uma lista de qualificações que são tanto necessárias quanto, infelizmente, raras, qualificações que peço a Deus vocês confiem nele para achá-las no pastor que ele tenciona para vocês.

A primeira qualidade que eu lhes diria é que devem assegurar-se de estar presente em qualquer indivíduo que considerarem chamar para o presbiterato, mas especificamente para o pastorado, é compromisso com a *pregação expositiva*. Isso pressupõe uma crença na autoridade da Escritura, mas diz algo mais. Estou convencido de que um compromisso com a pregação expositiva é um compromisso com o ouvir a Palavra de Deus. Se vocês contatam alguém que aceita com alegria a autoridade da Palavra de Deus, mas na prática não prega (intencionalmente ou não) de maneira expositiva, ele nunca pregará mais do que já sabe. Quando alguém pega uma parte da Escritura e apenas exorta a congregação sobre um tema importante, mas não prega realmente o ensino da passagem, ele está limitado a ouvir na Escritura somente o que já sabia ao chegar ao texto. Em sermos comprometidos com a pregação da Escritura no contexto, expositivamente, tendo o ensino principal da passagem como o ensino principal da mensagem, ouvimos de Deus aqueles ensinos que não tencionávamos ouvir quando começamos a preparar-nos. E, desde o chamado inicial ao arrependimento até à última verdade sobre a qual o Espírito nos convenceu, toda a nossa salvação consiste em ouvir a Deus de maneiras que, antes de ouvi-lo, jamais teríamos imaginado. Confiar a responsabilidade de supervisão espiritual do rebanho a alguém que na prática não demonstra um compromisso com o ouvir e o ensinar a Palavra de Deus significa, no mínimo, colocar um arrasto — e, no máximo, um limite — no crescimento da igreja ao nível do pastor. A igreja será conformada pouco a pouco à mente do pastor, e não à mente de Deus.

A segunda qualidade que espero que vocês exijam de alguém que desejam chamar para o presbiterato é que ele seja são em todo o seu sistema teológico — e isso significa ser aquilo que se tornou conhecido pelo nome de *reformado*. Entender erroneamente doutrinas tão fundamentais como *a eleição* (Em última análise, a salvação procede de Deus ou de nós mesmos?), *a natureza humana* (As pessoas são essencialmente boas ou más? Precisam meramente de incentivo e autoestima aprimorada ou precisam de perdão e vida nova?), *a natureza da obra de Cristo na cruz* (Ele tornou possível uma opção para nós? Ou ele foi o nosso substituto?), *a natureza da conversão* (falaremos mais sobre isso adiante) e *a certeza de que podemos ter o cuidado contínuo de Deus baseado fundamentalmente no caráter dele e não no nosso*, não é um simples assunto de humor no refeitório do seminário, mas, em vez disso, é um assunto de importância real para a fidelidade às Escrituras e para questões pastorais objetivas que surgem constantemente. Para qualquer cristão, mas especial para um presbítero, resistir à ideia fundamental da soberania de Deus sobre toda a vida, enquanto pratica o cristianismo, é realmente brincar com o paganismo piedoso. É batizar um coração que, em algumas maneiras, ainda é incrédulo e estabelecer como exemplo uma pessoa que pode muito bem ser profundamente indisposta a crer em Deus. Numa época em que nossa cultura exige que transformemos a evangelização em propaganda e explica a obra do Espírito como marketing, em que nas igrejas Deus é muito frequentemente feito à imagem do homem, seria especialmente cuidadoso achar um homem que tivesse uma compreensão bíblica e experiencial da soberania de Deus.

A terceira qualidade que deveria ser achada em todo presbítero que será ativo em liderar a igreja é um *entendimento bíblico do evangelho*. J. I. Packer expõe de maneira belíssima a relação do ponto anterior com este em sua introdução à obra *Morte da morte na morte de Cristo*, de John Owen. Se vocês não leram essa obra recentemente, leiam-na agora, enquanto estão no processo de orar e procurar por um novo pastor. Amar o evangelho significa amar a verdade — a apresentação de Deus de si mesmo, de nossa necessidade, da provisão de Cristo e de nossa responsabilidade. Apresentar o evangelho como um simples aditivo que dará aos não cristãos algo que eles querem naturalmente de qualquer maneira (alegria, paz, felicidade, realização, autoestima, amor) é verdadeiro em parte, mas apenas em parte. E, como Packer diz: "Uma meia verdade mascarada de verdade inteira torna-a numa inverdade completa". Fundamentalmente, precisamos de perdão, precisamos de vida espiritual. Apresentar o evangelho menos radicalmente do que isso é buscar falsas conversões e tornar sem significado a membresia de igreja, os quais tornarão muito mais difícil a evangelização do mundo ao nosso redor.

A quarta qualidade que se deve exigir de todo presbítero é um *entendimento bíblico da conversão*. Se a conversão é apresentada basicamente como algo que nós fazemos, e não como algo que Deus faz, nós a entendemos de modo errado. Embora a conversão inclua certamente o nosso fazer *um compromisso sincero, uma decisão autoconsciente*, ela é mais do que isso. A Escritura é clara em ensinar que todos não estamos jornadeando em direção a Deus; alguns acharam o caminho, outros ainda o procuram. Em vez disso, a Escritura nos apresenta como necessitados de que nosso coração seja substituído, nossa mente, transformada, nosso espírito, vivificado. Não podemos fazer nada disso. Podemos *fazer* um compromisso, mas temos de *ser* salvos. A mudança que cada ser humano necessita, apesar de como aparecemos exteriormente, é tão radical, tão profunda em nosso ser, que somente Deus para realizá-la. Precisamos que Deus nos converta. Lembro-me da história de Spurgeon a respeito de como, enquanto ele andava por Londres, um bêbado se aproximou, inclinou-se no poste perto dele e disse: "Olá, Sr. Spurgeon, eu sou um de seus convertidos". A resposta de Spurgeon foi: "Bem, você deve ser um de meus convertidos, mas certamente não é um dos convertidos do Senhor!"[1] As igrejas americanas, igrejas batistas do Sul, estão cheias de pessoas que fizeram compromissos sinceros em algum momento de sua vida, mas que, evidentemente, não experimentaram a mudança radical que a Bíblia apresenta como conversão. O resultado, de acordo com um estudo recente: uma taxa de divórcio que é 50% acima da média nacional. A causa, pelo menos em parte, tem de ser a pregação não bíblica sobre a conversão ministrada por milhares de pastores batistas do Sul. Outra

---

1 C. H. Spurgeon, *The Soul Winner* (Grand Rapids: Eerdmans, 1963), p. 37. Agradeço a Mike Gilbart-Smith por mostrar que aqui descrevi equivocadamente esse incidente como algo que aconteceu com Spurgeon, quando, de fato, Spurgeon o recontou como algo que acontecera com Rowland Hill. Agora, me tornei o pai de uma história apócrifa sobre C. H. Spurgeon — muito frustrante para um pretenso historiador!

vez, se vocês não se mantiverem leais às três primeiras qualidades já mencionadas, não será surpresa se esta der errado também. (Por favor, não me entendam mal, como que insistindo numa experiência de conversão emocionalmente calorosa num momento específico. Estou insistindo na teologia que fundamenta a conversão, não em uma experiência particular de conversão. Conhecemos a árvore pelo seu fruto.)

A quinta qualidade que deve ser achada naquele a quem vocês confiarão a responsabilidade espiritual de ensino (para o qual todos os presbíteros devem ser aptos – 2Tm 2.2) é um *entendimento bíblico da evangelização*. Se a mente de vocês tem sido moldada pela Bíblia no que diz respeito a Deus, ao evangelho, à necessidade humana e à conversão, então, um entendimento correto da evangelização fluirá de maneira natural. Biblicamente, evangelizar é apresentar as boas novas gratuitamente e crer em Deus para trazer conversões. Toda maneira que empregarmos para tentar forçar nascimentos será tão eficaz quanto Ezequiel tentando costurar juntos os ossos secos. E o resultado será idêntico. Outra vez, se a conversão for entendida meramente como um compromisso em qualquer ponto da vida, precisamos apenas levar uma pessoa a esse ponto de qualquer maneira possível. Mas biblicamente, embora devamos nos importar, apelar e persuadir, nosso primeiro dever é sermos fiéis à obrigação que temos da parte de Deus, que é apresentar as boas novas que ele nos deu. Deus trará conversões a partir disso. Se existe uma discrepância de tamanho considerável entre a membresia de uma igreja e o número de pessoas que participam da igreja, eu perguntaria naturalmente o que eles entenderam sobre o que é conversão e que tipo de evangelização eles praticaram a fim de criar um tão grande número de pessoas não envolvidas na vida da igreja, mas que estão certas de sua salvação, com a bênção da igreja. Eu poderia lhes dar bibliografias sobre cada um desses pontos, mas não o farei, supondo que vocês conhecem os livros que eu gostaria de sugerir. Em uma série de pregações evangelísticas que ministrei em fevereiro passado na universidade aqui, cheguei à conclusão de que os três fatos que devo comunicar às pessoas sobre a decisão que elas têm de fazer para com o evangelho (Deus, homem, Cristo, resposta) é que a decisão envolve um custo (por isso, precisa ser considerada cuidadosamente), é urgente (por isso, tem de ser feita) *e* vale a pena (por isso, deve ser feita). Esse é o equilíbrio pelo qual eu devo me esforçar em minha evangelização.

A sexta qualidade, subsequente ao que acabei de dizer, que eu exigiria é um *entendimento bíblico de membresia na igreja*. Infelizmente, se isso fosse realidade, meu palpite é que a maioria dos pastores batistas do Sul talvez sentiria mais orgulho dos 6 mil membros que sua igreja tivesse do que vergonha de que apenas 800 pessoas participassem da igreja. Números escritos podem ser ídolos tão facilmente (talvez mais facilmente) quanto imagens esculpidas. Mas é Deus quem avaliará a nossa obra, e ele levará em conta a importância, eu creio, e não os números. Se a igreja é um edifício, temos de ser os tijolos nele; se a igreja é um corpo, somos os seus membros; se somos a família da fé, isso pressupõe que somos parte dessa família. Ovelhas estão num rebanho; e ramos, numa videira. Esqueçam, por um momento, as efemeridades peculiares da cultura — cartões brancos com nomes inscritos, listas em um computador; biblicamente, se somos cristãos, temos de ser membros de uma igreja. Não devemos abandonar o congregar-nos (Hb 10.25). Não é um mero registro de uma afirmação que temos de fazer; é um reflexo de um compromisso vivo e crucial.

A sétima qualidade — talvez a mais difícil inicialmente na situação de vocês — que eu exigiria é que a pessoa entendesse e fosse convencida da prática do Novo Testamento de terem uma *pluralidade de presbíteros* (vejam em Atos 14.23 a prática regular de Paulo de se referir a vários presbíteros em qualquer igreja local). Estou totalmente convencido disso como a prática do Novo Testamento e como particularmente necessário nas igrejas naquela época e agora sem uma presença apostólica. Isso não significa que o pastor não tem um papel distinto (examinem em uma concordância bíblica as referências a "pregar" e a "pregadores"), mas significa que ele é, também e fundamentalmente, parte do presbitério. Significa que decisões que envolvem a igreja, mas não chegam à atenção de toda a igreja, não devem recair tanto apenas sobre o pastor quanto sobre os presbíteros como um todo. Embora isso seja embaraçoso em alguns pontos (como estou certo de que vocês sabem muito bem), tem benefícios imensos em complementar os dons do pastor, em lhe dar ótimo apoio na igreja e em muitas outras maneiras que não dá para eu mencionar agora. De qualquer maneira, isso teria de ser deixado muito claro quando chamarem um pastor. Se ele é um típico batista do Sul, presumirá que os presbíteros são diáconos ou que estão lá apenas para ajudá-lo a fazer o que quer fazer. Ele pode não ter boa apreciação pelo fato de que vocês o estão convidando *fundamentalmente* para ser um dos presbíteros e, entre vocês, o pastor, o principal presbítero ensinador. Estou convencido de que, se a maioria dos pastores entendesse essa ideia, eles a agarrariam imediatamente, devido ao peso que ela remove de seus ombros. E me preocupo com o fato de que muitos dos que não fariam isso, não o fariam por causa dos entendimentos não bíblicos de seu próprio papel ou, pior, da mundana centralidade em si mesmos.

O oitavo assunto que eu desejaria que fosse entendido e afirmado claramente por qualquer novo presbítero na igreja é o assunto de *disciplina eclesiástica*. Esse é um dos itens que dá significado a ser um membro da igreja. A disciplina eclesiástica tem sido praticada de forma universal pela igreja, mas, apesar disso, desapareceu quase totalmente da vida da Igreja Batista do Sul nas últimas três gerações. As palavras de Jesus em Mateus 18 e as de Paulo em 1 Coríntios 5.4-13 (com outras passagens) mostram com clareza que a igreja deve exercer julgamento dentro de si mesma e que isso tem propósitos redentores e não vingativos. Se não podemos dizer como um cristão não deve viver, também não podemos dizer como ele ou ela vive. Uma de minhas preocupações com programas de discipulado de igrejas é que eles são, outra vez, como colocar água num balde furado. Este assunto é repleto de problemas na aplicação pastoral, mas toda a vida cristã é cheia de problemas; e isso nunca deveria ser usado como desculpa para deixar de praticá-lo. Ser um membro da igreja deveria ter grande significado, não por causa de nosso orgulho, mas por causa do nome de Deus.

Por fim, o nono assunto que eu exigiria um presbítero entendesse é o papel da igreja em promover *discipulado e crescimento cristão*. Como mencionei antes, quando a igreja não exerce a disciplina, uma das consequências involuntárias é a dificuldade elevada que essa igreja terá em desenvolver discípulos. Os exemplos são imprecisos, e os modelos são confusos. A igreja tem obrigação de ser um meio pelo qual Deus faz pessoas crescerem na graça. Mas, se as pessoas estão em lugares em que somente os pensamentos do pastor são ensinados, em que Deus é mais questionado do que adorado, em que o evangelho é diluído e a evangelização, deturpada, em que a membresia na igreja é tornada sem sentido, e um culto mundano à personalidade é permitido desenvolver-se ao redor do pastor, então, não podemos esperar que acharemos um grupo que é coeso ou que se edifica reciprocamente e menos ainda que glorifica a Deus. Quando podemos supor honestamente que as pessoas que estão dentro da igreja são regeneradas e que aqueles que são regenerados são comprometidos com a igreja, as imagens da igreja coletiva apresentadas no Novo Testamento podem se tornar não apenas bons sermões, mas também vidas emocionantes juntas. No mundo, relacionamentos implicam comprometimento. Certamente não pensaríamos que isso seria diferente na igreja, pensaríamos?

Bem, amigos, eu poderia continuar por muito mais tempo. Vocês foram pacientes em ler até este ponto. Não pretendo sugerir que não sabem tudo que escrevi acima e não são comprometidos com todos esses itens, mas eu me importo profundamente com New Meadows. Sinto um senso de obrigação em meu coração e em oração. Pensei que seria correto expressar isso em papel. Não tenho um voto no presbitério ou na igreja (nem deveria!), mas quis escrever isto com esperanças de que poderia ser útil em algumas das discussões, orações e avaliações de vocês. Saibam que, mais importante do que enviar esta carta, é que me unirei diariamente a vocês em oração pela igreja, especialmente neste tempo crucial.

Seu irmão em Cristo, Mark.
30 de outubro de 1991

OUTROS LIVROS DO MINISTÉRIO 9MARCAS E DE SEUS AUTORES

SÉRIE *NOVE MARCAS*

O que É uma Igreja Saudável?
Mark Dever

O que É um Membro de Igreja Saudável?
Thabiti Anyabwile

O que É o Evangelho?
Greg Gilbert

Por que Confiar na Bíblia?
Greg Gilbert

Quem é Jesus Cristo?
Greg Gilbert

SÉRIE *ENTENDENDO A IGREJA*

Entendendo a Autoridade da Congregação
Jonathan Leeman

Entendendo o Batismo
Bobby Jamieson

Entendendo a Disciplina na Igreja
Jonathan Leeman

Entendendo a Grande Comissão
Mark Dever

Entendendo a Liderança na Igreja
Mark Dever

OUTROS LIVROS DO MINISTÉRIO 9MARCAS

A Igreja e a
Surpreendente Ofensa
do Amor de Deus:
Reintroduzindo as
Doutrinas sobre
a Membresia e a
Disciplina da Igreja
Jonathan Leeman

Comunidade Cativante:
Onde o Poder de Deus
Torna uma Igreja
Cativante
Mark Dever e
Jamie Dunlop

Eu Sou Mesmo um
Cristão?
Mike McKinley

Igreja em Lugares
Difíceis: Como a Igreja
Local Traz Vida ao
Pobre e Necessitado
Mez McConnell
e Mike McKinley

O Evangelho e a
Evangelização
Mark Dever

O Pastor e o
Aconselhamento: um
Guia Básico para o
Pastoreio de Membros
em Necessidade
Jeremy Pierre e
Deepak Reju

Plantar Igrejas é
para os Fracos:
Como Deus Usa
Pessoas Confusas
para Plantar
Igrejas Comuns
que Fazem Coisas
Extraordinárias
Mike McKinley

Pregue: Quando a
Teologia Encontra-se
com a Prática
Mark Dever
e Greg Gilbert

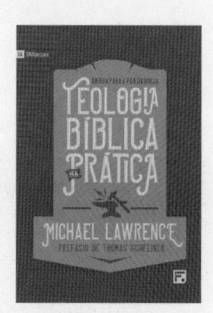

Teologia Bíblica na
Prática: um Guia para
a Vida da Igreja
Michael Lawrence

IX 9Marcas

SUA IGREJA É SAUDÁVEL?

O Ministério 9Marks existe para equipar líderes da igreja com uma visão bíblica e recursos práticos para mostrar a glória de Deus às nações por meio de igrejas saudáveis.

Para esse fim, queremos ajudar as igrejas a crescer em nove marcas de saúde que muitas vezes são esquecidas:

1. Pregação expositiva
2. Doutrina do evangelho
3. Um entendimento bíblico da conversão e evangelização
4. Membresia bíblica na igreja
5. Disciplina bíblica na igreja
6. Um interesse bíblico por discipulado e crescimento
7. Liderança bíblica de igreja
8. Um entendimento bíblico da prática da oração
9. Um entendimento bíblico da prática de missões

No Ministério 9Marks, escrevemos artigos, livros, resenhas e uma revista online. Organizamos conferências, gravamos entrevistas e produzimos outros recursos para equipar as igrejas para exibirem a glória de Deus.

Visite nosso site para encontrar conteúdo em mais de 40 idiomas e inscreva-se para receber nossa revista online gratuita. Veja uma lista completa de nosso site em outros idiomas aqui: **9marks.org/about/international-efforts**

9marks.org

PROCLAMANDO E ENSINANDO AS MARAVILHOSAS DOUTRINAS DA GRAÇA DE DEUS

HÁ MAIS DE

50 anos

VOCÊ SABIA?

A Fiel é um ministério de ensino que existe para

EQUIPAR PASTORES, LÍDERES E IGREJAS DE FALA PORTUGUESA

ao redor do mundo com recursos bíblicos confiáveis.

Por isso, quando você adquire um dos nossos recursos —

seja livro, curso, conferência ou outros —,

VOCÊ CONTRIBUI COM A MISSÃO DE APOIAR A IGREJA DE DEUS.

Conheça mais do Ministério Fiel em:

MINISTERIOFIEL.COM.BR

Esta obra foi composta em Arno Pro Regular 12, e impressa na Promove Artes Gráficas sobre o papel Pólen Natural 70g/m², para Editora Fiel, em Setembro de 2025.